U1070392

GUOJIA NONGCHANPIN ZHILIANG ANQUAN XIAN
CHUANGJIAN ZHINAN

国家农产品质量安全县创建指南

陈 松 刘海华 朱 莹 编著

知识产权出版社
全国百佳图书出版单位
—北京—

图书在版编目（CIP）数据

国家农产品质量安全县创建指南 / 陈松，刘海华，朱莹编著．—北京：知识产权出版社，2023.5（2023.6 重印）

ISBN 978-7-5130-8517-5

Ⅰ．①国… Ⅱ．①陈… ②刘… ③朱… Ⅲ．①农产品—质量管理—安全管理—中国—指南 Ⅳ．① F326.5—62

中国版本图书馆 CIP 数据核字（2022）第 240319 号

内容提要

本书围绕国家农产品质量安全县创建这一主线，聚焦创建核心任务和重要内容，剖析创建典型案例，内容务实且具有较强的可操作性。

本书可供开展国家农产品质量安全县创建的单位和相关人员阅读和学习，同时还可作为高校和科研院所等单位教学参考用书。

责任编辑：龚 卫　　**责任印制**：刘译文

执行编辑：吴 烁　　**封面设计**：北京乾达文化艺术有限公司

国家农产品质量安全县创建指南

陈 松 刘海华 朱 莹 编著

出版发行：	知识产权出版社有限责任公司	网　　址：	http://www.ipph.cn
电　　话：	010-82004826		http://www.laichushu.com
社　　址：	北京市海淀区气象路50号院	邮　　编：	100081
责编电话：	010-82000860转8768	责编邮箱：	laichushu@cnipr.com
发行电话：	010-82000860转8101	发行传真：	010-82000893
印　　刷：	天津嘉恒印务有限公司	经　　销：	新华书店、各大网上书店及相关专业书店
开　　本：	720mm×1000mm　1/16	印　　张：	17
版　　次：	2023年5月第1版	印　　次：	2023年6月第2次印刷
字　　数：	294千字	定　　价：	88.00元

ISBN 978-7-5130-8517-5

出版权专有　侵权必究

如有印装质量问题，本社负责调换。

前 言

食品安全源头在农产品，其事关人民群众身体健康和生命安全，事关农业农村经济可持续发展。党的十八大以来，党中央把食品安全摆到治国理政的重要位置，习近平总书记于 2013 年 12 月 23 日在中央农村工作会议上的讲话中提出，“能不能在食品安全上给老百姓一个满意的交代，是对我们执政能力的重大考验”，“要把农产品质量安全作为转变农业发展方式、加快现代农业建设的关键环节，坚持源头治理、标本兼治，用最严谨的标准、最严格的监管、最严厉的处罚、最严肃的问责，确保广大人民群众‘舌尖上的安全’”。

“十三五”期间，各级农业农村部门贯彻落实党中央的重要部署，走质量兴农之路，实施质量兴农战略，推动农业发展由增产导向转向提质导向。整体上农产品质量安全保持较好的发展水平，国家农产品质量安全例行监测合格率稳定在 97% 以上。[1] 监管体系队伍不断加强，全国省（区、市）、88% 的地级市、全部“菜篮子”产品大县及其乡镇设立了农产品质量安全监管机构，农产品质量安全监管执法人员近 15 万人，全国农产品质量安全检验检测机构 2297 家，检测人员 2.41 万人。农产品质量安全分段监管和综合执法的体制机制有所改善，不断强化农产品质量安全工作的政治站位和责任担当，智慧监管、信用监管和网格化监管等新型治理模式落地生根。尽管农产品质量安全状况总体稳定、逐步向好，但是，由于现阶段农业生产经营高度分散，农产品质量安全监管体系和机制尚不健全，特别是基层监管力量十分薄弱，质量安全事件仍时有发生，问题隐患依然存在，形势不容乐观。

农产品质量安全必须从基层抓起，县域是农产品生产和质量安全监管的第一线。2012 年《国务院关于加强食品安全工作的决定》明确提出“开展农

---

[1] 于康震．“十四五”期间我国农产品质量安全工作目标任务及 2021 年工作重点［J］. 农产品质量与安全，2021，110（02）：5–9.

产品质量安全监管示范县创建，着力提高县级农产品质量安全监管执法能力”。2014 年，国务院食品安全委员会在福建厦门召开全国治理“餐桌污染”现场会，启动“国家农产品质量安全县”和“食品安全城市”创建工作。自国家农产品质量安全县创建活动开展以来，激发了地方农产品质量安全工作热情，调动了各方积极性，在监管体系建设、标准化生产、全链条监管、全程可追溯、诚信体系建设上发挥了率先作用，相较于全国农产品平均监测合格率，国家农产品质量安全县质量安全总体监测合格率平均高出 2 个百分点。国家农产品质量安全县创建进一步强化监管责任，建立了政府、部门、企业和社会“四位一体”的责任体系，因地制宜地建立农产品质量安全追溯体系，实现与加工、流通领域追溯体系的衔接。建立以承诺达标合格证为基础的农产品产地准出、市场准入、诚信管理等监管制度，统筹利用社会各方力量，引入第三方考核机制，积极引导公众参与，共同监督农产品质量安全。另外，国家农产品质量安全县创建助推了现代农业品牌发展，把增加绿色优质农产品供给摆在突出位置，以质量安全促品牌发展，深入挖掘“国家农产品质量安全县”这块金字招牌的价值，实现了农业一二三产业融合发展，带动了农业增效、农民增收。

“十四五”时期，“三农”工作重心历史性转向全面推进乡村振兴，农产品质量安全面临新的发展机遇。食品安全党政同责，把农产品质量安全定位提到了新高度。全面推进乡村振兴，公共财政向“三农”领域持续倾斜，为夯实农产品质量安全工作基础提供了新机遇。此外，人民群众消费不断升级，为提升农产品质量安全水平提供了新动能。科技创新蓬勃发展，为增强农产品质量安全治理能力提供了新支撑。“十四五”时期，新形势也为深化国家农产品质量安全县创建带来了发展机遇，有利于因地制宜探索创新有效监管模式，巩固扩大国家农产品质量安全县创建活动成果，擦亮“国家农产品质量安全县”金字招牌，推进农产品质量安全治理现代化。因此，为有效提升各地农产品质量安全县创建水平，为基层农产品质量安全工作提供指导，专门组织人员编写《国家农产品质量安全县创建指南》一书。本书围绕国家农产品质量安全县创建这一主线，聚焦创建的核心任务和重要内容，分析大量创建典型案例，内容务实且可操作性强。全书共分五章，第一章重点介绍国家农产品质量安全县创建背景与成效，总结各地创建的典型做法；第二章深入分析当前国家农产品质量安全县创建形势要求、创建任务和创建流程；第三章解析国家农产品质量安全县创建的关键内容，包括政府组织管理、部门机构建设、具体业务工作的核心要点和业务流程等；第四章全面解读国家农产品质量安全县工作考核、质量安全水平考核和群众满意度考核评价指标内容；第五章重点展示国家农产品质量安全县创建在制度机制创新、特色农产品品牌培育、基层监管能力提升等方面的典型案例。综合来看，本书主要有内容全面、针对性强，结构清晰、适用性强，案例丰富、实操性强三大特色。

1.内容全面，针对性强

本书内容涵盖国家农产品质量安全县创建背景意义、目标原则、重点任务、创建流程、考核评价和创建管理等内容，有利于读者全面了解国家农产品质量安全县创建的来龙去脉。另外，本书在引用权威文献的基础上，以案例穿插叙述论证，使读者能够看得懂、学得会、用得上。

2.结构清晰，适用性强

本书围绕国家农产品质量安全县创建这一主线，结构清晰明了，知识点贯穿从申请创建到遴选考核再到被命名公布全过程，把大量复杂的重点要求和内容分解成知识点，并用可视化、流程化和步骤化的方法进行描述。本书将创建工作总结成“三看”“四评”等流程图，便于记忆，让初学者可以快速开展工作，并且能轻松掌握创建思路。

3.案例丰富，实操性强

本书涵盖国家农产品质量安全县创建考核评价全部知识点。其中，考核指标知识点并非单纯的理论，而是以实务操作为主，由知识点延伸，形成流程线，再由流程线拓展，穿插典型案例，形成操作方法，有利于读者全面掌握国家农产品质量安全县的创建要求。

本书可供开展农产品质量安全县创建的单位和相关人员阅读和学习，同时还可作为高校和科研院所等单位教学参考用书。本书由陈松研究员主持编写，刘海华、朱莹、石昊飞、刘伟安等人参与编写。在本书付梓之际，对所有参与撰写工作的人员致以诚挚的谢意。由于时间和水平有限，本书中还有许多问题需要进一步补充和完善，恳请读者和业内同行多提宝贵意见。

目　录

第一章 国家农产品质量安全县的创建背景与成效

·内｜容｜提｜要·

县域是加强农产品质量安全依法监管最重要的前沿阵地，创建国家农产品质量安全县，有利于以点带面推动建立责任明晰、监管有力、执法严格、运转高效的农产品质量安全体系，对于切实保障食品安全、加快转变农业发展方式、推进现代农业发展具有重大意义。本章重点介绍国家农产品质量安全县创建背景和成效，总结各地创建的典型做法，阐述我国农业农村部门对创建国家农产品质量安全县的未来展望。

第一节　基本概况

民以食为天，食以安为先。在20世纪90年代中后期，我国粮食和重要农产品供给实现了由长期短缺到总量基本平衡。党的十八大以来，粮食年产量连续7年稳定在6500亿公斤以上，菜篮子产品供应充足，肉类、禽蛋、蔬菜和水产品等产量稳居世界第一。[1]新形势下，农业主要矛盾已经由总量不足转变为结构性矛盾。推进农业供给侧结构性改革，提高农业综合效益和竞争力，是当前和今后一个时期我国农业政策改革和完善的主要方向。本节主要介绍种植业、畜牧业、渔业产业发展现状，并分析农产品质量安全方面存在的问题和采取的主要措施。

一、产业发展

我国是农产品生产和消费大国，在宏观经济平稳运行的背景下，我国农业农村改革发展取得显著成效，农业作为经济社会发展压舱石的作用日益显著。农业综合生产能力不断提升，农产品的产量呈逐年增加趋势，粮、棉、肉、蛋、菜、水产品的产量均居世界首位，蔬菜产量约占全球总产量的59%，水果和肉类产量占46%，禽蛋和水产品产量占35%。农业产业经济平稳增长，2021年农业产业增加值比2020年增长7.1%，达到83 086亿元，占国内生产总值的7.26%。其中，种植业总产值为46 671.1亿元，牧业总产值为28 329.0亿元，渔业总产值为9129.6亿元。[2]根据海关总署发布的数据，2021年，我国农产品进出口额3041.7亿美元，较2020年增加573.4亿美元，同比增长23.23%。其中，出口额843.5亿美元，同比增长10.9%；进口额2198.2亿美

---

[1] 乔金亮．农业农村发生历史性变革［N］．经济日报，2022-06-28（002）．

[2] 李锁强．2021年中国农村统计年鉴［M］．北京：中国统计出版社，2021：4.

元，同比增长 28.6%。农业产业基础不断夯实，逐渐实现从农业大国向农业强国转变的战略目标。

（一）种植业发展概况

种植业作为农业的主要组成部分之一，近年来，我国不断调整种植结构，实现了从小到大、由弱到强的转变，农业生产能力不断迈上新台阶，人民的“米袋子”“菜篮子”“果盘子”越来越充足、越来越丰富，粮食、蔬菜等农产品生产实现多级跨越。

1. 粮食生产稳中有进

2020 年，我国主要农作物播种面积达到 167 487 千公顷，2020 年粮食产量达到 6695.0 亿公斤，比 2015 年增加 89.0 亿公斤，创历史新高；人均粮食占有量 474.0 公斤，超过国际公认的 400.0 公斤粮食安全标准线，高于全球平均水平，实现了谷物基本自给、口粮绝对安全，为各地创建国家农产品质量安全县提供了基础保障（图 1-1、图 1-2）。

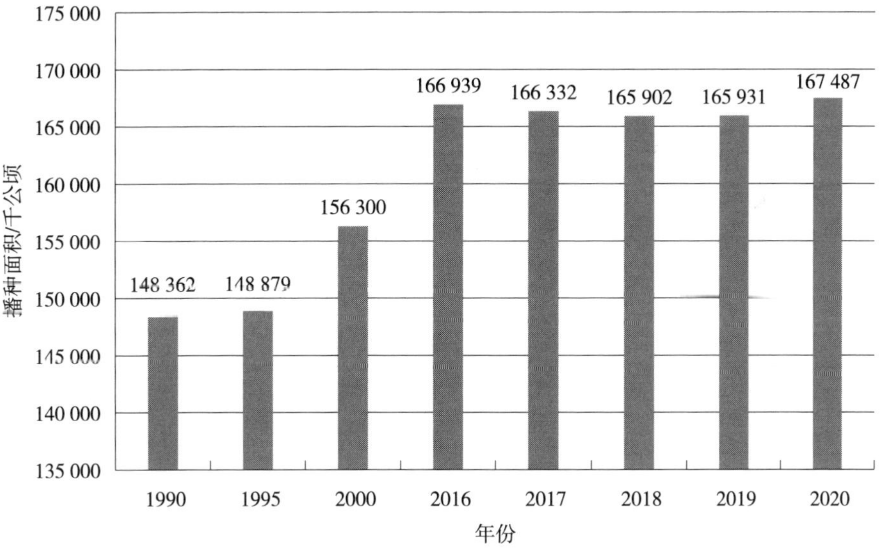

图 1-1　1990—2020 年我国主要农作物播种面积

（数据来源：《2021 年中国农村统计年鉴》）

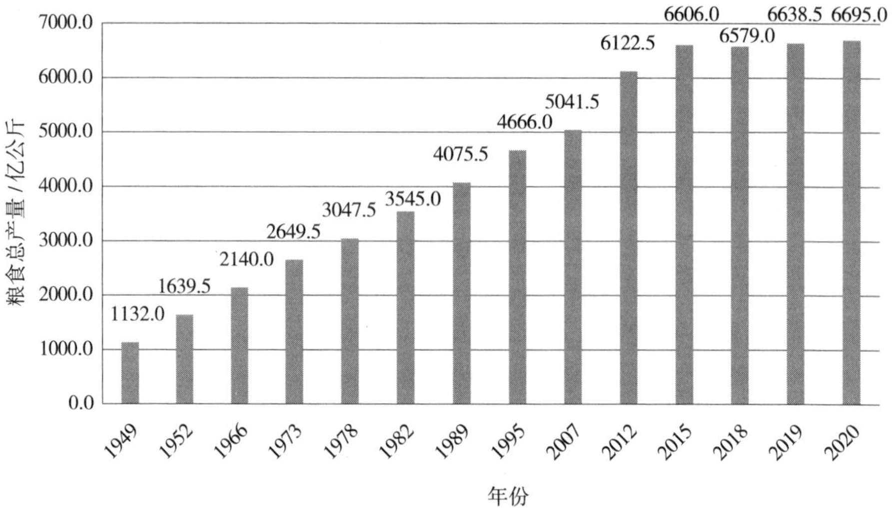

图 1-2　1949—2020 年我国粮食总产量发展历程

（数据来源：《2021 年中国农村统计年鉴》）

2. 蔬菜产业稳定增长

我国是世界上最大的蔬菜生产国和消费国。改革开放以来，蔬菜产业发展迅速，在保障市场供应、促进农业结构调整、优化居民饮食结构、增加农民收入、提高人民生活水平等方面发挥了重要作用。2020 年我国蔬菜种植面积增长到 21 485 千公顷，与 2000 年相比增幅达到了 41%；蔬菜产量在 2021 年达到 38 355.40 万公斤，较 2016 年增幅约 13.8%（图 1-3、图 1-4）。

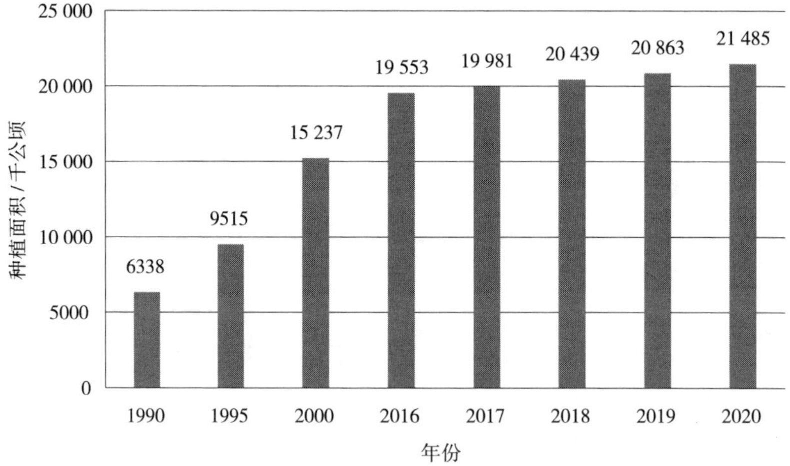

图 1-3　1990—2020 年我国蔬菜种植面积

（数据来源：《2021 年中国农村统计年鉴》）

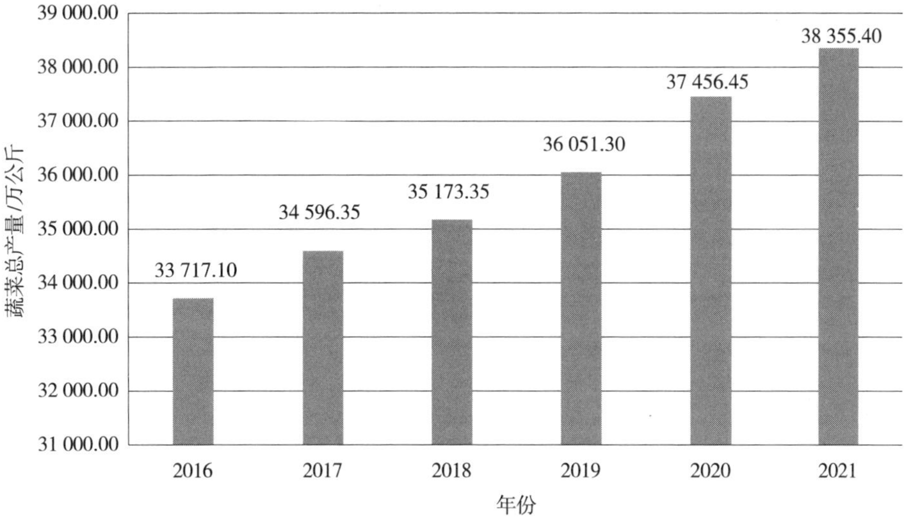

图 1-4　2016—2021 年我国蔬菜总产量

（数据来源：《2021 年中国农村统计年鉴》）

3. 果品产业规模大幅增长

我国是世界第一大水果种植、生产和出口国。在我国农产品市场中，果品位居第三，仅落后于粮食、蔬菜两大类农产品，在我国农业经济发展中发挥着重要作用。自 2017 年以来，我国水果种植面积持续增长（图 1-5）。2000 年，我国水果产量仅为 620 亿公斤，到 2021 年增长为 2930 亿公斤，增长了 3.73 倍。自 2011 年以来，水果产量增速有所放缓（图 1-6）。

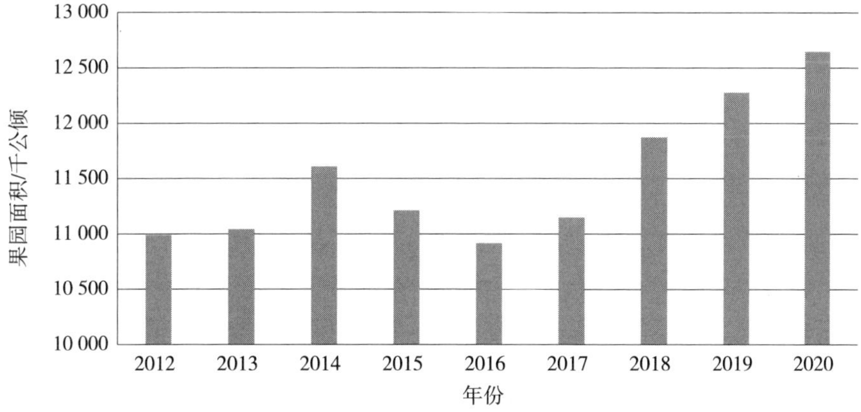

图 1-5　2012—2020 年我国果园面积

（数据来源：《2021 年中国农村统计年鉴》）

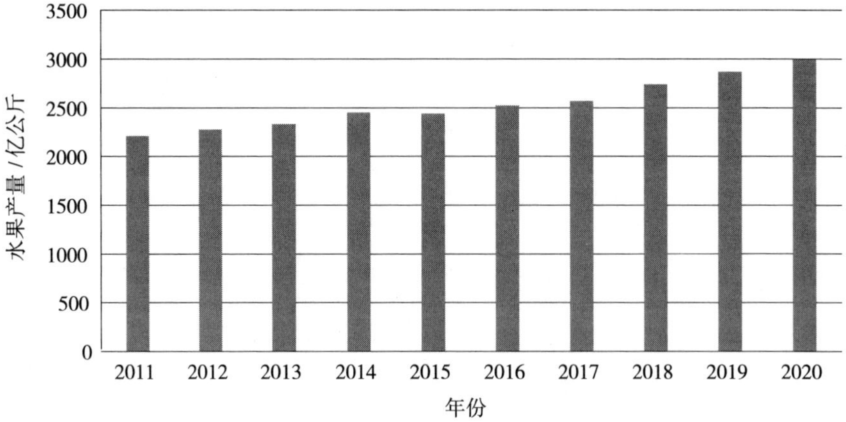

图 1-6　2011—2020 年我国水果产量

（数据来源：《2021 年中国农村统计年鉴》）

与此同时，种植业发展也面临着一定的困难。一是气候和生物灾害风险大。受全球气候变化影响，极端天气增加，灾害呈现极端性、突发性，加之主要农产品生产区域较为集中，灾害对农业影响加重。草地贪夜蛾、黏虫、草地螟、小麦赤霉病和条锈病等迁飞性、流行性病虫害呈加重发生趋势，红火蚁、马铃薯甲虫、柑橘黄龙病等检疫性病虫害在部分地区持续扩散蔓延。二是生产方式比较粗放。受小规模农户生产和劳动力转移及老龄化等因素的影响，种植业生产仍未摆脱传统经营方式，机械化生产尚待突破。部分区域存在着重数量扩张、轻品质提升的问题；一些地方仍习惯于大水大肥的粗放耕作，农产品的质量差、产量低、周期长等问题屡有发生。

（二）畜牧业发展概况

随着社会经济的发展，人们对畜牧产品的需求越来越高，畜牧业规模迅速扩大，产品供应日益丰富、产业地位持续上升，成为繁荣我国城乡经济、提高人民生活水平、稳定社会经济发展的重要产业。畜牧业作为我国农业和农村经济的支柱产业，据国家统计局数据显示，2021 年畜牧业总产值已达到 3.99 万亿元。

1. 畜牧产品供应稳步提升

2020 年全国肉类、禽蛋、奶类总产量分别为 774.8 亿公斤、346.8 亿公斤和 353.0 亿公斤，肉类、禽蛋产量继续保持世界首位，奶类产量位居世界前列（图 1–7）。

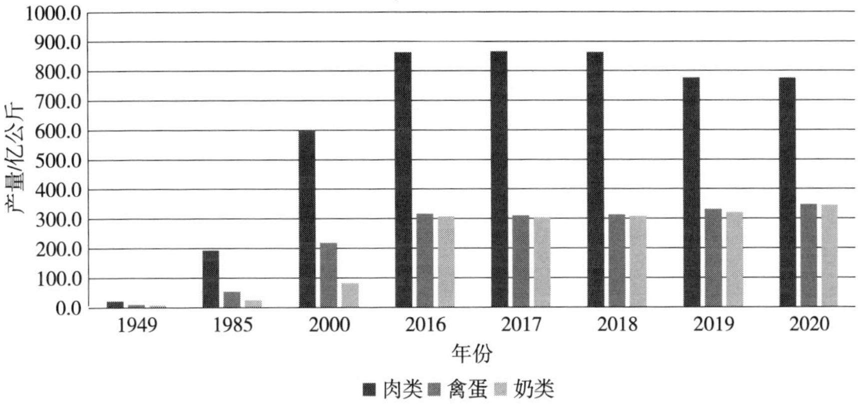

图 1–7　1949—2020 年我国肉类、禽蛋、奶类产量

（数据来源:《2021 年中国农村统计年鉴》）

2. 畜牧产品供给结构趋于合理

近年来，畜牧业生产结构逐步优化，家禽和牛羊等草食畜牧业加快发展，畜产品供给结构更趋合理，城乡居民膳食结构持续改善。从各种肉类的比重看，1980 年，猪肉、牛肉、羊肉占肉类总产量的比例分别为 94.08%、2.22%、3.70%。2020 年，猪肉、牛肉、羊肉、禽肉占肉类总产量的比例分别为 58.70%、7.75%、5.71%、27.84%（图 1–8）。我国畜牧产业结构由耗粮型为主向节粮型转变，肉类产品结构在逐步优化，猪肉比重下降，禽肉和牛羊肉比重上升。与此同时，城乡居民消费结构也逐渐发生变化，整体变动趋势是猪肉消费占比逐渐减少，禽肉和牛羊肉消费占比逐渐增加。

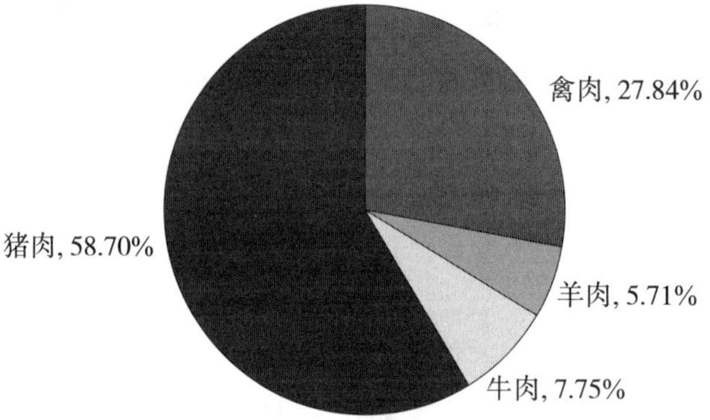

图 1-8　2020 年我国猪、牛、羊、禽各类产量占肉类总产量比重

（数据来源:《2021 年中国农村统计年鉴》）

3. 畜牧产业主体格局显著变化

目前，我国正处于从自由放养到集约化养殖的过渡阶段，规模化养殖的比例明显增加。养殖主体格局发生显著变化，小散养殖场（户）加速退出，规模养殖快速发展，呈现龙头企业引领、集团化发展、专业化分工的发展趋势，组织化程度和产业集中度显著提升。据统计，2020 年全国畜禽养殖规模化率达到 67.5%，比 2015 年提高 13.6 个百分点。奶牛存栏 100 头以上规模养殖比重为 64.0%，肉牛出栏量 50 头以上的规模养殖比重为 27.4%，羊出栏量 100 只以上的规模养殖比重为 40.7%。[1]

随着养殖总体规模的快速扩大，畜牧业的内外部环境更加复杂，发展面临诸多挑战。一是各类重大畜禽疾病在我国时有发生，每次重大疫情可能带来的直接经济损失近 1000 亿元。[2] 例如，2004 年爆发的高致病性禽流感、2018 年暴发的非洲猪瘟等，都给我国畜禽养殖业带来巨大冲击。二是规模养殖的标准不高。生产经营主体生物安全水平参差不齐，大部分养殖场规模小，政府不介入审批和管理，由养殖户随意建场饲养，没有合理的场地规划、建设、饲养管理、防疫、粪污处理等体系。标准化养殖生产成本普遍偏高，行业竞争力较弱。三是资源环境约束更加趋紧。养殖设施建设及饲草料种植用地难问题突

[1] 中国畜牧兽医年鉴编辑委员会，聂善明，胡乐鸣 . 中国畜牧兽医年鉴［M］. 北京：中国农业出版社，2021：3-4，7-8.

[2] 王明利 .“十四五”时期畜产品有效供给的现实约束及未来选择［J］. 经济纵横，2020（05）：100-108.

出，制约了畜牧业规模化、集约化发展；部分地区生态环境容量饱和，保护与发展的矛盾进一步凸显。

（三）渔业发展概况

渔业是农业农村经济的重要组成部分之一，对保障国家粮食安全和重要农产品有效供给、促进农民增收、服务生态文明建设和政治外交大局等具有重要作用。近年来，随着我国经济持续健康增长、城乡居民收入和城市化进程提高，人民生活水平不断提高，人们对水产品的需求量处于逐年增长趋势，对品质好、价格高的水产品的需求量也越来越大，这直接推动了水产养殖业的快速发展。据国家统计局数据显示，2021 年全社会渔业经济总产值 29 689.73 亿元，其中渔业产值 15 158.63 亿元，占比 51.1%。

1. 水产养殖产量持续增长

近年来，我国渔业生产力迅速发展，水产品生产能力大幅提高，水产养殖获得大发展。2021 年，全国水产养殖面积 7009.38 千公顷（图 1–9）。其中，海水养殖面积 2025.51 千公顷，同比增长 1.50%；淡水养殖面积 4983.87 千公顷，同比下降 1.12%；海水养殖与淡水养殖的面积比例为 28.9 : 71.1。我国水产养殖产量从 2016 年的 637.95 亿公斤增长至 2021 年的 669.02 亿公斤，年均复合增长率达 2.18%（图 1–10）。

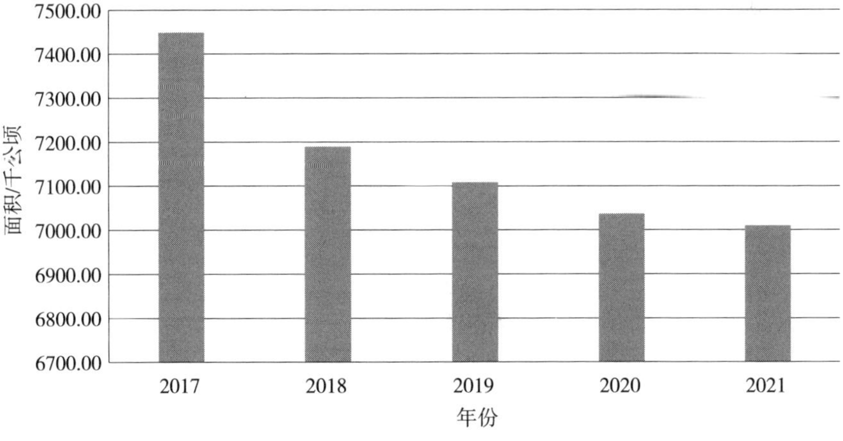

图 1–9　2017—2021 年我国水产养殖面积

（数据来源：《2021 年中国农村统计年鉴》）

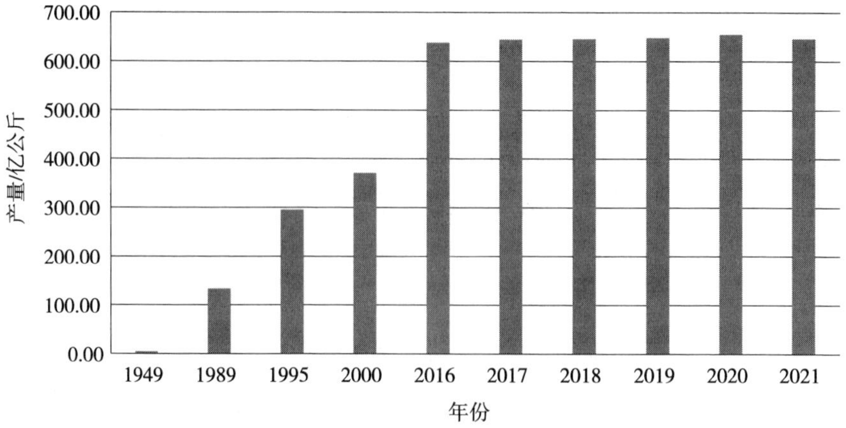

图 1–10　1949—2021 年我国水产品产量

（数据来源：《2021 年中国农村统计年鉴》）

2. 水产品种类结构基本稳定

我国水产品品种十分丰富，具有经济效益的水产品品种超过 200 个，从种类上分为鱼类、甲壳类（虾、蟹）、贝类、藻类及其他类。据统计，2021 年鱼类产量最高，年生产鱼类 375.27 亿公斤，占比为 58.1%；其次是贝类，年产量为 155.21 亿公斤，占比 24.1%；甲壳类则排名第三，年产量为 80.10 亿公斤，占比 12.41%；藻类和其他类的产量均较小，占比不足 10%（图 1–11）。

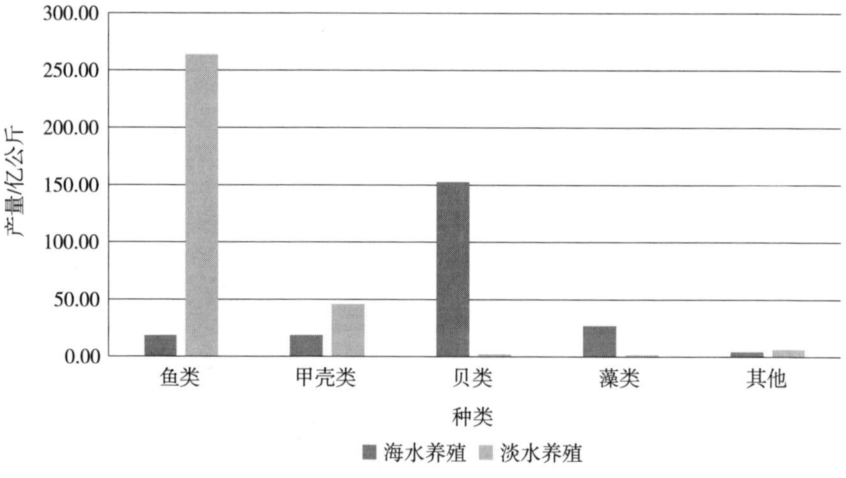

图 1–11　2021 年我国水产品养殖产量

（数据来源：《2021 年中国农村统计年鉴》）

3. 现代养殖模式与技术迅速发展

近年来，由于生物技术、微生物技术、自动化技术、计算机技术、纳米技术、信息技术等前沿高新技术成果在水产养殖领域的应用，水产养殖自动化程度大大提高，生产效率不断提高。我国通过创新驱动绿色发展，革新养殖生产模式，大力推广工厂化和池塘循环水养殖、海水立体养殖、大水面生态增养殖等健康养殖技术。目前我国水产养殖模式已从传统养殖模式向工程化、智能化的养殖模式转变，如工厂化循环水养殖、渔光一体化、陆基推水集装箱养殖、深水抗风浪网箱养殖等。据统计，全国稻渔综合种养面积达到了 3800 多万亩，因地制宜开展的盐碱水生态养殖面积超过 100 万亩。❶

然而，在水产养殖快速扩张的同时，我国渔业发展也面临一些制约和挑战。一是规模化、标准化程度相对滞后。由于水产养殖行业受养殖水域资源分布和养殖户特性的影响，规模化程度相对较为滞后，特别是淡水养殖业依然存在大量的小规模个体养殖户。而且因为水产品种类极为丰富且每个品种的养殖技术各不相同，导致部分品种的规模化与标准化程度也相当有限。二是供给侧结构性矛盾突出。我国高品质水产品供给比重偏低，符合国民消费习惯的预制加工水产品开发不足，不能很好地满足水产品消费多样性的需求。三是科技和设施装备水平不高。相对于发达国家水产养殖来说，我国水产养殖自主创新能力弱，水产养殖机械化程度低，老旧、木质渔船数量仍然较多，国内水产品冷藏保鲜和加工流通设施建设滞后，渔船避风率、渔港覆盖率和配套服务水平低。养殖尾水处理、渔船环保、渔港清洁等环保设施装备建设不足，渔业生产信息化、数字化、智能化水平相对也低。

（四）农产品贸易发展概况

我国进口的农产品主要有玉米、大豆、花生、大米、奶制品、肉禽及其加工产品等。据海关数据统计，2021 年，我国农产品进出口额 3041.7 亿美元，较上年增加 573.4 亿美元，同比增长 23.23%。其中，大豆目前是我国进口最多

❶ “十三五”中国稻渔综合种养产业发展报告［J］. 中国水产，2022（01）：43-52.

的粮食，占比高达 73.136%。[1] 2021 年我国进口粮食作物 1645.4 亿公斤，出口粮食作物 33.1 亿公斤，同比下降 6.5%（图 1–12）。

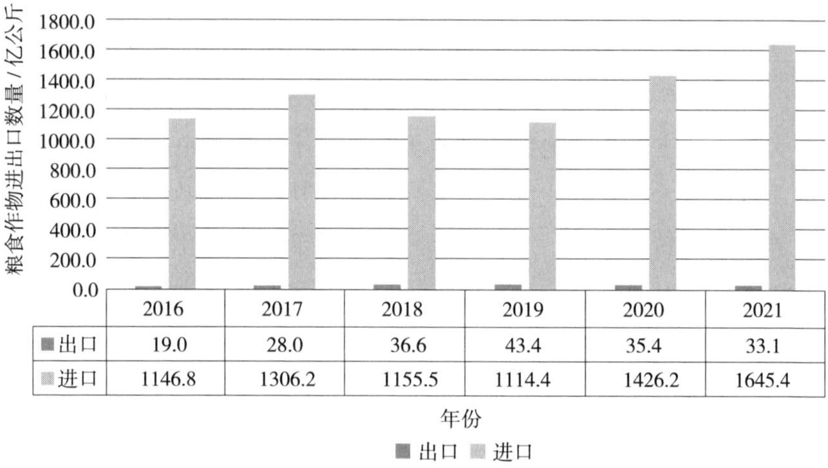

图 1–12　1995—2019 年我国粮食作物进出口数量

（数据来源：《2021 年中国农村统计年鉴》）

据海关数据显示，截至 2021 年 8 月，我国蔬菜及食用菌出口 571 万吨，同比下降 4.2%，出口金额为 96.5 亿美元，同比增长 1.5%；进口金额为 7.7 亿美元，同比增长 16.7%；贸易顺差 88.8 亿美元，同比增长 0.4%。2020 年全年，我国蔬菜出口量 101.7 亿公斤，同比增长 3.88%，与 2000 年相比增长 3 倍多（图 1–13）。

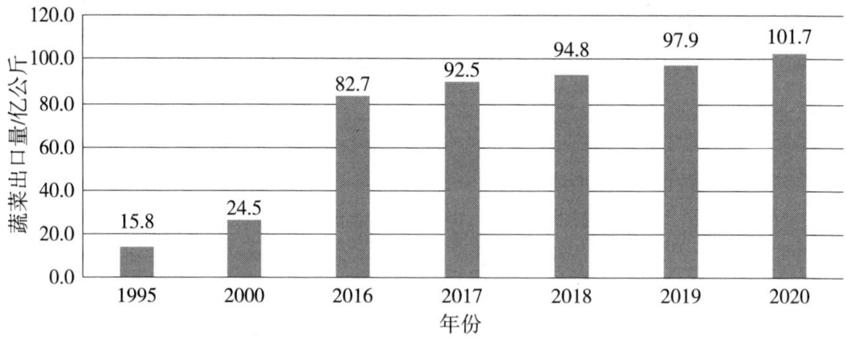

图 1–13　1995—2020 年我国蔬菜出口量

（数据来源：《2021 年中国农村统计年鉴》）

---

[1] 海关总署. 2021 年 8 月出口主要商品量值表（人民币值）[EB/OL].（2021–09–18）[2022–08–23]. http://huangpu.customs.gov.cn/customs/302249/zfxxgk/2799825/302274/302277/302276/3890740/index.html.

根据海关数据显示，近几年来，干鲜瓜果及坚果进口金额总体大于出口金额，进出口贸易全部为逆差。2021 年 12 月我国干鲜瓜果及坚果进口数量为 6.2 亿公斤，同比增长 11.4%，进口金额为 12.21 亿美元，同比增长 2.1%；2021 年 12 月我国干鲜瓜果及坚果出口数量为 4.2 亿公斤，同比下降 22.4%，出口金额为 6.53 亿美元，同比下降 31.5%。2021 年我国干鲜瓜果及坚果进口数量为 73.1 亿公斤，进口金额为 152.21 亿美元，出口数量为 36.1 亿公斤，出口金额为 60.57 亿美元。❶

近年来，我国水产品的进出口量较为波动，但总体呈下降趋势。根据海关数据显示，2021 年水产品进口数量为 36.3 亿公斤，进口金额为 144.53 亿美元，出口数量为 37.5 亿公斤，出口金额为 215.85 亿美元，同比下降 0.1%。❷ 与此同时，多年来，水产品进口金额总体小于出口金额，进出口贸易全部为顺差。

虽然自 2016 年以来，我国农产品贸易的种类和贸易总额的绝对数量年年递增，呈现出良好的增长态势，但随着新型冠状病毒肺炎疫情（以下简称“新冠肺炎疫情”）对世界经济格局产生冲击，全球供应链调整重构，国际产业分工深度演化，我国的农产品贸易也面临着诸多问题。一是国内农产品附加值始终偏低。我国出口农产品存在加工技术较落后、附加值低、层次不高等问题，较其他国家，农产品加工自主品牌少，我国同类型的产品主要依靠低廉的价格取得竞争优势，在新形势下的国际市场中难以取得新的优势。二是各国贸易壁垒形成巨大阻力。当前世界经济受到新冠肺炎疫情的影响，整个国际市场的供给和需求都遭受了巨大冲击。农业相对其他产业更为脆弱，各国为复苏本国经济，推行贸易保护主义，采取了一系列手段，致使近年来国际市场中的关税、技术性及绿色贸易壁垒成了我国农产品贸易过程中的巨大阻力。

二、突出问题

近年来，我国农产品产量持续提升，主要农产品贸易规模不断扩大，农

❶ 海关总署. 2021 年 12 月出口主要商品量值表（美元值）[EB/OL].（2021-01-18）[2022-08-23]. http://huangpu.customs.gov.cn/customs/302249/zfxxgk/2799825/302274/302277/302276/4127390/index.html.

❷ 海关总署. 2021 年 12 月进口主要商品量值表（美元值）[EB/OL].（2021-01-18）[2022-08-23]. http://huangpu.customs.gov.cn/customs/302249/zfxxgk/2799825/302274/302277/302276/4127373/index.html.

产品销售额稳中有进，能够满足人民群众日常生活的农产品需求。同时我们也必须清醒地认识到，农产品质量安全问题隐患仍然存在，在一些地方、一些品种、一些药物上还比较突出。2019—2021 年，国家市场监督管理总局抽检食用农产品 75 632 340 批次，检出不合格样品 187 441 批次。其中，种植产品占 36.59%，畜禽产品占 26.36%，水产品占 37.05%（图 1–14），总体不合格样品率为 2.40%，整体看食用农产品质量安全状况良好；但种植环节中韭菜、豆角类、芹菜等品种农药残留超标现象普遍存在，畜禽水产中违禁药物残留问题依然突出。从 2021 年检出的不合格项目类别占比看，农药残留超标占 26.38%，微生物污染占 22.40%，超范围超限量使用食品添加剂占 12.24%，兽药残留超标占 10.10%，质量指标不达标占 8.68%，重金属等污染占 8.36%（图 1–15），其中餐饮食品、食用农产品等 10 大类食品抽检不合格率有所上升。

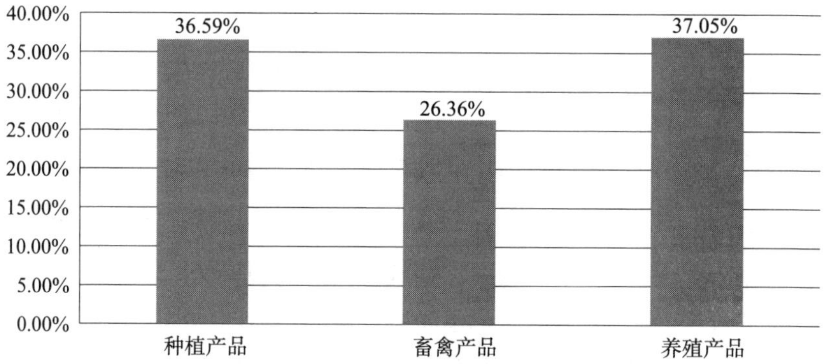

图 1–14　2019—2021 年三大产业不合格样品率比重

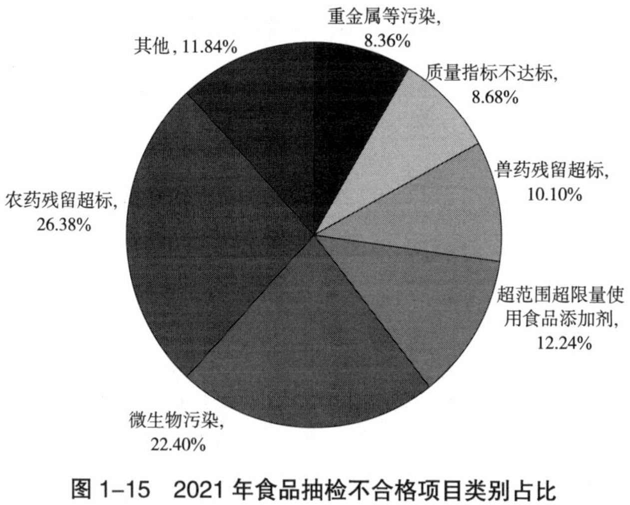

图 1–15　2021 年食品抽检不合格项目类别占比

（一）种植产品问题

笔者从 2019—2021 年国家市场监督管理总局发布的食品不合格情况的通告中发现，种植业产品检出在三大产业中占比 36.59%。从品种上看，韭菜检出占比 35.40%，豆角类检出占比 26.09%，芹菜检出占比 12.42%（图 1–16）。从不合格原因看，共检出 26 种农药，其中腐霉利检出占比 27.21%，毒死蜱检出占比 16.33%，克百威检出占比 12.93%，氧乐果检出占比 6.12%，丙溴磷检出占比 3.40%，氟虫腈检出占比 2.04%（图 1–17）。在不合格农产品通报中的韭菜检出有腐霉利、甲拌磷、克百威、毒死蜱、啶虫脒等多种农药残留。广西、四川、天津、海南等省（区市）为蔬菜产品抽检不合格通报次数最多的销售地（图 1–18）。此外，国家市场监督管理总局通报的不合格食用农产品中的小米椒、茄子、韭菜还存在镉超标的问题。

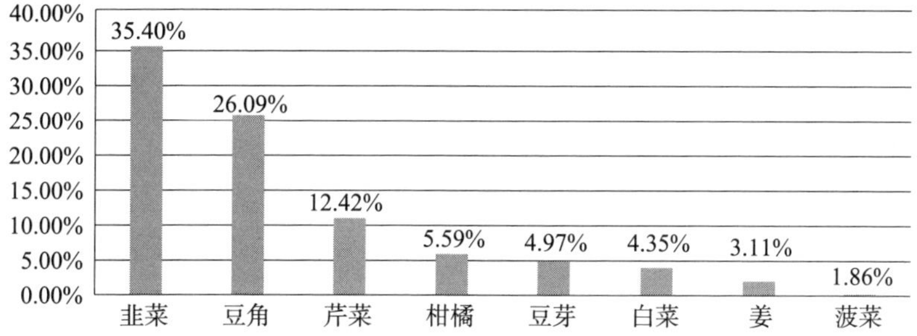

图 1–16　2019—2021 年种植产品不合格品种占比

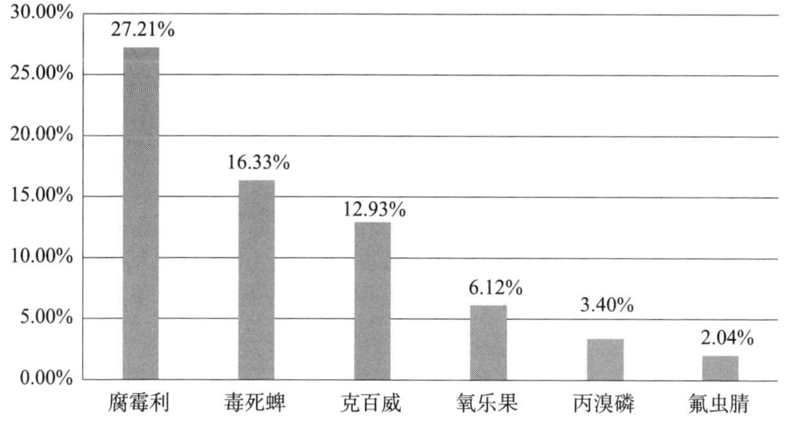

图 1–17　2019—2021 年种植产品不合格项检出占比

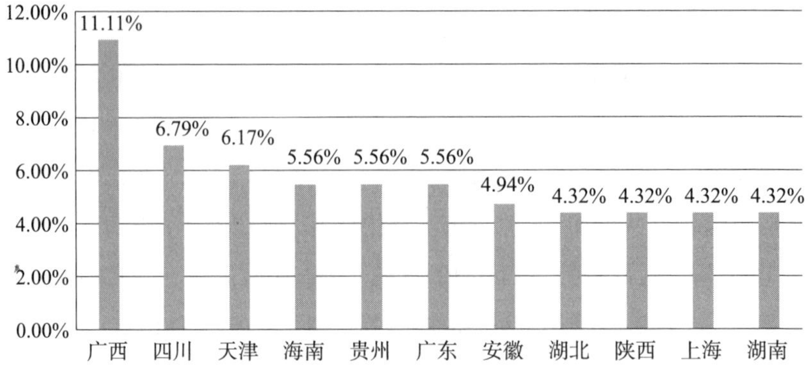

图 1–18　2019—2021 年不合格农产品销售分布区域占比

（二）畜禽产品问题

笔者从 2019—2021 年国家市场监督管理总局发布的食品不合格情况的通告中发现，在畜禽产品种类中，鸡蛋、乌鸡、猪肉等产品为主要不合格产品（图 1–19）。从不合格原因看，主要检出 18 种兽药，其中恩诺沙星、氟苯尼考、克伦特罗等禁用药物为畜禽产品抽检中主要不合格项（图 1–20），恩诺沙星检出占比 40.00%，氟苯尼考检出占比 20.00%，克伦特罗检出占比 6.09%，尼卡巴嗪检出占比 4.35%。另外，在不合格批次中，在鸡蛋中检出地美硝唑、恩诺沙星、氯霉素、氟苯尼考、磺胺类、砜霉素等多项不合格项；在乌鸡中检出的有恩诺沙星、甲氧苄啶等不合格项；同时，恩诺沙星在猪肉、乌鸡、鸡蛋等品种中检出残留量不符合食品安全国家标准规定。宁夏、甘肃、贵州等为畜禽产品抽检不合格通报次数较多的销售地（图 1–21）。

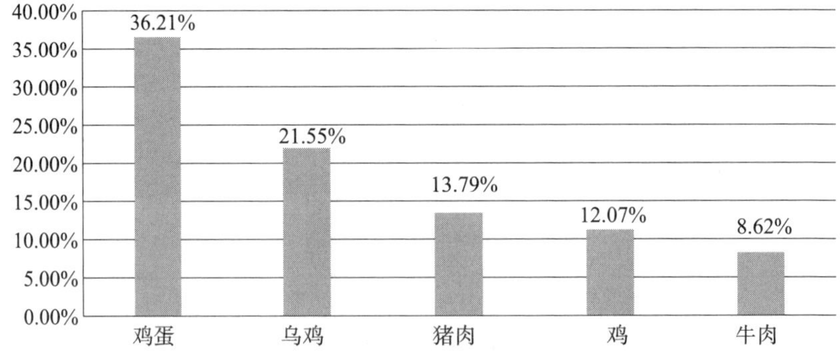

图 1–19　2019—2021 年畜禽不合格产品种类分布占比

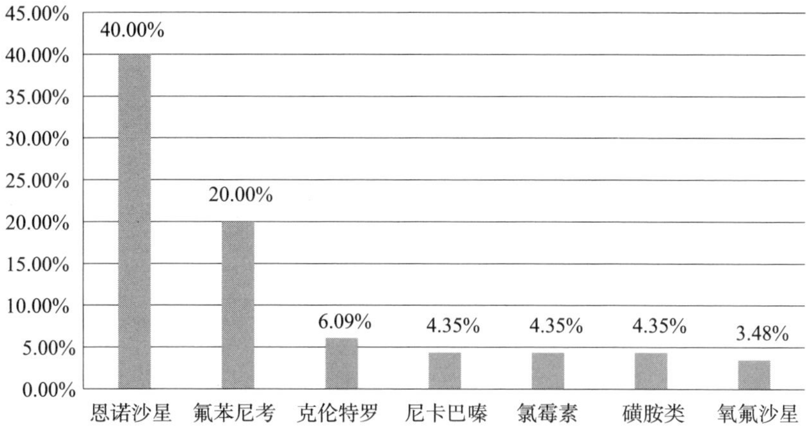

图 1–20　2019—2021 年畜禽产品不合格项检出占比

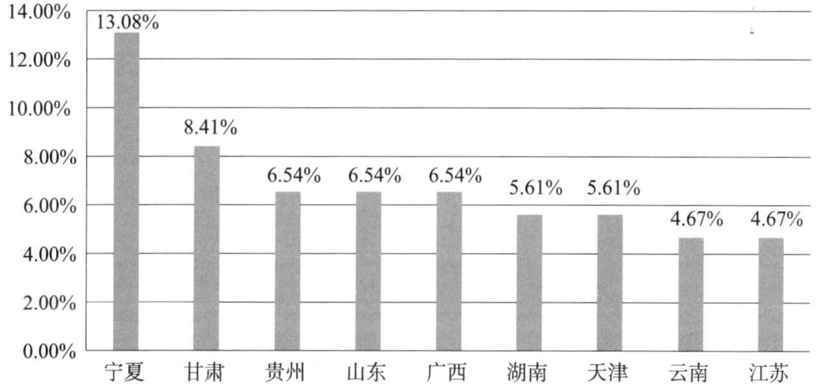

图 1–21　2019—2021 年畜禽不合格产品销售区域占比

（三）水产品问题

笔者从 2019—2021 年国家市场监督管理总局发布的食品不合格情况的通告中发现，在水产品中，虾类、蟹类、泥鳅、牛蛙、鲫鱼、鲈鱼等产品中的不合格样品较多（图 1–22）。从不合格原因看，共检出 11 类渔药，其中禁用渔药 7 种，恩诺沙星检出占比 49.44%，镉检出占比 31.46%，地西泮检出占比 12.36%，孔雀石绿检出占比 10.11%，呋喃西林检出占比 6.74%，氯霉素检出占比 4.49%，氧氟沙星检出占比 3.37%（图 1–23）。云南、广西、宁夏、贵州等地为水产品抽检不合格通报次数较多的销售地（图 1–24）。

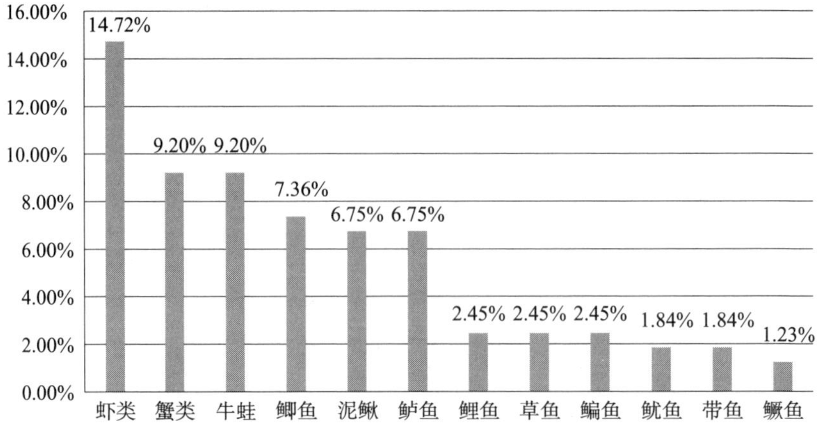

图 1-22　2019—2021 年水产品不合格产品品种分布占比

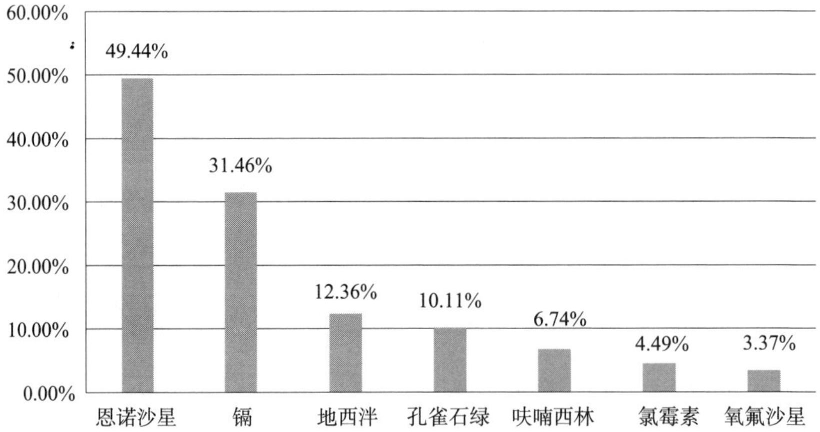

图 1-23　2019—2021 年水产品不合格项检出占比

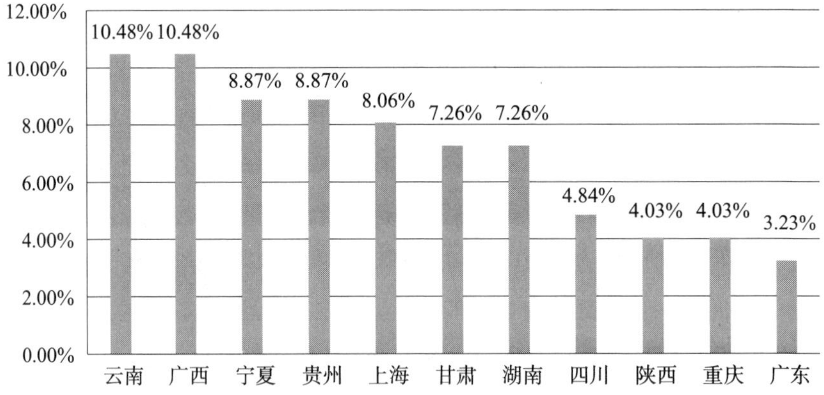

图 1-24　2019—2021 年水产品不合格产品销售区域占比

三、监管状况

我国农业总体上沿着“贫困—温饱—基本实现小康生活”的轨迹发展，农产品的供给大致经历了从追求数量增长到强调数量与质量并重，再到全面提高农产品质量安全水平的发展阶段。为适应农业发展新阶段及加入世界贸易组织新形势的需要，经国务院批准，农业部从 2001 年 4 月开始，以解决农产品质量安全问题和治理餐桌污染为核心，实施“无公害食品行动计划”，对农产品质量安全实施“从农田到餐桌”全过程管理，以此带动我国农产品质量安全工作全面开展。经过 21 年的努力，我国农产品质量安全状况不断改善。特别是党的十八大以来，各级农业农村部门深入贯彻习近平总书记提出的“四个最严”“产出来”“管出来”等重要指示精神，坚持以人民为中心的发展思想，狠抓农业标准化生产和突出问题专项治理，全面提升执法监管、监测预警和应急处置能力，农产品质量安全水平整体得到大幅度提升。

（一）持续深化突出问题治理

“十三五”期间，农业农村部会同有关部门组织开展农村假冒伪劣食品整治、“不忘初心、牢记使命”主题教育农产品质量安全专项整治行动。组织各地农业农村部门围绕突出问题持续开展农产品质量安全专项整治，五年共出动执法人员 1859.6 万人次，检查生产企业 1058 万家（次），查处问题 13 万起。[1]农业农村部联合有关部门开展农资打假专项治理行动，严打制售假劣农资违法行为，种子、肥料、农药、兽药、饲料和饲料添加剂等农资质量持续稳定在较高水平。

2021 年农业农村部会同国家市场监督管理总局、公安部等六部门制定印发《食用农产品“治违禁 控药残 促提升”三年行动方案》，联合召开视频会议进行部署。各地聚焦 11 个重点品种，坚持“一个问题品种、一张整治清单、一套攻坚方案、一批管控措施”原则，实行精准治理，对禁限用药物着力加大监督抽查、行刑衔接和公开曝光力度；对常规农药、兽药残留超标问题，坚

---

[1] 徐建华．坚定不移走质量兴农之路［N］．中国质量报，2021-01-12（02）．

持一手抓指导服务，一手抓上市前抽检，引导生产者科学规范用药。据农业农村部统计，自行动实施以来，全国共出动监管执法人员 210.7 万人次，检查农产品生产经营主体等 144.2 万家（次），销毁问题产品 1361.3 万吨，涉及金额 22.9 亿元。农业农村部 2022 年第一期农产品质量安全例行监测，禁限用药物检出率为 0.9%，常规药物超标率 1.4%，同比均呈下降态势；市场监管部门 2021 年抽检禁限用农药，其中不合格样品数量较上年减少 8.31%，治理取得初步成效。[1]

（二）全面强化风险监测评估

近年来，农业农村部实施科学有效的风险监测计划，构建部省联动、各有侧重的监测机制，突出保大宗、保重点，优化调整监测频次和品种，确保了监测结果的有效性。截至 2021 年，部省两级监测网络基本覆盖了全国主要大中城市和农产品产区、城乡居民主要消费品种，主要农产品例行监测合格率连续 7 年稳定保持在 97% 以上。农业农村部全面深入开展农产品质量安全风险评估，设立 105 家风险评估实验室和 148 家风险评估实验站，集中力量对蔬菜、粮油、畜禽、奶产品等重点农产品的质量安全进行风险评估，初步摸清各类农产品、各环节存在的风险隐患和污染状况。[2] 与此同时，地方农业农村部门立足稳字当头，坚决打好农产品风险防控仗。例如，浙江省大力组织实施专项监测和风险评估，全面排查重点农产品和特色产品质量安全风险隐患，落实“发现问题”“解决问题”的闭环管理控制机制，深化农产品质量安全风险隐患排查与评估预警。全年专项监测参数近 300 个，覆盖全省 11 个地市 89 个县（市、区）的种植、畜牧、水产三大产业 23 大类主要农产品及常用农业投入品。累计投入经费 3000 余万元，开展 60 余项风险评估专题研究，系统排查出各类风险隐患点 180 余个。制定多项用药建议指导文件，并创新实施“浙江省特色农产品安全风险管控（一品一策）”项目，推动农产品质量安全风险评估与管控技术应用落地，探索了一条将风险评估成果成功应用于监管的新途径。

---

[1] 农业农村部．浙江：多措并举，科学谋划农产品质量安全监测工作［EB/OL］.（2022-02-28）［2022-08-23］. http://www.jgs.moa.gov.cn/gzjb/202203/t20220308_6390986.htm.

[2] 熊佳梁，黄宣运，许彦阳，等．我国农产品质量安全例行监测发展历程、现状和展望［J］. 农产品质量与安全，2021（04）：5-10，17.

（三）农业标准化稳步推进

“十三五”期间，农业农村部制定、修订农药兽药残留限量及配套检测方法食品安全国家标准 4109 项，总数达到 10 068 项，基本覆盖我国常用农药兽药品种和主要食用农产品；制定、修订农业行业标准 1933 项，总数达到 5342 项。农业农村部累计创建果菜茶标准化园、畜禽养殖标准化场、水产健康养殖场近 1.8 万个，规模种养主体质量控制能力明显提升。绿色、有机和地理标志农产品总数达到 5 万个，较“十二五”末增加 71.9%。另外，农业农村部归口管理的农业标准化技术委员会达 21 个（包括 15 个国家级农业标准化技术委员会和 6 个部级农业标准化技术委员会），分技术委员会 30 个。组建国际食品法典委员会（CAC），做好国际食品法典委员会会议跟踪和技术性贸易措施官方评议，加强相关信息预警和指导服务。同时，农业农村部强化现代农业全产业链标准化建设；围绕提质增效，加快构建部地联动、产学研协同的标准化推进机制；开展现代农业全产业链标准化试点，编制一批贯穿全程、简明适用的标准综合体，持续推进试点基地建设，遴选 11 个品种、109 个基地，开展现代农业全产业链标准化试点建设。❶

（四）推进农产品绿色发展

近年来，党中央、国务院将绿色发展提高到前所未有的高度，党的十八届五中全会提出了绿色发展等新发展理念。农业的本色就是绿色，绿色发展既能增收又能增效，既能保安全又能保生态。目前，已累计禁用高毒农药 46 种，在蔬菜水果等部分作物上禁用农药 20 种，严格实施高毒农药定点经营实名购买制度，主要农作物绿色防控面积近 10 亿亩，水稻、玉米、小麦化肥农药利用率达到 40% 以上，实现预期目标。农业农村部陆续公布禁止使用兽药名录，发布食品动物中禁止使用的药品及其他化合物清单，促生长类抗菌药物饲料添加剂品种全部退出使用。截至 2018 年，全国无公害、绿色、有机和地理标志农产品达到 12.2 万个，比 2001 年增长了 50 倍。绿色有机、地理标志农产品直接供食用农产品产量超过 1.6 亿吨；新发布名特优新农产品 999 个，总数达 2227 个。另外，强化部省共建，推动青海绿色有机农畜产品输出地、江西绿

❶ 农业部关于印发《“十三五”全国农产品质量安全提升规划》的通知［J］. 中华人民共和国农业部公报，2017（04）：49-54.

色有机农产品基地试点省建设。深入实施地理标志农产品保护工程，支持245个地理标志农产品发展，延伸产业链、完善供应链、提升价值链，实现产值1658亿元。农业农村部启动“地标农品中国行”活动，遴选推介了一批典型案例。

（五）持续夯实基层监管基础

经过“十一五”“十二五”两期投资建设，我国已经构建起以部级检测机构为龙头、省级检测机构为骨干、市县级检测机构为基础的农产品质量安全检验检测体系，成为保障农产品质量安全不可或缺的技术支撑。截至2020年年底，我国农业农村系统共有各级农产品质量安全检测机构2297个，从业人员2.42万人，仪器设备19.2万台（套），仪器设备资产原值135.8亿元，检测场所面积143.6万平方米。1176家机构取得农产品质量安全检测机构考核证书，1307家机构取得检验检测机构资质认定证书，1114家机构同时取得两种证书。农业农村部统计，目前已基本建成“以农业农村部部级农产品质检中心为龙头、省级农产品质检中心为主体、地市级农产品质检中心为骨干、县级农产品质检站（所）为基础、乡镇（生产基地、批发市场）速测实验室为补充”的全国农产品质量安全检验检测体系，质检体系监测能力快速提升。

乡镇是面向农村、服务农民的区域中心，是农产品质量安全监管的重要环节。2021年农业农村部印发《关于加强乡镇农产品质量安全网格化管理的意见》，部署推进乡镇农产品质量安全网格化管理工作。各地积极结合当地实际，细化落实措施，下移工作重心，压实监管责任，探索形成许多行之有效的管理模式。例如，四川省盐亭县创新“123458”监管模式：通过“一书”（农产品质量安全承诺书）压实生产主体责任，通过“两图”（产业分布图和网格监管责任图）推进精准化管理，“三员”（监管员、检测员、协管员）完善基层监管队伍，“四定”（定区域、定职责、定任务、定考核）细化监管措施，五项举措（规范工作方式、精准指导服务、落实售前报告、常态巡查督查、实时监管评价）规范工作方式，八项制度（目标考核、教育培训、检测检疫、承诺达标合格证、日常巡查、追溯管理、举报奖励和应急处理）强化管理机制，织密网格化监管体系，进一步夯实农产品质量安全监管工作的“最初一公里”。

第二节　创建历程与做法

“郡县治，则天下安”，县一级政府自古以来就是社会治理“承上启下”的关键环节。现阶段农业生产经营高度分散，农产品质量安全监管体系和机制尚不健全，特别是基层监管力量十分薄弱，质量安全事件仍时有发生，问题隐患依然存在，形势不容乐观。各地不断探索破解基层农产品质量安全监管的难题。自2014年开始，农业部在全国“菜篮子”产品主产区选择试点，高标准创建一批国家农产品质量安全县，探索有效的监管模式，为基层农产品质量安全工作提供样板，力求整体提升全国农产品质量安全水平，确保广大人民群众“舌尖上的安全”。本节回顾国家农产品质量安全县创建历程，总结分析主要创建做法。

一、创建历程

早在2011年开始，北京、四川、广西、陕西、山东、江苏、福建、吉林、湖南等地逐步开始摸索农产品质量安全示范县、示范乡镇的创建工作，广东省云浮市还提出创建农产品安全监管示范市。总体来看，国家农产品质量安全县创建从起步到启动再到巩固，创建工作在不断深化。

（一）起步阶段（2006—2012年）

2006年《中华人民共和国农产品质量安全法》（以下简称《农产品质量安全法》）颁布实施后，填补了法律空白，促进了监管体制、机制和管理创新。我国的农产品质量安全情况总体稳定向好，比过去有很大提高，但问题依然存在，在一些领域和地方还比较突出，如农兽药残留超标、非法添加有毒有害物质、产地环境污染和假劣农资等问题。面对日益严峻的农产品质量安全监管形势，各地纷纷开始探索提升农产品质量安全水平的新模式。北京、四川、广西、陕西、山东、江苏、福建、吉林、湖南等地通过创建农产品质量安全示范县、示范乡镇的模式，取得了积极进展。

江苏省农林厅、海洋渔业局联合印发《关于实施农产品质量安全工程意见的通知》，要求开展农产品质量安全示范县建设，并先后出台《江苏省农产品质量安全示范县建设评价指标》《江苏省农产品质量安全示范县验收办法》。福建省农业厅根据《海峡西岸经济区发展规划》和福建省十一届人大四次会议政府工作报告中的有关要求，制定了福建省农产品质量安全示范区（县）建设实施方案，要求到 2013 年在全省 10 个县（市、区）建立农产品质量安全示范区（县）。陕西省农业厅确定 16 个农业标准化示范县和农产品质量安全监管示范县，并下发《陕西省农业厅关于农产品质量安全监管及农业标准化示范县项目实施指导意见函》，要求示范县（区）推动实施“商洛模式”。

基于各地的实践，开展农产品质量安全示范县（区）创建的地方，属地化责任有效落实，监管能力快速提高，农产品质量安全水平明显提升。2011 年下半年，农业部农产品质量安全监管局委托农业部农产品质量标准研究中心等科研单位组织研究国家农产品质量安全县的创建思路和推进措施，召开专家研讨会，并提出农产品质量安全监管示范县政策建议。

2012 年 6 月 23 日，为进一步加强食品安全工作，国务院印发《国务院关于加强食品安全工作的决定》，正式提出国家层面要开展农产品质量安全监管示范县创建。这一决定的印发，也正式拉开国家农产品质量安全县创建的序幕。

（二）启动阶段（2013—2015 年）

为贯彻落实《国务院关于加强食品安全工作的决定》，深入推进农产品质量安全监管，依据《农产品质量安全法》《中华人民共和国食品安全法》（以下简称《食品安全法》）等相关法律法规，从 2013 年开始，农业部在先行试点的基础上，逐步推进国家农产品质量安全监管示范县创建工作。2013 年农业部印发了《关于开展创建国家农产品质量安全监管示范县试点工作的意见》，明确创建国家农产品质量安全监管示范县的重要意义、指导思想、基本原则、目标任务、基本条件、认定与管理、工作要求等内容。

2013 年 5 月 14 日，国务院专门研究在省会城市和计划单列市开展“食品安全放心城市”创建，以及在种植养殖大县开展“农产品质量安全示范县”创建工作，推动地方政府落实责任。2014 年 11 月，经国务院食品安全委员会办公室审议通过，农业部印发《国家农产品质量安全县创建活动方案》和《国家农产品质量安全县考核办法》，明确了开展国家农产品质量安全县创建活动的总体思路：以“菜篮子”产品主产县为重点，“产”“管”并举，推动各地落实属地管理责任，探索建立有效的监管模式，以点带面，整体提升农产品质量安全监管能力和水平。在进度安排上，坚持先行试点，再全面铺开。同时要求各地加快组织实施，强化指导考核，及时总结推广试点经验，确保国家农产品质量安全县创建活动取得实效。

2014 年 11 月 12 日，国务院食品安全委员会在福建厦门召开全国治理“餐桌污染”现场会，部署启动国家农产品质量安全县和食品安全城市创建工作，提升了创建活动规格，对创建活动的开展起到了有力的推动作用。

2015 年 8 月，经农业部常委会审议，公布了 103 个国家农产品质量安全县和 4 个国家农产品质量安全市创建试点单位名单，并印发了《国家农产品质量安全县管理办法（暂行）》，进一步规范创建、申报、考评、命名、监督管理等工作程序，建立了“定期考核、动态管理”工作机制，不定期开展监督检查，每 2 ~ 3 年开展一次考核，设立举报电话，鼓励公众监督，明确了整改的五种情形和撤销称号的七种情形。

（三）巩固阶段（2016 年至今）

自 2014 年正式启动国家农产品质量安全县创建活动以来，经过全面推动实施，先后两批共计 311 个县（包含县级建制的区、市、团场）成为“国家农产品质量安全县”。

2016 年 10 月 21 日，全国食品安全示范城市创建和农产品质量安全县创建（即“双安双创”）工作现场会在四川成都召开。会议强调要贯彻落实“四个最严”要求，努力把国家农产品质量安全县打造成“四个样板区”。第一，标准化生产样板区，率先实现规模基地标准化生产全覆盖，做到生产记录和休药期制度全面落实。第二，全程监管的样板区，率先建立从田头到市场再到餐桌的全链条监管体系，实现主要农产品可追溯。第三，监管体系建设的样板区，率先实现网格化监管体系全覆盖，做到村有人看、乡有人管、县有人查。第四，社会共治的样板区，率先建立守信激励、失信惩戒的质量安全信用体系，做到全社会共治共管。

2017 年 6 月 19 日，由国务院食品安全委员会办公室指导，“全国食品安全示范城市和农产品质量安全县成果展”在京举办。在此次活动中，对首批创建成功的市、县进行了命名授牌，并对创建成果进行集中展示。

2018 年 12 月 17 日，国家农产品质量安全“百安县”和全国百家经销企业“双百”对接活动在全国农业展览馆举办，首批 107 个国家农产品质量安全县（市、区）与全国 100 余家大型批发市场、超市、电商、采购商等代表开展产销对接活动。

2019 年 11 月 2 日，第二届国家农产品质量安全县与农产品经销企业产销对接活动在江苏省徐州市国际会展中心举办。在此次活动中，全国 200 余个农产品质量安全县的 700 多家生产经营主体与近 200 家采购商代表进行现场对接，现场签约金额 28.8 亿元。

二、创建做法

自 2014 年以来，农业部在全国范围内组织开展了国家农产品质量安全县创建活动，主要是通过县域整建制推进创建工作，进一步落实基层政府农产品质量安全属地管理责任，以点带面推动建立责任明晰、监管有力、执法严格、运转高效的农产品质量安全体系，具体有以下四个方面的做法。

（一）政府主导，强化责任落实

创建国家农产品质量安全县，不单纯是为了解决农产品质量安全问题，更是为了保障人民群众的消费安全，提升区域品牌形象和促进农业产业发展。因此，各创建单位高度重视国家农产品质量安全县创建工作，按照“地方政府负总责，各部门各负其责”的原则，将农产品质量安全工作纳入地方党政同责规定，确保农产品质量安全经费和各项监管措施落实到位。例如，广西壮族自治区恭城瑶族自治县人民政府制定了《恭城瑶族自治县农产品质量安全县创建工作实施方案》，成立了由县委书记等主要领导牵头的农产品质量安全工作领导小组，明确了各部门职责，召开了全县创建工作推进会，县人民政府与各乡（镇）人民政府签订了农产品质量安全责任状，责任落实到人，做到了全县上下有部署，确保实施成效。河北承德市双滦县成立了以县长为组长的农产品质量安全工作领导小组，将农产品质量安全工作连续三年纳入县政府工作报告，将农产品质量安全监管体系建设纳入县“十四五”国民经济和社会发展规划中，依法履行属地管理责任。海南省澄迈县委、县政府将农畜产品质量安全监管工作纳入乡镇级人民政府绩效考核范围内，考核分值均在 5 分以上，并将农畜产品质量安全监管经费和执法经费纳入县级财政预算，确保“政府总牵头，经费有保障”。

（二）健全体系，创新监管机制

创建国家农产品质量安全县的主要目标之一，是以示范县带动建立责任明晰、监管有力、执法严格、运转高效的农产品质量安全体系。各地以创建国家农产品质量安全县为契机，建立健全完善行政监管、风险监测、执法检查、技术支撑“四大体系”，充实基层监管力量，提升监管能力。例如，河北省涞水县实施网格化监管，建设一级网格 20 个、二级网格 15 个、三级网格 284 个。一级网格内部实施行业监管，农业农村局局长为第一责任人，农产品质量安全股负责网格化监管的组织实施和管理维护，其他各股（站）按照职责分工抓好行业监管工作，农业农村局明确专人包联乡镇和重点企业。二级网格由乡镇承担农产品安全监管工作的机构负责，明确 1 名主管乡（镇）长为网格长，根据实际合理配置 2 ~ 3 名专职或兼职网格员，全面开展巡查工作。三级网格协管员由村农产品质量安全协管员担任，在农产品生产企业、农民合作社设置内部质量控制员。所有网格明确监管员和协管员职责，形成“区域定格、网格定人、人员定责，网格化监管体系”。安徽省黄山市黄山区打造“横向到边、纵向到底”的农产品质量安全监管检测网格，实现区、乡、村三级农产品检测机构全覆盖；对纳入监管名录的 380 余家规模农产品生产经营主体，每年巡查不少于 2 次，年均出动执法人员 700 余人次；完成区级检测机构“双认证”（检验检测机构资质认定和农产品质量安全检测机构考核）和 31 个基层快检室建设，年均检测各类农产品 1 万余批次，合格率达 99.8% 以上。

（三）智慧监管，提升监管能力

农产品从生产到供给链条长、影响因素多，特别是当前农业生产规模化和标准化程度普遍不高，给分段监管带来很大难度。各地借助创建国家农产品质量安全县的契机，利用信息化科学技术，建立智慧监管平台，将农产品生产企业、农民专业合作社和农资生产经营等纳入平台管理，推动生产档案电子化、农产品标识智能化、监测预警实时化、投诉处置网络化、问题产品追溯化，使有限的监管力量发挥更大的作用。例如，福建省尤溪县开发“尤溪县农产品质量安全网格化监管平台”和“手机监管巡查”软件，将全县365家规模企业、家庭农场、合作社及2497家种养大户纳入平台管理，实现“生产有记录、流向可追踪、质量可追溯、责任可界定”的全方位监管。江苏省常州市自主开发了农产品质量安全管理平台及移动终端监管，市域范围内近12万个农业生产经营主体全面建档并纳入监管名录，实现日常巡查、产品质量追溯、生产经营档案电子化管理、入网主体培训、检测、主体信息更新“六个全覆盖”，同时，开发运行全市农产品质量安全网格化监管平台，运用Jit网状关系图技术构建市、区（县）、村（社区）各级监管网格，实现动态可视化展示各类农产品质量安全监管信息。

（四）绿色生产，推动品牌强农

品牌强农是农业产业发展的必然方向，是新时期满足消费者对优质农产品供应需求的主要途径。在创建国家农产品质量安全县的过程中，集中政策、资金等扶持措施投向本地区主导产业、优势产品和重点乡镇，大力扶持农民专业合作社、农业企业和生产大户，积极发展设施农业，推行农业标准化生产，鼓励“两品一标”绿色、有机和地理标志认证，培育县域品牌。例如，江苏省南京市高淳区积极推广统防统治、绿色防控、配方施肥、健康养殖和高效低毒农药。河南省罗山县研究出台《罗山县“三品一标”认证奖补办法》，鼓励企业申报“三品一标”无公害、绿色、有机和地理标志农产品，提高企业的品牌意识和申报的积极性；同时积极开展茶叶、蔬菜标准园示范创建，制定了涵盖优质水稻、双低油菜、弱筋小麦、有机茶叶、再生稻、红辣椒等主导产业的质量标准和生产技术规程，建立优质水稻、茶叶、蔬菜等农产品标准化生产基地，大力发展水产品标准化养殖。

第三节 创建进展与发展对策

国家农产品质量安全县是全国农产品质量安全工作的标杆和样板，自创建以来，各级农业农村部门以创建国家农产品质量安全县为抓手，落实责任，加大投入，创新机制，大力推进标准化生产和法治化监管，农产品质量安全水平大幅度提高。本节重点介绍国家农产品质量安全县的创建进展与发展对策。

一、创建进展

2016 年 12 月 7 日，经各创建试点单位积极开展工作，并经省级农业行政主管部门严格考评，农业部命名北京市房山区等 103 个县（区）为“国家农产品质量安全县（区）”，命名山东省威海市等 4 个市为“国家农产品质量安全市”（表 1–1）。首批命名的 107 个国家农产品质量安全县（市、区）农产品质量安全平均水平从创建前的 97.16% 提升到创建后的 99.33%，禁用农兽药、瘦肉精、孔雀石绿、硝基呋喃等药物检测合格率均达 100%。

表 1–1 第一批国家农产品质量安全县（市、区）名单

省（区、市）	国家农产品质量安全县（市、区）
北京市	房山区、平谷区
天津市	静海县、武清区
河北省	滦平县、玉田县、曹妃甸区、围场县
山西省	新绛县、太谷县、怀仁县
内蒙古自治区	喀喇沁旗、阿荣旗、扎赉特旗
辽宁省	法库县、大洼区、朝阳县、东港市
吉林省	敦化市、榆树市、公主岭市

续表 1-1

省（区、市）	国家农产品质量安全县（市、区）
黑龙江省	阿城区、宁安市、龙江县
上海市	浦东新区、金山区
江苏省	张家港市、建湖县、姜堰区、海门市
浙江省	余杭区、衢江区、嘉善县、德清县
安徽省	太湖县、宣州区、金寨县、和县、长丰县
福建省	尤溪县、云霄县、福清市、福鼎市
江西省	永修县、新干县、新建区
山东省	威海市、商河县、广饶县、寿光市、沂南县、成武县
河南省	内黄县、新野县、汝州市、修武县
湖北省	江夏区、五峰县、云梦县、潜江市、松滋市
湖南省	东安县、常宁市、君山区、浏阳市
广东省	云浮市、高明区、翁源县、梅县区、陆丰市
广西壮族自治区	富川县、武鸣区、平乐县
海南省	琼海市、澄迈县
重庆市	荣昌区、潼南区、垫江县
四川省	成都市、安州区、苍溪县、西充县、邻水县
贵州省	播州区、印江县、罗甸县
云南省	凤庆县、元谋县、砚山县
西藏自治区	白朗县
陕西省	商洛市、阎良区、洛川县、富县
甘肃省	永昌县、靖远县
青海省	湟中县、互助县
宁夏回族自治区	永宁县、利通区
新疆维吾尔自治区	昌吉市、伊宁县、疏附县
新疆生产建设兵团	一师十团

续表 1–1

省（区、市）	国家农产品质量安全县（市、区）
大连市	瓦房店市
青岛市	胶州市
宁波市	奉化市

2019 年 10 月 29 日，经省级农业农村行政主管部门严格考评，农业农村部将达到《国家农产品质量安全县考核办法》要求的北京市大兴区等 200 个县（市、区）命名为“国家农产品质量安全县（市、区）”，河北省唐山市等 11 个市命名为“国家农产品质量安全市”（表 1–2），并提出进一步加大工作力度，巩固创建成果，提升创建水平的新要求。

表 1–2 第二批国家农产品质量安全县（市、区）名单

省（区、市）	国家农产品质量安全县（市、区）
北京市	大兴区、顺义区
天津市	西青区、宝坻区
河北省	唐山市、元氏县、平泉市、卢龙县、乐亭县、涿州市、涞水县、任丘市、宁晋县、磁县、承德市双滦区
山西省	曲沃县、大同市云州区、孝义市、太原市小店区、长子县、定襄县
内蒙古自治区	杭锦后旗、五原县、乌审旗、开鲁县、丰镇市、商都县
辽宁省	盘锦市、康平县、沈阳市辽中区、海城市、新宾县、黑山县、大石桥市、铁岭县、凌源市
吉林省	辉南县、前郭县、大安市、伊通县、东丰县、龙井市
黑龙江省	哈尔滨市双城区、讷河市、穆棱市、同江市、肇源县、铁力市、宝清县、萝北县
上海市	崇明区、嘉定区
江苏省	常州市、昆山市、盐城市大丰区、南京市高淳区、泰州市高港区、扬州市江都区、苏州市吴江区、东台市、江阴市、徐州市贾汪区
浙江省	湖州市、东阳市、海盐县、瑞安市、绍兴市上虞区、遂昌县、台州市黄岩区、桐庐县、象山县、舟山市定海区

续表 1-2

省（区、市）	国家农产品质量安全县（市、区）
安徽省	庐江县、宁国市、铜陵市义安区、来安县、池州市贵池区、黄山市黄山区、砀山县、当涂县、涡阳县
福建省	安溪县、平和县、仙游县、泰宁县、武夷山市、上杭县、宁德市蕉城区
江西省	宜春市、宜丰县、南城县、玉山县、永丰县、莲花县、大余县
山东省	潍坊市、平阴县、桓台县、龙口市、泗水县、宁阳县、蒙阴县、聊城市茌平区、阳谷县、无棣县、滨州市沾化区、郓城县、禹城市
河南省	巩义市、郑州市金水区、罗山县、灵宝市、孟津县、长垣县、西华县、延津县、博爱县
湖北省	鹤峰县、南漳县、竹山县、洪湖市、钟祥市、宣恩县、蕲春县、武汉市蔡甸区、武汉市黄陂区、宜都市
湖南省	益阳市赫山区、隆回县、祁东县、道县、资兴市、桃源县、新化县、安化县、常德市鼎城区
广东省	江门市、广州市番禺区、乳源县、高州市、惠东县、德庆县、徐闻县、揭西县、阳山县
广西壮族自治区	钟山县、全州县、东兴市、恭城县、武宣县、百色市田阳区、南丹县
海南省	东方市、陵水县
重庆市	梁平区、璧山区、忠县、铜梁区
四川省	广元市、岳池县、达州市达川区、德阳市旌阳区、峨眉山市、洪雅县、华蓥市、理县、渠县、射洪市、通江县、宣汉县
贵州省	凤冈县、毕节市七星关区、雷山县、习水县、长顺县、江口县
云南省	曲靖市麒麟区、曲靖市马龙区、师宗县、广南县、宾川县、嵩明县、瑞丽市
西藏自治区	拉萨市达孜区、昌都市卡若区
陕西省	西安市鄠邑区、岐山县、扶风县、大荔县、澄城县、咸阳市杨凌区
甘肃省	武威市凉州区、临泽县、陇西县、庆阳市西峰区
青海省	大通县、海东市乐都区
宁夏回族自治区	灵武市、西吉县、中宁县

续表 1–2

省（区、市）	国家农产品质量安全县（市、区）
新疆维吾尔自治区	昌吉回族自治州、库尔勒市、阜康市、伊宁市、乌鲁木齐市高新区、博乐市
厦门市	同安区
大连市	庄河市、旅顺口区
青岛市	青岛市
宁波市	宁波市

2021 年 2 月 24 日，为进一步提高农产品质量安全水平，农业农村部确定了第三批 106 个国家农产品质量安全县（市、区）创建单位和 13 个国家农产品质量安全市创建单位（表 1–3）。同时要求各地加大创建力度，落实属地管理责任，探索建立行之有效的农产品质量安全监管模式，努力打造标准化生产、全程监管、监管体系建设、社会共治的样板区，示范带动地方全面提升农产品质量安全监管能力和水平。

表 1–3　第三批国家农产品质量安全县（市、区）创建单位名单

省（区、市）	国家农产品质量安全县（市、区）
北京市	延庆区、通州区、怀柔区
天津市	蓟州区、北辰区
河北省	廊坊市、石家庄市鹿泉区、饶阳县、邢台市南和区、青县
山西省	永济市、泽州县、古县
内蒙古自治区	达拉特旗、乌拉特中旗、赤峰市松山区、科尔沁右翼前旗
辽宁省	盖州市、北票市、凤城市、灯塔市
吉林省	白山市、长春市九台区、舒兰市、洮南市
黑龙江省	桦川县、甘南县、庆安县、大庆市大同区
上海市	青浦区、松江区
江苏省	连云港市、南通市、南京市江宁区、宿迁市宿豫区、盐城市盐都区、淮安市淮安区

续表 1-3

省（区、市）	国家农产品质量安全县（市、区）
浙江省	台州市、杭州市临安区、苍南县、桐乡市、浦江县
安徽省	芜湖市湾沚区、天长市、潜山市、霍山县
福建省	三明市、武平县、古田县、永春县、罗源县
江西省	贵溪市、万年县、九江市柴桑区、铜鼓县、乐安县
山东省	济宁市、新泰市、莘县、滕州市、平原县
河南省	濮阳市、南阳市、鹿邑县、夏邑县、荥阳市、光山县、正阳县
湖北省	恩施土家族苗族自治州、武汉市东西湖区、江陵县、安陆市、宜昌市夷陵区、沙洋县
湖南省	常德市、宁乡市、永州市零陵区、南县、永顺县
广东省	肇庆市、广州市增城区、珠海市斗门区、阳江市阳东区
广西壮族自治区	横州市、天峨县、扶绥县、忻城县
海南省	海口市琼山区、三亚市崖州区
重庆市	开州区、丰都县
四川省	宜宾市翠屏区、盐亭县、简阳市、雅安市名山区
贵州省	开阳县、湄潭县、福泉市
云南省	开远市、新平县、牟定县
西藏自治区	拉萨市城关区
陕西省	安康市、西安市长安区、陇县、合阳县、定边县
甘肃省	天水市秦州区、玉门市
青海省	民和回族土族自治县、湟源县
宁夏回族自治区	贺兰县、盐池县
新疆维吾尔自治区	新和县、焉耆县、克拉玛依市克拉玛依区
新疆生产建设兵团	第五师双河市
厦门市	翔安区
大连市	金普新区

总的来看，各级农业农村部门以农产品质量安全县创建为抓手，落实责任、加大投入、采用新机制，大力推进标准化生产和法治化监管，取得了积极成效。一是推动了责任落实，各创建单位把农产品质量安全纳入政府绩效考核，平均考核权重由创建前的 2.5% 提高到创建后的 5.8%；二是提升了监管能力，平均每个县三级监管人员数量由创建前的 200 多人增加到创建后的 400 多人，每年财政预算由 30 余万元增加到 200 多万元；三是推进了绿色生产，“三品一标”产地占当地耕地面积由创建前的 40% 提高到创建后的近 60%；四是强化了执法监管，对县域内制售假劣农资、生产销售使用禁用农兽药、非法添加有毒有害物质等违法违规行为 100% 查处，农业投入品 100% 纳入监管平台，100% 落实高毒农药定点经营、实名购买等监管制度；五是创新了监管机制，各农产品质量安全县以创建为契机，健全机构、完善机制，明确各部门农产品质量安全管理责任，形成农产品质量安全共抓、共管的良好局面。此外，四川成都建立智慧监管 App，安徽金寨建立农药配送、包装回收和财政补贴“三统一”体系。福建安溪引进军工技术，采用生物信息对抗技术，并辅之以害虫天敌投放等先进手段，实现了生态防控。

二、发展对策

创建国家农产品质量安全县，是党中央国务院作出的一项重大部署，也是新形势下提升农产品质量安全水平和人民群众满意度的重大举措。但从各地创建活动中发现，个别地区仍然存在重视程度不够、部门协作发挥不充分、创建特色不鲜明等问题。面对“十四五”农产品质量安全的新形势新要求，还需进一步发挥国家农产品质量安全县的指引性作用，扩大创建规模范围、完善调整创建指标，提升品牌影响力。

（一）进一步扩大创建规模范围

根据《中共中央国务院关于深化改革加强食品安全工作的意见》和中共中央办公厅、国务院办公厅印发的《地方党政领导干部食品安全责任制规定》要求，需继续深入开展国家农产品质量安全县创建，扩大创建规模范围。农业农村部印发的《“十四五”全国农产品质量安全提升规划》将创建国家农产品质量安全县作为一项重要任务，明确规定持续开展国家农产品质量安全县创建，因地制宜探索有效的监管模式，推进农药实名购买制度等。强化宣传和产品推介，提升国家农产品质量安全县的影响力和社会知名度。总结推广典型经验，加强示范创建交流，充分发挥辐射带动效应。强化动态核查和跟踪评价，实行定期考核、动态管理，严格执行退出机制。鼓励有条件的省份整省创建。到"十四五"末农产品质量安全县认定数量达到500个。2022年，农业农村部将继续深化国家农产品质量安全县创建工作列为质量安全工作重点，探索利用线上答辩方式验收第三批国家农产品质量安全县，并遴选确定第四批100个创建单位。

（二）进一步完善调整创建指标

国家农产品质量安全县创建考核评价必须坚持从严、从紧、科学的原则。随着创建活动的开展，修订创建活动方案、考核办法和管理办法，制定群众满意度测评规范，有利于创建活动更加科学、规范。现行《国家农产品质量安全县创建活动方案》和《国家农产品质量安全县考核办法》总体可行，在指导前两批国家农产品质量安全县创建上发挥了重要作用，但对于新形势新要求而言还有不足。因此，农业农村部对《国家农产品质量安全县考核办法》进行了修订，在保持原有考核框架不变，工作考核、质量安全水平考核和群众满意度三部分考核权重不变，关键项总数不变的前提下，按照农业农村部最新工作要求增加关于落实党政同责要求、开展网格化管理、协管员队伍、智慧管控、常规农兽药速测、放心农资下乡、耕地环境治理、鼓励创新等内容，以及推行农产品承诺达标合格证按照开具、使用、查看全链条等内容，重点提升"产"方面的考核分值。总体来看，修改后的考核办法在未降低标准的前提下，内容更全面、指标更科学。

（三）进一步擦亮"金字招牌"

国家农产品质量安全县是一种荣誉，也是一种责任。创建县通过发挥政府和市场"两只手"的各自优势，促进农产品质量安全县生产企业与农产品经销企业对接，让农产品质量安全县的农产品既能产得出、产得优，又能卖得出、卖得好。下一步，国家农产品质量安全县还须继续在质量兴农上发挥带头作用，在品牌强农上发挥示范作用，在推进绿色发展上发挥排头兵作用，在保障消费安全上发挥主力军作用。一是要擦亮绿色化发展的“金字招牌”。做好绿色有机的大营销，以绿色、有机、地理标志农产品为核心，发展一批有影响力的区域公用品牌，因地制宜、分类培育一批“大而优”“小而美”的农产品品牌，打造一批具有较强竞争力的企业品牌，构建形成特色鲜明、互为补充的农业品牌体系。推动绿色、有机、地理标志品牌融合发展，发挥好国家农产品质量安全县在绿色消费中的“风向标”作用，擦亮国家农产品质量安全县绿色有机农产品的“金字招牌”。二是要擦亮产业化发展的“金字招牌”。国家农产品质量安全县创建突出抓好全产业链发展，推行低消耗、少排放、可循环的绿色生产方式，加快推进“种植—养殖—加工”循环一体化，建立有机废弃物收集、转化和利用网络体系，打造产业化发展高地。同时，积极发展特色产业，制定不同区域、不同产品的技术规程和产品标准，创响一批“土字号”“乡字号”品牌，擦亮产业化发展的“金字招牌”。三是要擦亮智慧化监管的“金字招牌”。创建国家农产品质量安全县充分运用大数据等信息技术，做到监管可视化、“安全看得见”，有效提升农产品质量安全水平。

第二章 国家农产品质量安全县创建目标和任务

·内|容|提|要·

县域是我国社会治理和经济发展的基本单元，在国民经济发展中发挥着重要作用。创建国家农产品质量安全县，就是鼓励基础较好的县域从实际出发积极探索、先行先试，研究处理好原来已经遇到的老问题，探索解决好正在面对的新问题，与时俱进，不断完善制度和办法，以更好地适应不断发展变化的形势。本章重点介绍国家农产品质量安全县创建形势要求、创建任务和创建流程。

第一节　形势要求

民以食为天，食品安全是重大的民生问题。习近平总书记指出，“能不能在食品安全上给老百姓一个满意的交代，是对我们执政能力的考验”[1]。农产品质量安全必须从基层抓起，县域是农产品生产和质量安全监管的前沿。随着乡村振兴战略和农业农村现代化的深入推进，国家农产品质量安全县创建要适应新形势、新任务、新要求，在创建思路上还须再梳理，在政策措施上仍要再压实，推动农产品质量安全工作再上新台阶。

一、推进乡村振兴战略实施

党的十九大报告指出，农业农村农民问题（“三农”问题）是关系国计民生的根本性问题，必须始终把解决好“三农”问题作为全党工作的重中之重，实施乡村振兴战略。2018 年，中共中央、国务院印发《乡村振兴战略规划（2018—2022 年）》，按照产业兴旺、生态宜居、乡风文明、治理有效、生活富裕的总要求，明确了阶段性重点任务。2021 年，《中共中央 国务院关于全面推进乡村振兴 加快农业农村现代化的意见》正式发布，提出坚持创新驱动发展，以推动高质量发展为主题，统筹发展和安全，落实加快构建新发展格局等要求。同年，中共中央、国务院发布《关于实现巩固拓展脱贫攻坚成果同乡村振兴有效衔接的意见》，要在巩固拓展脱贫攻坚成果的基础上，做好乡村振兴这篇大文章，接续推进脱贫地区发展和乡村全面振兴。

农产品质量安全监管关键在县、重点在乡、基础在村。在推进乡村振兴中，农产品质量安全工作不仅不能削弱，还需要进一步加强；不仅不能降低标准和要求，还被赋予了新的更为丰富的价值和内涵。农产品质量安全是乡村振

[1] 本书编写组．十八大以来重要文献选编：上［M］．北京：中央文献出版社，2014：672.

兴的基础和保障，与乡村振兴战略的总要求密切相关。产业兴旺，质量要先行，安全是基础；生态宜居，绿色发展是引领，需加快健全农业绿色发展的标准体系；乡风文明，需要传承农耕文明，与培育地理标志农产品密切相关；治理有效，需要增强质量安全意识，与质量安全信用体系建设密不可分；生活富裕，要求吃得安全放心，增加绿色优质农产品供给。国家农产品质量安全县创建要主动将农产品质量安全融入乡村振兴战略，以乡村振兴战略为统领抓好农产品质量安全工作。随着农产品质量安全县创建已经进入巩固提升、扩大成效的新阶段，深化创建工作需要融入乡村振兴战略发展，抓好农产品质量安全工作，确保人民群众“舌尖上的安全”。

二、助力农业产业发展

产业兴，乡村兴。产业兴旺是解决农村一切问题的前提。产业发展的重要任务是保障农产品有效供给和质量安全，提高农业质量、效益和竞争力，实现农业高质量发展。当前，农业体量大，但产业大而不强；农产品品种丰富，但多而不优；农业品牌众多，但杂而不亮。抓产业必须抓质量，抓质量必须保安全。然而，现阶段大国小农仍然是我国的基本农情，面对数量众多、小而分散的生产主体，质量安全的风险隐患依然存在，个别生产经营者违规使用禁用药物、不遵守安全用药间隔期休药期的行为时有发生。2022 年国务院食品安全委员会第四次全体会议强调，要加强源头治理，严格规范农药兽药使用管理，持续净化产地环境，从源头上遏制污染食品流入市场、流向餐桌。

国家农产品质量安全县创建要求全面加强生产经营者自律意识，推动农产品生产企业和农民专业合作经济组织全面实行标准化生产，科学使用农业投入品，有效推广绿色生产技术，全面杜绝禁用农兽药使用和非法添加等违法违规行为。国家农产品质量安全县是“菜篮子”产品的主要供应地，深化创建工作需要在守住安全底线的前提下，借助“国家农产品质量安全县”这张名片，提升农业综合效益，增加农民收入。

三、提升治理水平

将食品安全作为一项重大的政治任务来抓，坚持党政同责，用最严谨的标准、最严格的监管、最严厉的处罚、最严肃的问责，确保人民群众“舌尖上的安全”。近年来，国家不断强调要完善监管体系，着力提高监管效能，落实最严格的全程监管制度，推动食品安全形势持续改善，切实保障人民群众身体健康和生命安全。农产品质量安全监管工作的重心在基层，加强基层建设至关重要。中共中央办公厅、国务院办公厅印发《地方党政领导干部食品安全责任制规定》，明确提出食品安全党政同责要求。各地县委、县政府要把农产品质量安全作为重大政治任务，摆在更加突出的位置。中共中央、国务院印发《关于深化改革加强食品安全工作的意见》提出具体要求，在职责定位方面，农业综合执法要以农产品质量安全为重点，确保监管工作落实到位。在能力建设方面。要加强基层综合执法队伍建设，确保有足够资源履行食品安全监管职责。在支撑保障方面，加强技术支撑能力建设，落实各级食品、农产品检验机构能力和装备配备标准。推进“互联网＋食品”监管，充分应用大数据、云计算、物联网、人工智能、区块链等技术，实施智慧监管。

国家农产品质量安全县创建是通过把市县两级监管机构组建到位，把监管触角延伸到乡村，以基层质量安全基础为重点，系统推进基层能力建设。并且通过加大投入支持力度，强化风险监测、检验检测、追溯管理等技术手段，充实基层监管执法力量和执法装备，率先实现网格化监管体系全覆盖，做到村有人看、乡有人管、县有人查。随着“十四五”科技创新蓬勃发展，为增强农产品质量安全治理能力提供了新支撑。深化国家农产品质量安全县创建，还须充分运用物联网、大数据、云计算等信息技术，创新农产品质量安全治理模式，推进智慧监管、精准监管。

第二节　创建任务

一直以来，基层监管是农产品质量安全监管的重点和难点。创建国家农产品质量安全县，通过示范带动、评价考核、命名授牌等措施，推动各级政府落实管理责任，完善法规制度，创新监管举措，加大监管力度，整体提升农产品质量安全保障水平和人民群众满意度。本节重点介绍国家农产品质量安全县创建的目标、原则和任务。

一、创建目标

随着人们生活水平的提高，从吃饱到好吃，需求层次表现出多样性，人们更加注重“菜篮子”产品的多样性、安全性和优质化。国家农产品质量安全县创建的总目标是以“菜篮子”产品主产区为试点，通过完善农产品质量安全监管制度机制来提升监管能力，高标准地创建一批农产品质量安全县，使其成为农产品质量安全依法监管的样板区、体现监管成效的展示区、探索监管手段的先行区和各地学习交流的培训基地，从而示范带动各地依法履行农产品质量安全监管职责，引领推动各地探索农产品质量安全新型监管模式，全面提升我国农产品质量安全监管能力和水平。从县域角度，创建国家农产品质量安全县主要目标有以下四方面。

（一）农产品质量安全水平明显提高

县乡基层政府直接面对农产品生产经营主体，在农产品生产源头把关和质量控制上具有不可替代的作用。创建国家农产品质量安全县，要通过政府监管部门积极引导农产品生产经营主体落实主体责任，从而实现生产经营者自律意识全面加强，农产品生产企业和农民专业合作经济组织全面实行标准化生产，农业投入品安全使用，绿色生产技术有效推广，使用禁用农兽药和非法添加等违法违规行为全面杜绝，“菜篮子”产品抽检合格率达到较高水平。

（二）农产品质量安全制度机制健全完善

创建国家农产品质量安全县是积极探索适合农业生产特点的监管模式的过程，通过在不同的区域选择有条件的县开展创建试点，进一步推动投入品监管、产地准出和市场准入等农产品质量安全监管制度建设，以确保国家农产品质量安全县创建取得实效。国家农产品质量安全县创建是要构建“政府总负责、乡镇有机构、监管到村社、经费有保障、检测全覆盖”的工作机制，将农产品质量安全管理工作纳入国民经济和社会发展规划，指导生产企业、种植养殖大户、农民专业合作社规范建立和严格执行各类监管制度。

（三）农产品质量安全监管能力显著加强

提高农产品质量安全监管能力是国家农产品质量安全县创建的根本任务。创建国家农产品质量安全县要不断完善农产品质量安全行政监管、综合执法、检验检测体系，不断健全乡镇监管机构和村级监管员队伍，使农业投入品和农产品质量安全监管有力、执法到位、服务有效。通过典型引路，为依法履行监管职责树立样板、开辟渠道，为展示监管成效搭建平台，为培育监管人才打造基地，进而整体提升基层农产品质量安全监管能力。作为创建县应达到的目标是县级农产品质量安全监管、综合执法、检验检测、质量追溯等体系健全，部门责任明确，工作力量和保障经费到位，岗位责任明确。乡镇农产品质量安全监管公共服务机构要“有职能、有人员、有条件、有经费”，责任落实到位，任务落实到人。村级监管员队伍基本健全，农业投入品和农产品质量安全监管有力、执法到位、服务有效，主要“菜篮子”产品全部实现质量追溯。

（四）农产品质量安全群众满意度不断提升

农产品质量安全事关人民群众的身体健康和生命安全，是重大的民生问题。创建国家农产品质量安全县，通过加强食品安全源头控制，提升农产品质量安全水平，既确保农产品消费安全，也维护公众健康和生命安全。推动农产品质量安全公共服务水平显著增强，公众参与和社会共治水平不断提升，农产品质量安全问题投诉数量明显下降。国家农产品质量安全县创建的基本目标是农产品质量安全公共服务水平显著增强，公众参与和社会共治水平不断提升，举报查处率、回复率均达到 100%。公众对各级政府及农业主管部门农产品质量安全工作措施认可度高，对农产品质量安全现状总体满意率达到 70% 以上。

二、创建原则

创建国家农产品质量安全县从县域整体推进，坚持高起点、高标准和高水平原则，发挥典型示范和辐射带动作用，引领农产品质量安全监管模式创新。创建国家农产品质量安全县要遵循以下四个原则。

（一）属地管理，社会共治

创建国家农产品质量安全县以落实《农产品质量安全法》等相关法律法规为主线，要求监管部门依法履责，强化党政同责，重点抓政策落实。县委、县政府落实地方政府属地管理责任，充分发挥政府在规划制定、经费投入、体系建设、部门协调、监督考核等方面的主导作用，切实提升农产品质量安全保障水平。统筹利用社会各方力量，引入第三方考核机制，积极引导公众参与，共同监督农产品质量安全。

（二）注重创新，完善机制

创建国家农产品质量安全县，需要发挥基层特别是创建县的首创精神，突出全程监管理念，充分应用互联网、物联网、大数据、云计算等新型技术成果，不断创新监管手段，打通监管链条，实现实时监测和风险预警，支持探索符合实情、富有成效的新举措和新模式。推动各地因地制宜地开展创建活动，强化投入品监管、产地管理、生产控制、质量追溯、准出准入、检验检测等方面的改革创新，总结形成独具地域特色的监管模式，着重构建符合我国农产品产销实际的质量安全监管制度机制。

（三）先行试点，引领带动

创建国家农产品质量安全县，应优先把现代农业示范区、省级质量安全县及政府重视、基础条件好、工作积极性高的“菜篮子”大县或地市整建制纳入创建范围，着力推进生产标准化、发展绿色化、经营规模化、产品品牌化、监管法治化。通过先期开展创建试点，探索有效的模式机制，树立农产品质量安全监管的“样板”“标杆”，由点及面、逐步放大，充分发挥示范带动作用，引领带动各地、各级强化农产品质量安全工作，逐步推动全国农产品质量安全工作水平整体提升。

（四）科学考核，客观公正

国家农产品质量安全县创建考核，应科学制定并不断完善国家农产品质量安全县考核管理办法，且引入第三方测评机制和动态管理机制，确保首批创建县立得住、过得硬、叫得响。科学设置农产品质量安全县考核指标，统一规则，统一办法。充分发挥地方的积极性，确保结果客观真实、公平公正，力戒形式主义，杜绝弄虚作假。加强国家农产品质量安全县的监督管理，实行定期考核、动态管理，对考核不合格或发生重大农产品质量安全事故的，严格执行退出机制。国家农产品质量安全县创建单位将农产品质量安全监管工作纳入县乡政府绩效考核体系，并按农业农村部设置的质量安全县考核指标组织考核，充分发挥各乡镇各部门的积极性，以确保结果客观真实。

三、重点任务

长期以来，我国农业的首要任务是保障农产品质量安全，农业产业体系和技术体系更多的是围绕增产而建立的，农产品质量安全保障体系建设速度没有相应跟上。从农产品质量安全工作基础来看，各地工作进展不平衡，地方对农产品质量安全工作的认识存在较大差异，出现“上热下冷、上紧下松”和监管责任不落实的现象，加上监管体系建设滞后，监管能力特别是基层监管能力薄弱，难以适应新形势下对农产品质量安全监管工作的需要。

国家农产品质量安全县创建的目的是提升基层监管能力，满足人民群众安全消费需求，体现区域“菜篮子”产品主产县的最高水平，对周边地区、本省（区、市）乃至全国范围的农产品质量安全工作能起到示范引领作用。依据2014年《国家农产品质量安全县创建活动方案》的有关要求，创建国家农产品质量安全县要完成全面落实地方政府属地管理责任、依法加强农产品生产经营主体管理、切实强化农业投入品监管、扎实开展农产品质量安全监测、严厉打击违法违规行为、全面推进农业标准化生产、健全农产品质量安全监管体系和完善创新制度机制八项任务。

（一）全面落实地方政府属地管理责任

★ 重点任务一 ★

县级人民政府要对本地区农产品质量安全负总责，成立由主要领导牵头的农产品质量安全工作领导机构，加强组织协调，明确部门职责，强化保障措施。

健全农产品质量安全监管政府考核体系、绩效考核机制和责任追究制度，加大监督检查力度，落实监管责任。农产品质量安全工作纳入政府重要议事日程，在规划制定、力量配备、条件保障等方面加大支持力度，每年制订年度工作计划。

建立健全地方财政投入保障机制，将农产品质量安全监管、检测、执法等工作经费纳入县级财政预算，切实加大投入力度，年度增长幅度满足监管工作实际需要，保障监管工作持续有效开展。

“属地管理”以“块”为主，按照区域或地域来确定。《食品安全法》和《农产品质量安全法》相互衔接，进一步确立了“地方政府负总责，生产经营者负第一责任，相关监管部门各负其责”的责任体系，进一步明确了监管职责分工。从政策环境上看，党中央国务院高度重视，对食品和农产品质量安全工作作出了一系列重大部署。2013 年 12 月，习近平总书记在中央农村工作会议上指出，要用最严谨的标准、最严格的监管、最严厉的处罚、最严肃的问责，即“四个最严”来确保广大人民群众“舌尖上的安全”。2015 年 5 月，习近平总书记在中央政治局第二十三次集体学习时指出，各级党委和政府要切实承担起“促一方发展、保一方平安”的政治责任，明确并严格落实责任制。2016 年 12 月，习近平总书记在中央财经领导小组第十四次会议上强调，各级党委和政府要把食品安全工作作为一项重大政治任务来抓。

2019 年，中共中央、国务院印发《关于深化改革加强食品安全工作的意见》明确规定实施“双安双创”示范引领行动。发挥地方党委和政府积极性，持续开展食品安全示范城市创建和农产品质量安全县创建活动，总结推广经验，落实属地管理责任和生产经营者主体责任。同年，中共中央办公厅、国务院办公厅发布《地方党政领导干部食品安全责任制规定》，围绕食品安全全链条全过程进行监管，其中涵盖食用农产品质量安全监管、食品生产经营安全监管及食品安全相关领域工作的责任。明确地方各级党委和政府对本地区食品安全工作负总责，主要负责人是本地区食品安全工作第一责任人，班子其他成员对分管行业或者领域内的食品安全工作负责。同时规定督促落实责任三大手段：一是跟踪督办，明确地方各级党委和政府应当对落实食品安全重大部署、重点工作情况进行跟踪督办；二是履职检查，明确地方各级党委应当结合巡视巡察工作安排，对地方党政领导干部履行食品安全工作职责情况进行检查；三是评议考核，明确地方各级党委和政府应当充分发挥评议考核“指挥棒”作用，推动地方党政领导干部落实食品安全工作责任。

（二）依法加强农产品生产经营主体管理

★ 重点任务二 ★

全面落实农产品生产企业、农民专业合作经济组织、畜禽屠宰企业、收购储运企业、经纪人和农产品批发、零售市场等生产经营者的主体责任。

加强对农产品生产经营的服务指导和监督检查，督促农产品生产企业和农民专业合作经济组织 100% 落实生产记录、质量承诺和从业人员培训制度，严格执行禁限用农兽药管理、农兽药休药期（安全间隔期）等规定。

督促屠宰企业落实进厂（场）检查登记、肉品品质检验特别是“瘦肉精”检测等制度，严格巡查抽检。督促农产品收购储运企业和批发市场 100% 建立进货查验、抽查检测、质量追溯和召回等制度。

建立农产品生产经营主体监管名录和“黑名单”制度，依法公开生产经营主体违法信息。建立健全病死畜禽和不合格农产品无害化处理的长效机制。

农产品生产链条长、点多面广、产量大，监管难度大。从生产环节看，我国有2亿多农户，户均耕地只有7亩多，6000多万个生猪养殖户，年出栏量500头以上的规模养殖比例仅占44%。在相当一段时期内一家一户的小农生产仍是我国农业生产的主要形式。[1]生产经营主体小而分散，组织化程度低，农业投入品使用不规范，农产品分级和包装技术水平低，制约了农产品的标准化生产和追溯管理，以及农产品质量安全水平的提升，同时也增加了监管难度。从问题隐患来看，种植业蔬菜限用农药、养殖业“瘦肉精”和抗生素、渔业孔雀石绿和硝基呋喃等问题依然存在，在个别地区、个别品种上还比较突出，容易引发农产品质量安全系统性风险和突发事件。从根本上解决农产品质量安全问题，要突出农产品质量安全“产出来”的问题，引导农产品生产经营者落实主体责任。

《农产品质量安全法》明确规定农产品生产经营主体法定义务。例如，农产品生产者应当合理使用化肥、农药、兽药、农用薄膜等化工产品，防止对农产品产地造成污染。农产品生产者应当按照法律法规规定，合理使用农业投入品，严格执行农业投入品使用安全间隔期或者休药期的规定，防止危及农产品质量安全。同时，对于农产品生产企业和农民专业合作社有更为严格的规定，如应当建立农产品生产记录，应当自行或者委托检测机构对农产品质量安全状况进行检测。另外，农产品生产企业、农民专业合作社及从事农产品收购的单位或者个人对销售的农产品应当进行包装标识等。

（三）切实强化农业投入品监管

★重点任务三★

强化农药、兽药、饲料及饲料添加剂等农业投入品市场准入管理，建立生产经营主体监管名录制度，加强生产、经营管理。落实农业投入品生产经营诚信档案及购销台账制度，建立健全高毒农药定点经营、实名购买制度，探索建立农药包装废弃物收集处理体系，严格实施兽药良好生产和经营规范，强化养殖环节自配饲料监管。

[1] 吉炳轩．全国人民代表大会常务委员会执法检查组关于检查《中华人民共和国农产品质量安全法》实施情况的报告——2018年10月24日在第十三届全国人民代表大会常务委员会第六次会议上［J］．中国人大，2018（21）：10-16.

全面推进放心农资连锁经营和配送，畅通经营主渠道。建设农业投入品监管信息平台，县域内农业投入品 100% 纳入平台管理。建立农业投入品质量常态化监测制度，定期对县域内主要生产基地、交易市场的投入品开展监督抽查。

加强农业投入品使用技术指导，严格执行禁限用农兽药、饲料和饲料添加剂有关规定。严厉打击农业投入品生产环节非法添加行为，取缔无证无照农业投入品生产企业。

农业投入品是农业生产的物质基础，是关系农产品质量安全的一个重要因素。农业投入品包括农药、肥料、种子、兽药、饲料、饲料添加剂及其他用于农产品生产、加工可能影响农产品质量的物品。由于农业投入品供应链长、涉及主体多、技术手段缺乏等问题，农业投入品违规生产、销售渠道混乱、使用不合理、监管效率不高等问题时有发生。

2018 年全国人大对《农产品质量安全法》执法检查过程中发现，当前，假冒伪劣产品坑农害农事件仍时有发生，虚假宣传等新型诈骗手段层出不穷，非法添加隐性成分问题严重。近年来，湖北省、广西壮族自治区、河南省都发生过销售假农资案件。农药市场抽查结果表明，质量不合格产品的比例在 10% 左右，甚至存在生产经营禁限用农药的现象。肥料、农药、农膜、兽药等投入品不合理使用现象还很普遍。我国农作物亩均化肥用量 21.9 公斤，远高于亩均 8 公斤的世界平均水平。农药兽药使用不规范问题突出，超剂量、超范围用药现象普遍，还存在使用非兽药等其他未经评价的投入品现象。2017 年，我国农药平均利用率仅为 38.8%，而欧美发达国家为 50% ~ 60%。“违禁超限”问题仍较为突出。根据近几年对市场上销售的农产品监督抽查和风险监测，发现部分种类食用农产品仍然存在“违禁超限”问题。

2022 年 1 月发布的《“十四五”全国农药产业发展规划》明确提出加大退出高风险、高污染产能的力度，控制过剩产能。近年来农业农村部先后对 52 种高毒高风险农药采取了淘汰或禁止使用的管理措施，对现存的高毒高风险农药采取定点经营、实名购买等措施，从源头上管控高毒高风险农药的安全风险。根据农药规划的要求，要完善农药管理制度，依法加强监督管理，推进落实农药登记与生产许可的衔接，建立健全农药诚信体系、追溯管理体系。

（四）扎实开展农产品质量安全监测

★ 重点任务四 ★

制订实施农产品质量安全监测计划，强化农产品质量安全隐患排查，摸清底数，防范风险。

组织开展常态化监督抽查，抽检范围覆盖生产基地、销售企业、批发、零售市场及主要农产品，强化检打联动机制，依法严厉查处不合格产品及其生产经营单位。

落实乡镇农产品质量安全监管机构职责，开展日常巡查、速测和指导服务等工作。督促农产品生产销售企业和农民专业合作经济组织落实产品自检制度。

为从根本上解决农产品质量安全问题，国家从 2001 年 4 月启动了“无公害食品行动计划”，对食用农产品实施“从农田到餐桌”全过程的监管。作为推进“无公害食品行动计划”的重要措施之一。2001 年，农业部正式启动了农产品质量安全例行监测工作。农产品质量安全监测制度是对生产或流通中农产品质量安全进行有计划、有重点的持续监测和定期、不定期的监督抽查，以全面、及时、准确地掌握农产品质量安全状况，为农产品质量安全风险评估提供数据支撑，为政府有效实施风险管理提供科学依据，为公众及时了解农产品质量安全现状提供权威信息，从而督促农产品生产经营者不断提高农产品质量安全管理水平，防止农产品重大质量安全事故的发生，保证农产品消费安全。

2006 年颁布实施的《农产品质量安全法》，授权农业部门建立国家农产品质量安全监测制度，明确要求县级以上人民政府农业行政主管部门制订并组织实施农产品质量安全监测计划。自此以后，例行监测进入了全面推进的阶段。随着我国部、省、市、县各级的检测能力迅速提升，检测产品种类、检测参数范围和检测灵敏度大幅提高。2020 年农业农村部正式启动各季度地级市随机抽取监测的工作制度，地级市覆盖率由之前的 46% 提高到 88% 以上，监测地区范围显著扩大。同时，为提高抽样的科学性和精准度，正式启用手机 App 现场采样系统，实现采样的无纸化和信息化操作，提升了抽样工作的便捷性和科学性，为农产品质量安全例行监测的“快抽样、快检测、快报告”提供了有力技术支撑。

（五）严厉打击违法违规行为

★ 重点任务五 ★

全面推行农业综合执法，强化农产品质量安全监管执法。加强农业投入品生产经营和农产品生产、收购储运、屠宰及批发、零售市场等重点环节执法检查，严厉打击制售假劣农资、生产销售使用禁用农兽药、非法添加有毒有害物质、收购销售屠宰病死动物、注水、私屠滥宰、虚假农产品质量安全认证、伪造冒用“三品一标”产品标志等违法违规行为。

加大案件查办和惩处力度，加强农业行政执法、食品安全监督执法与刑事司法的有效衔接，建立健全行政执法与刑事司法衔接信息共享平台，建立线索发现和通报、案件协查、联合办案、大要案奖励等机制，严惩违法犯罪行为。

对各种违法犯罪行为，及时移送公安机关，案件移送率达到 100%。及时曝光有关案件，营造打假维权的良好社会氛围。强化农产品质量安全隐患排查和风险预警，对违法违规的苗头性问题做到“露头就打”，决不姑息。健全应急处置机制，妥善处置突发应急事件，降低负面影响。

党的十九大明确提出要坚持全面依法治国，建设中国特色社会主义法治国家，推进严格执法，这对农产品质量安全执法工作提出了新的要求。农业农村部门是国家重要的行政执法部门，负责实施的法律、行政法规有 43 部，行政执法范围覆盖种子、农药、肥料、饲料、兽药、生猪屠宰、农机、渔政、农产品质量安全等 10 多个领域，仅行政处罚和行政强制事项就有近 300 项。农业农村相关法律法规是否严格公正实施，不仅代表农业农村部门的形象，还直接体现国家治理能力和法治政府建设的水平。只有加强农产品质量安全执法，严厉打击违法违规行为，有效惩治和震慑不法分子，树立农产品质量安全法律权威，规范农产品生产经营行为，才能从源头上为食品安全构筑起一道坚固的防线，为农产品放心消费提供有力保障，为质量兴农、品牌强农、农业绿色发展提供坚实基础。

2013 年，国务院办公厅印发《国务院办公厅关于加强农产品质量安全监管工作的通知》，明确提出将农产品质量安全监管执法纳入农业综合执法范围。

2018 年，农业农村部印发《关于加强农产品质量安全执法工作的意见》，提出要厘清各级执法权限，明确执法职责、执法领域和执法重点，合理配置执法力量，要求各地农业部门要加大执法办案力度，健全执法机制，强化技术支撑，提升执法能力。2018 年，中共中央办公厅、国务院办公厅印发《关于深化农业综合行政执法改革的指导意见》，明确农产品质量安全领域的行政处罚及与行政处罚相关的行政检查、行政强制由整合组建的农业综合行政执法机构行使。

（六）全面推进农业标准化生产

★ 重点任务六 ★

坚持绿色生产理念，大力推广质量控制技术，积极推行统防统治、绿色防控、配方施肥、健康养殖和高效低毒农兽药使用，制修订与国家标准、行业标准相适应配套的地方主要农产品生产操作规程，入户率达到 100%。

鼓励扶持联户经营、专业大户、家庭农场，大力支持发展农民合作组织，提高农业生产组织化程度。加强技术指导和服务，推进标准化生产。加大宣传培训力度，普及相关法律法规和标准知识。

加大蔬菜水果茶叶标准园、畜禽养殖标准化示范场、水产标准化健康养殖示范场建设力度。推行农产品质量安全认证，强化证后监管，健全认证补贴奖励机制。积极推进农业品牌化建设，无公害农产品、绿色食品、有机农产品、良好农业规范等获证产品占当地食用农产品生产总量或面积的比重达到 40% 以上，农产品地理标志登记保护工作有序推进。

有效开展产地环境和污染状况监测，加强畜禽养殖粪便污染防治，科学合理调整农业结构和区域布局。

农业标准化是农业现代化的重要内容和标志，是确保农产品质量安全的基本措施。同时，农业标准化是农产品品牌的基础，农产品品牌是一个地区农业综合实力的体现，是农产品质量、品质、价值的象征，是农业标准化、产业化高度发展的产物。随着我国农业和农村经济发展已经进入新的阶段，农业标准化在提高农产品质量安全水平、推进农产品质量认证、实施农产品市场准入、协调农产品贸易纠纷、保障人民消费安全等方面发挥着越来越重要的作用。

“十三五”期间，我国农业标准化生产全面推进。制修订农药兽药残留限量及配套检测方法食品安全国家标准 4109 项，总数达到 10 068 项，基本覆盖我国常用农药兽药品种和主要食用农产品。制修订农业行业标准 1933 项，总数达到 5342 项。累计建设果菜茶标准化园、畜禽养殖标准化场、水产健康养殖场近 1.8 万个，规模种养主体质量控制能力明显提升。绿色、有机和地理标志农产品总数 5 万个，较“十二五”末增加 71.9%，绿色生产取得积极进展。化肥农药减量增效深入推进，累计禁用高毒农药 46 种，在蔬菜水果等部分作物上禁用农药 20 种，严格实施高毒农药定点经营实名购买制度，主要农作物绿色防控面积近 10 亿亩，水稻、玉米、小麦化肥农药利用率达到 40% 以上，实现预期目标。❶ 发布食品动物中禁止使用的药品及其他化合物清单，促生长类抗菌药物饲料添加剂品种全部退出使用。然而，当前农产品质量安全仍然存在一些问题和短板，如绿色优质农产品供给能力与人民日益增长的美好生活需要还不匹配，标准化水平有待提高。农药兽药残留限量及配套检测方法标准仍有不足，现代农业全产业链标准化协同推进机制尚不健全，绿色优质农产品比重还不够高，农产品品质评价及分等分级亟待加强。

（七）健全农产品质量安全监管体系

★ 重点任务七 ★

明确有部门负责农产品质量安全监管、综合执法、检验检测工作和食品安全监督执法及相关检测工作，加强工作力量，落实保障经费，明确岗位责任，健全管理制度。加强乡镇农产品质量安全监管公共服务能力建设，达到“有职能、有条件、有经费”的要求，充分发挥作用。

整合现有资源，配备县乡两级必要的检验检测、执法取证、样品采集、质量追溯等设施设备及交通工具。乡镇农产品质量安全监管公共服务机构以及承担相应职责的农业、畜牧、水产技术推广机构要落实责任，做好农民培训、质量安全技术推广、标准宣传培训、督导巡查、监管措施落实等工作。

---

❶ 农业部关于印发《“十三五”全国农产品质量安全提升规划》的通知［J］. 中华人民共和国农业部公报，2017（04）：49-54.

建立职责任务明确、考核体系完备的村级质量安全监管员队伍，逐步建立村级服务站点。制订县、乡、村三级监管人员专门培训计划，做到全员培训，每名监管人员每年接受农产品质量安全方面的集中专业培训不少于40小时。

“十三五”期间，农产品质量安全监管监测体系不断完善。全国所有省（区、市）、88%的地级市、全部“菜篮子”产品大县及其乡镇设立了农产品质量安全监管机构，农产品质量安全监管执法人员近15万人，全国农产品质量安全检验检测机构2297家，检测人员2.41万人。[1]农产品质量安全例行监测计划不断优化，部省两级监测网络基本覆盖了全国主要大中城市和农产品产区、城乡居民主要消费品种。

基层农产品质量安全监管基础依然薄弱，监管人员不足、工作经费不足、监管能力不强、基础设施条件差、检测设备配备数量少、检测人员专业素质低等问题普遍存在，而且越到基层问题越突出，农产品生产大县大多缺乏农产品质量安全执法经费。一些县级监管机构同时承担着检测、执法任务，在编人员少，流动性大，监管执法工作难以有效开展。乡镇一级大部分是加挂名称，没有专职人员编制，监管人员匮乏，有的镇（街）监管机构甚至只有1名兼职人员。大部分乡镇监管机构不具备实验室检测能力，检测手段主要是快速检测，而快速检测只做定性分析，无法进行定量分析，存在着“检不了、检不出、检不准”等问题。一些省份村级没有设立农产品质量安全协管员，监管“最初一公里”的问题没有解决。

（八）完善创新制度机制

★ 重点任务八 ★

充分发挥地方的主动性和创造性，树立全程监管理念，健全产地环境管理、农业投入品监管、生产过程管控、收购储运过程监管、包装标识管理等基本规章制度。

[1] 农业部关于印发《“十三五”全国农产品质量安全提升规划》的通知［J］. 中华人民共和国农业部公报，2017（04）：49-54.

因地制宜建立主要农产品质量安全追溯体系，实现与加工、流通领域追溯体系的衔接。农产品生产企业、农民专业合作经济组织、收购储运企业和农产品批发市、零售市场、加工企业实施以农产品质量合格证明为基础的农产品产地准出、市场准入、诚信管理等监管制度，保障农产品产地准出和市场准入衔接机制有效运行。

推行社会共治，发挥行业协会和认证机构的作用，建立举报奖励制度。积极探索建立面向分散农户和收购储运主体的农产品质量安全责任落实机制和管理模式。推进产销衔接，形成一套科学管用的县域农产品质量安全监管制度机制。

农产品和食品安全是创新社会治理体制、健全公共安全体系的重要内容。仅仅依靠政府部门是不够的，必须充分调动社会各方面的力量，发挥好各方面的作用，从而形成农产品生产经营者自觉履行主体责任，政府部门依法加强监管，公众积极参与社会监督，各尽其责、齐抓共管的工作格局。近年来，农产品质量安全工作运用先进技术，创新监管理念、方式和技术，给农产品质量安全监管插上了信息化的翅膀。加强农产品质量安全追溯体系建设。根据农业农村部统计数据显示，目前国家农产品质量安全追溯管理平台与 31 个省级农产品追溯平台完成对接，入驻企业 40 多万家。各地农产品追溯平台同步推进，31 个省（区、市）建立了省级监管追溯平台，50 个地级市、239 个县建立了农产品综合性监管平台。截至 2021 年 6 月底，国家农产品质量安全追溯管理平台上已注册生产经营主体 46.5 万家（其中规模经营主体 26.7 万家，占全国规模经营主体的 8.9%）。

为了压实农产品生产主体责任，实现农产品带证带标上市，建立产地准出和市场准入衔接机制，创新承诺达标合格证制度。自 2016 年起，经过六省三年试点，2019 年 12 月在全国全面试行，各地积极推进此项工作，承诺达标合格证的覆盖面越来越宽，应用主体越来越多，在促进农产品产销衔接、树立消费信心和带动农产品生产者打造品牌、提升效益等方面发挥了重要作用。目前，试行范围内生产主体常态化开具承诺达标合格证覆盖率达到 65%，普遍反映农产品有合格证后在市场上更有信誉，很多产品价钱卖得更好了，有的效益

增加了 10% 以上。❶

2014 年起，农业部就启动了农产品质量安全信用的工作部署，在社会信用体系建设的总体指引下，认真谋划、积极布局。目前已初步形成农产品质量安全信用制度框架，基本建立农产品质量安全信用标准体系，有序推进农产品质量安全信用信息归集共享。截至 2020 年年底，已推送共享信用信息近 22 万条。各地开展信用体系建设试点成效逐步凸显，陆续从 5 个试点县向 4 个省全面推开，从试点主体到行业协会逐步拓宽，取得一定的实效。开展农产品质量安全信用评价、探索分级分类监管、创新“农产品质量安全信用 +”应用服务，形成“数智评信”“信用 + 合格证”“信用 + 农资贷”等一系列典型经验。

第三节　创建流程

国家农产品质量安全县创建活动采取县创建、省考评、部公布征询意见并命名的方式。活动初期，设置两年试点期，并认定国家农产品质量安全县创建试点单位。2014 年，根据《国家农产品质量安全县创建活动方案》的要求，农业部印发《国家农产品质量安全县管理办法（暂行）》，严格规范国家农产品质量安全县创建、申报、考评、命名、监督管理等工作。农业部负责国家农产品质量安全县创建工作的规划部署、标准规范制定、监督管理等工作。省级农业行政主管部门负责本省（区、市）质量安全县的考核评价、择优推荐、日常监管等工作。省级农业、畜牧、渔业行政主管部门分设的，由农业厅（局、委）牵头，联合组织开展相关工作。县级人民政府负责国家农产品质量安全县创建的组织实施工作。本节重点介绍创建国家农产品质量安全县的基本流程和要求。

❶ 农业农村部．对十三届全国人大五次会议第 8331 号建议的答复．[EB/OL]．(2022-06-23) [2022-08-23]．http://www.moa.gov.cn/govpublic/FZJHS/202206/t20220628_6403559.htm.

一、申报创建

县级人民政府是创建国家农产品质量安全县工作的责任主体。国家农产品质量安全县创建申报单位主要是针对有条件的“菜篮子”产品主产县，围绕创建目标要求，遵循自愿申报、逐级创建原则，组织自主申报创建活动。

（一）申报

《国家农产品质量安全县考核办法》规定，符合创建国家农产品质量安全县条件的县级人民政府，可向省级农业行政主管部门提出申请，向省级农业行政主管部门提交创建工作开展情况的书面申请和自评报告。其中，申请材料需纸质文本一式二份，并提交电子文本。另外，地市内 80% 的县都符合条件的，可以由地市级人民政府向省级农业行政主管部门申报国家农产品质量安全市。国家农产品质量安全市的创建、申报、考评、命名和监督管理等参照《国家农产品质量安全县考核办法》执行。

实践中，地方原则上是在省级农产品质量安全县及创建县中遴选。例如，在第二批国家农产品质量安全县创建试点单位申报中，湖南省申报范围是 2014 年以来被确定为省级农产品质量安全县（含种植、养殖业，下同）、综合监管示范县、农业标准化示范县、质量追溯和诚信建设试点县等创建、示范、试点的县（市、区）。个别政府创建积极性高、工作基础条件好的非安全县及创建单位也可以申报。申报创建国家农产品质量安全县单位要以县政府名义提出书面申请，填写“国家农产品质量安全县创建单位申请表”，并附农产品质量安全工作开展情况的文字材料。申报内容主要是介绍该申报创建县（市、区）的农业产业发展和农产品质量安全属地责任落实、监管体系建设、装备条件和经费保障、农业标准化、日常监管措施及成效，地方政府对创建工作的支持政策，创建目标、重点和措施等情况；证明材料包括该申报创建县（市、区）监管机构“三定方案”、经费投入票证、推进农产品质量安全工作的相关文件等资料。

（二）创建

《国家农产品质量安全县考核办法》规定的创建内容主要包括《国家农产

品质量安全县创建活动方案》明确的八项重点任务；县域内主要农产品的监测合格率达到98%，禁用药物和违法添加物的监测合格率达到100%。群众对县域内农产品质量安全监管工作、质量安全保障能力和水平等方面的满意度达到70%。县级人民政府创建国家农产品质量安全县具体步骤主要分以下四步。

第一步，动员部署。县级人民政府成立国家农产品质量安全县创建工作领导小组，制定实施方案和评分标准，向市农业农村局、省农业农村厅上报创建实施方案。实践中，通常是县政府成立创建国家农产品质量安全县工作领导小组，由县长任组长，常务副县长和县政府分管农业副县长任副组长，县政府办公室、县委县政府督察局、市场监督管理局、农业农村局、发改委、财政局、林业服务中心、公安局、生态环境局、市场发展局、供销社、商务局和各乡镇（街道办事处）主要负责人为成员。领导小组下设办公室，办公室设在县农业农村局，县农业农村局局长兼任办公室主任，抽调相关部门业务人员专门负责，抓好创建工作。各乡镇（街道办事处）和县政府有关部门也要成立相应机构，各村也要确定 1 ~ 2 名协管员，根据各自职责，做好创建工作的组织实施。

第二步，组织实施。完善监管体系建设，落实监管机构、专兼职人员、办公场地、仪器设备；完善农产品质量安全各项制度；开展农产品质量安全知识及检测技术培训；开展农业投入品监管、农业标准化、农产品质量安全可追溯、“两品一标”认证、生产组织化、销售品牌化、农产品质量检测等工作；建立农产品生产质量安全责任机制和承诺机制；开展农产品监督抽查、日常巡查与质量监测，农产品产地环境与农业投入品监督执法检查；落实农产品质量安全监管其他工作，确保创建国家农产品质量安全县工作任务全面完成。

第三步，自查整改。县政府有关部门和各乡镇（街道办事处）按照创建标准，认真做好自查工作，发现问题及时整改，并完善创建工作档案。加强检查督查，畅通信息报送，各责任单位和乡镇（街道办事处）报送创建工作开展情况，还要对创建工作推进情况开展不定时督查。由县创建工作领导小组组织人员开展群众满意度摸底调查，确保最后群众满意度要在70%以上。

第四步，总结验收。县创建工作领导小组负责对各乡镇（街道办事处）和相关部门创建工作进行自检，同时邀请市农业农村局进行初验，根据市初评结果，各乡镇人民政府（街道办事处）、各有关部门、农产品生产企业对照实施方案内容，再次组织自查自纠，并将自查自纠材料汇总归档。最后，提请省农业农村主管部门对县创建国家农产品质量安全县工作进行检查验收。

二、遴选考核

根据《国家农产品质量安全县考核办法》的规定，各省农业农村行政主管部门负责本省农产品质量安全县的遴选推荐、考核验收、日常监管等工作。

（一）遴选推荐

按照农业农村部办公厅发布的遴选推荐国家农产品质量安全县创建单位的通知要求，各省农业农村行政主管部门组织开展国家农产品质量安全县创建试点单位遴选工作。由各市农业农村局牵头组织开展遴选申报工作，优先遴选推荐政府重视程度高、工作成效明显、基础条件好的“菜篮子”产品主产县，原则上重点在省级农产品质量安全县及创建县中遴选，个别政府创建积极性高、工作基础条件好的非安全县及创建单位也可以申报。省农业农村行政主管部门组织实地初步核验，将视情况对个别申报单位进行抽验。最后将按照各市推荐上报的时间和申报县开展农产品质量安全工作等综合情况向农业农村部推荐4 ~ 5个创建申报单位。例如，新疆维吾尔自治区农业农村厅印发《国家农产品质量安全县遴选通知》，要求明确申报条件、申报程序、申报要求等（表2–1）。

表2–1　新疆维吾尔自治区农业农村厅第二批国家农产品质量安全县遴选要求

类型	具体要求
申报主体	地（州）、县（市）人民政府
申报条件	（1）政府重视。县级人民政府负责农产品质量安全县创建的组织实施工作。当地人民政府重视创建工作，组织、推进创建工作有力； （2）基础条件好、工作积极性高的“菜篮子”大县； （3）能完成《国家农产品质量安全县考核办法》中的工作考核50项指标、群众满意度指标、质量安全水平指标

续表 2-1

类型	具体要求
申报程序	(1)县(市)人民政府向地(州)农业农村局申报; (2)地(州)农业农村局将遴选后的申报材料报自治区农业农村厅; (3)自治区农业农村厅组织考核、遴选，将建议名单报农业农村部; (4)农业农村部委托第三方机构统一向社会公开征询意见，无异议的认定为"国家农产品质量安全县(市)创建试点单位"，并向社会公开
申报要求	(1)县(市)人民政府形成申报材料(内容包括根据《国家农产品质量安全县考核办法》开展创建活动的情况、典型经验做法、下一步工作打算和确保通过国家抽查的承诺)，并加盖公章，报地(州)农业农村局; (2)地(州)农业农村局于9月9日前将申报材料报自治区农业农村厅，同时发送电子版材料，逾期未报送的视为放弃; (3)每个地(州)限报1个县(市); (4)申报"国家农产品质量安全地(州、市)"的参照以上要求申报

根据《国家农产品质量安全县考核办法》的规定，按照农业农村部的部署，省级农业农村行政主管部门负责国家农产品质量安全县的择优推荐工作，报送材料包括推荐名单、推荐县创建工作开展情况、推荐县农产品质量安全工作的典型经验做法和省级农业农村行政主管部门考核评价报告。报送材料需纸质文本一式二份及电子文本。

(二)考核验收

按照国家农产品质量安全县创建活动的总体安排，根据农业农村部关于开展国家农产品质量安全县创建试点单位核查验收的通知，各省农业农村行政主管部门组织开展考核验收工作。考核验收依据《国家农产品质量安全县考核办法》开展，主要包括工作考核、质量安全水平监测、群众满意度测评三个方面，并组织专家组或委托第三方机构具体实施。考核验收采取材料审查和现场核查相结合的方式，实施综合测评。质量安全水平监测由省级农业农村行政主管部门组织，监测范围应包括县域内的主要农产品、影响质量安全的重要参数，监测要有一定的代表性和科学性。群众满意度测评由省级农业农村行政主管部门委托具有较高公信力的第三方机构开展，包括产地环境监控、投入品监管、生产过程管控、专项整治、科普宣传、投诉举报受理、突发问题处置和质量安全状况等方面的内容。各地结合本地创建情况，印发创建核查考评的通知，细化考评程序和要求。

三、命名管理

根据《国家农产品质量安全县考核办法》的规定，农业农村部负责国家农产品质量安全县的命名与管理工作。

（一）命名

为体现公开、公平、公正的原则，加强社会各界监督，保证国家农产品质量安全县创建质量，农业农村部委托第三方机构向社会公开征询意见，期限为7个工作日。有异议的，可以通过信函、邮件、电话等方式向第三方机构提出意见，说明异议的具体内容和理由，由第三方机构复核确认，并向农业农村部报送复核结果。公示无异议且复核确认没有问题的，经审定由农业农村部命名为“国家农产品质量安全县”。目前已经命名两批国家农产品质量安全县，共308个。2016年12月，农业部命名了首批107个国家农产品质量安全县（市、区），并在“2017年全国食品安全宣传周”启动仪式上予以授牌。2019年11月2日，在第二届国家农产品质量安全县与农产品经销企业对接活动上，农业农村部公布第二批农产品质量安全县（市、区）命名情况，命名农产品质量安全县（市、区）211个。其中，北京市大兴区、江苏省常州市、徐州市贾汪区、浙江省象山县、福建省安溪县、江西省大余县、山东省潍坊市、河南省罗山县、重庆市梁平区、四川省广元市、广东省江门市、陕西省大荔县、黑龙江省穆棱县、湖南省常德市鼎城区、上海市崇明区、新疆维吾尔自治区伊宁市作为国家农产品质量安全县（市、区）代表接受现场授牌。

（二）管理

根据《国家农产品质量安全县考核办法》的规定，国家农产品质量安全县监督管理实行“定期考核、动态管理”的工作机制。省级农业农村行政主管部门每年开展一次监督检查，农业农村部不定期组织开展交叉检查和督查。定期考核由省级农业农村行政主管部门依据《国家农产品质量安全县考核办法》组织开展，采取书面考核与现场考评相结合的方式进行，每2 ~ 3年开展一次，考核结果需及时报送农业农村部。

1. 考核形式

农业农村部不定期对国家农产品质量安全县开展交叉互查和督查。

（1）交叉互查。

2020 年，农业农村部组织开展农产品质量安全专项整治“利剑”行动和国家农产品质量安全县交叉互查工作，要求全国 31 个省（区、市）及计划单列市和新疆生产建设兵团全覆盖交叉互查，检查组在被检查省（区、市）随机选取不少于 2 个地级市 4 个县（至少包括 2 个国家农产品质量安全县）开展实地检查。对国家农产品质量安全县既要检查创建成效的保持情况，又要检查专项整治“利剑”行动的开展情况；对非国家农产品质量安全县，只检查专项整治“利剑”行动的开展情况。

第一，检查内容。国家农产品质量安全县交叉互查要对照《国家农产品质量安全县创建方案》《国家农产品质量安全县考核办法》和《农产品质量安全县管理办法（暂行）》有关要求，检查国家农产品质量安全县创建成效的保持情况，重点包括全面落实地方政府属地管理责任、依法加强农产品生产经营主体管理、切实强化农业投入品监管、扎实开展农业标准化生产、健全农产品质量安全监管体系、完善创新制度机制等方面的情况。

第二，检查方式。采取听取介绍、查阅资料、现场察看、集中座谈、反馈意见等方式开展检查。一是听取介绍。听取被检查省份和市、县（市、区）关于相关工作情况介绍。二是查阅资料。查阅有关专项整治“利剑”行动和国家农产品质量安全县农产品质量安全工作的会议纪要、制度文本、相关文件、检查记录、监管档案等资料，查阅生产经营主体生产记录档案、相关管理制度及检查留存文档等。三是现场察看。察看乡镇监管机构、农资经营企业、农产品生产主体等。四是集中座谈。每个被检查省份应安排 2 ~ 3 次座谈会，了解情况，听取意见建议。五是反馈意见。检查结束后，检查组向被检查省份反馈意见，需要整改的，各省应于意见反馈后 1 个月内完成整改。

（2）国家农产品质量安全县“回头看”。

2022 年 3 月，农业农村部发布《关于开展国家农产品质量安全县“回头看”活动的通知》，对照《国家农产品质量安全县创建方案》和《国家农产品质量安全县考核办法》，重点核查五大内容。一是政府属地责任落实情况，包括落实食品安全党政同责，农产品质量安全监管在县级人民政府考核体系中的权重，农产品质量安全工作纳入相关规划和经费保障等情况。二是基层监管能力建设情况，包括乡镇农产品质量安全监管机构建设运行、条件配备和协管员队伍建设等情况。三是县级农产品质量安全检测能力情况，包括县级检测中心建设运行和通过“双认证”情况，以及定量检测工作开展等情况。四是重点工作推进情况，包括乡镇农产品质量安全网格化管理、日常巡查检查和食用农产品承诺达标合格证制度实施，以及农产品质量安全执法办案情况。五是质量安全水平情况，包括近三年农产品质量安全监测合格率和禁限（停）用农兽药及非法添加物检出等情况。

国家农产品质量安全县“回头看”的活动方式主要有自查自评、交叉互查和跟踪评估，主要是面向第一批、第二批国家农产品质量安全县，要求对照《国家农产品质量安全县创建方案》和《国家农产品质量安全县考核办法》等进行全面自查，省级农业农村部门组织线上质询或实地抽查。同时，省与省之间开展国家农产品质量安全县交叉互查，督促指导整改工作。根据“回头看”的情况，农业农村部委托第三方机构对部分县进行再评估，重点对《国家农产品质量安全县考核办法》中考核指标关键项的落实、自查自评问题整改等情况进行核查。

各地结合实际制定了具体的实施方案。例如，桐庐县制定《国家农产品质量安全县“回头看”活动实施方案》，成立由县政府主要领导任组长，各有关部门负责人组成的国家农产品质量安全县“回头看”活动领导小组，领导小组下设办公室，设在县农业农村局，负责国家农产品质量安全县工作的组织、协调和指导工作。要求各乡镇（街道）、根据目标任务研究制订具体的工作方案，明确措施、细化任务、梳理台账、责任到人、严格把关，确保各项工作按时完成。县各有关部门、乡镇（街道）对照创建要求，组织开展自查自评工作，做好台账资料的准备，并形成自查自评报告。根据自查自评情况，及时查漏补缺、完善提升，认真总结建设工作特点和工作成效，做好相关迎检准备。另外，要求县有关部门和各乡镇利用各种媒体，多角度、多层次开展宣传，进一步加大宣传力度，全力营造全社会共同关心关注农产品质量安全的良好环境和氛围。

2. 考核处理

根据《国家农产品质量安全县考核办法》的规定，获得“国家农产品品质量安全县”称号的，各级农业农村部门应在有关项目和资金安排上予以倾斜和重点支持。例如，河南省对在定期考核和动态管理中考核优秀、农产品质量安全工作成绩突出的农产品质量安全县，将优先予以有关项目资金和惠农政策支持。省级农产品质量安全县考核管理与农业农村相关项目和扶持政策挂钩，如与地理标志保护工程、追溯体系建设、现代农业产业园建设、质量安全监管和检测体系建设等项目挂钩；再如与推进乡村振兴战略实绩考核、“菜篮子”市长负责制考核、食品安全工作考评等工作挂钩。

在国家农产品质量安全县考核过程中，发现农产品质量安全事件的，群众举报或媒体曝光经核实后确有问题等情形的，将会面临整改，情形严重的还将被撤销称号。

（1）限期整改。

在国家农产品质量安全县定期考核过程中，出现以下情形，由省级农业农村行政主管部门下发整改通知书，责令限期整改，同时报送农业农村部。①发生Ⅲ级、Ⅳ级农产品质量安全事件的；②群众举报或媒体曝光经核实后确有问题的；③定期考核总分值在 80 ~ 90 分或关键项不符合要求的；④工作巡查、检查、督查、监测中发现有问题的；⑤有其他违法违规行为的。整改期限为 3 个月，县级人民政府按期组织整改，对存在问题整改到位后，向省级农业农村行政主管部门提交整改情况报告及相关证明材料。省级农业农村行政主管部门对整改情况组织开展核查，核查结果应及时报送农业农村部。

延伸阅读

地方农产品质量安全事件等级划分

根据《农产品质量安全突发事件应急预案》的规定，农产品质量安全突发事件，是指因食用农产品而造成的人员健康损害或伤亡事件。按照《国家食品安全事故应急预案》的分级办法，农产品质量安全突发事件相应分为四级，即Ⅰ级、Ⅱ级、Ⅲ级、Ⅳ级。事件等级的评估核定，由县级以上农业农村行政主管部门会同有关部门依照有关规定进行。

以湖北省为例，农产品质量安全突发事件分为四级，即Ⅰ级、Ⅱ级、Ⅲ级、Ⅳ级。事件等级的评估核定，由县级以上农业农村行政主管部门会同有关部门依照有关规定进行，分级标准如下。

【Ⅳ级】评估指标：事件造成特别严重健康损害后果的；一起农产品中毒事件中毒人数在99人以下且未出现死亡病例的；县级以上人民政府认定的其他Ⅳ级农产品质量安全突发事件。Ⅳ级响应部门：县级农业农村行政主管部门。

【Ⅲ级】评估指标：事件影响范围涉及市（州）级行政区域内2个及以上县级行政区域，造成特别严重健康损害后果的；一起农产品中毒事件中毒人数在100人以上或出现死亡病例的；市（州）级以上人民政府认定的其他Ⅲ级农产品质量安全突发事件。Ⅲ级响应部门：市级农业农村行政主管部门。

【Ⅱ级】评估指标：事件危害严重，对2个及以上市（州）造成特别严重健康损害后果和社会影响的；一起农产品中毒事件中毒人数在100人以上并出现死亡病例的；一起农产品中毒事件出现10人以上死亡病例的；省级人民政府认定的其他Ⅱ级农产品质量安全突发事件。Ⅱ级响应部门：省农业农村厅。

【Ⅰ级】评估指标：事件危害特别严重，对2个及以上省份（含港澳台地区）或境外国家和地区造成特别严重健康损害后果和社会影响的；国务院认为需要由国务院或国务院授权有关部门负责处置的。Ⅰ级响应部门：农业农村部。

（2）撤销称号。

在国家农产品质量安全县考核过程中，农业农村部撤销“国家农产品质量安全县”称号的情形，主要包括发生Ⅰ级、Ⅱ级农产品质量安全事件的；群众举报或媒体曝光问题突出，经核实后确实存在严重质量安全隐患或造成严重影响的；定期考核总分值未达到80分的；限期整改后质量安全水平仍未达到98%的；限期整改后群众满意度仍未达到70%的；整改后关键项仍不符合要求或总分值仍未达到90分的；有其他严重违法违规行为的。撤销县三年内不得再次申请，其名额保留在该省。

第三章 国家农产品质量安全县创建内容和要点

·内 | 容 | 提 | 要·

国家农产品质量安全县创建是对全县农产品质量安全治理工作的全面提升，也是对县域农业产业发展的升级推动。创建工作的关键内容主要是全县域部署、网格化管理、全过程管控、制度机制创新和品牌化发展。本章进一步解析国家农产品质量安全县创建的关键内容，包括政府组织管理、部门机构建设、具体业务工作的核心要点和业务流程等。

第一节　全县域部署

县域是我国社会治理和经济发展的基本单元，在国民经济发展中发挥着重要作用。农产品质量安全工作贯穿从产地到市场的各个环节，需要“产出来”“管出来”两手抓，是一项系统工程。创建国家农产品质量安全县既需要统筹协调全县资源，也需要建立健全各有关部门协作机制，县委、县政府应高度重视，在全县范围内开展整建制创建。

一、全县域部署的重要意义

国家农产品质量安全县创建工作需要县委、县政府统筹组织实施，做到各有关部门思想统一，创建经费保障有力，县域监管条件建设全面提升，农产品质量安全责任落实到位。

（一）有利于统一思想

统一思想、形成合力是国家农产品质量安全县创建的重要保障，创建工作贯穿从产地到市场的监管全链条，涵盖农产品质量安全各项重点工作，涉及县域治理的方方面面，需要集全县之力。县政府牵头抓总、全域部署，有利于政府部门、支撑机构、生产经营者等各方主体明确共同的创建目标，将国家农产品质量安全县创建工作重视起来，真正做到全县共建共治，确保国家农产品质量安全县创建工作落实落地。

（二）有利于经费保障

经费保障是国家农产品质量安全县创建的硬条件，创建要求县域要将农产品质量安全监管有关经费纳入县、乡两级的财政预算，同时每年在农产品质量安全工作经费方面的增长幅度要高于经常性财政收入的增长幅度。这需要县政府在每年的预算文件中明确对农产品质量安全工作的经费保障，县域更应将国家农产品质量安全县创建纳入专项工作经费，确保有关工作能够顺利开展。

（三）有利于条件建设

县域农产品质量安全监管执法条件的建设和提升，是国家农产品质量安全县创建的重要基础。条件建设包括确保县、乡两级监管队伍建立健全，落实农产品质量安全协管员队伍；组织县级农产品质量安全检测机构通过"双认证"，保障县级检测支撑能力；建设提升乡镇农产品质量安全监管站，强化乡镇日常巡查和快速检测能力；加强县域冷链物流、农产品仓储等基础设施建设，提升全产业链标准化水平等诸多内容。这些很多都需要由县委、县政府批准，从县域层面统筹做好规划，实现全县域农产品质量安全治理条件的系统化提升。

（四）有利于责任落实

压实责任是确保国家农产品质量安全县创建工作落实落地的前提条件。县政府统一领导、统筹推进，将国家农产品质量安全县创建纳入全县重点工作；提升农产品质量安全在县级部门、乡镇政府绩效考核中的比重，充分建立激励、问责等机制措施；县长或分管副县长定期听取有关部门的工作汇报，了解掌握创建工作进展情况，才能层层压实属地责任和部门管理责任，督促国家农产品质量安全县创建的各项重点任务落实到位。

二、全县域部署的工作要求

创建国家农产品质量安全县，县委、县政府应统筹做好以下工作：及时成立创建工作领导小组、发文部署动员、跟踪督查督导创建工作落实情况等（图 3–1）。

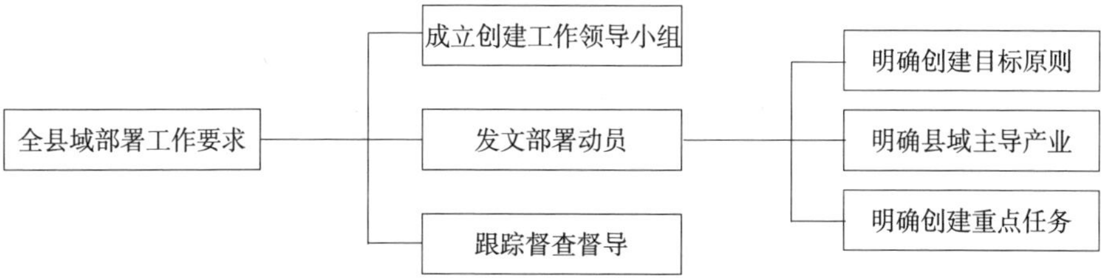

图 3–1　全县域部署的工作要求架构

（一）成立创建工作领导小组

县委、县政府应严格落实《地方党政领导干部食品安全责任制规定》，建立地方党政领导干部食品安全和农产品质量安全工作责任制，坚持党政同责、一岗双责，明确县委、县政府对县域农产品质量安全工作负总责，主要负责人是农产品质量安全第一责任人，班子其他成员对分管行业或者领域内的农产品质量安全工作负责。针对国家农产品质量安全县创建，应由县级人民政府主要负责同志牵头负责，成立由发展改革、公安、财政、农业农村、商务、市场监管、粮食等部门为成员的农产品质量安全工作领导机构，明确各部门在农产品质量安全工作中的职责和在国家农产品质量安全县创建活动中的分工；在县级农业农村行政部门成立国家农产品质量安全县创建办公室，抽调专职人员负责创建工作的组织协调、过程督导、宣传策划和工作总结。

（二）发文部署动员

由县委、县政府明确发文部署国家农产品质量安全县创建工作，做到三个明确。

1. 明确创建目标原则

在国家农产品质量安全县创建活动的总体部署基础上，进一步确定本县域的创建目标和创建原则。原则上应坚持整建制创建、全县域参与、创新示范引领、全面带动发展等。创建目标应包括质量安全治理制度机制、能力、水平、群众满意度等方面，设立应结合实际、可以量化，最终实现全面提升。

2. 明确县域主导产业

国家农产品质量安全县应明确一个或几个县域特色优势的主导产业，将创建工作围绕县域农业产业发展推进，加大对主导产业的支持力度和品牌培育，率先以主导产业为主线打造出全产业链的农产品质量安全治理链条和标准化体系，进一步推动县域内其他农产品产业质量安全全程可控，实现全县域农产品安全放心。

3. 明确创建重点任务

县委、县政府根据《国家农产品质量安全县考核办法》八个方面的总体要求，结合实际、厘清差距、统筹谋划，明确本县域国家农产品质量安全县创建的各项重点任务，组织梳理本县域的创建工作方案，做到逐条责任落实，明确责任部门和责任人，确保按期完成。

县委、县政府除发文整体部署创建工作外，还应对照考核要求，将领导小组、考核权重、规划计划和经费预算等全部以正式文件发布，对于涉及产地环境管理、农业投入品监管、生产过程控制、收储运监管等基本制度的，以及涉及黑名单制度、市场准入管理制度、生产经营主体监管名录制度等的，都应督促有关部门应逐个完善，正式发文。

（三）跟踪督查督导

县委、县政府应持续关注国家农产品质量安全县创建工作的推进与落实，加强跟踪督查督导。一是应定期以县委、县政府或食品安全委员会办公室的名义召开农产品质量安全工作专题部署会，由县委、县政府主要负责人或分管负责人开展农产品质量安全专题调研，每年至少一次。二是对照本县创建工作方案对各部门加强督导，强化创建工作计划落地，定期听取国家农产品质量安全县创建办公室的工作汇报，确保创建重点工作按时按期落实完成。三是应强化农产品质量安全工作绩效考核，由县委、县政府明确将农产品质量安全纳入对乡镇政府、各县级部门的工作考核，并且优化考核指标，加大考核分数占比。四是加强与其他国家农产品质量安全县的交流，由县委、县政府牵头组织学习本省或省外国家农产品质量安全县创建的成熟经验和创新模式，督促本县域强化工作推进和模式创新。

三、全县域部署的工作评价

全县域部署的各项工作对于国家农产品质量安全县创建来说都是优先项、关键项，主要通过看印发文件、看财政预算、看考核指标这三个方面评判县域党委和政府领导是否重视农产品质量安全及全县域部署的工作实施（图 3–2）。

图 3-2　全县域部署工作评价要点

（一）看印发文件

国家农产品质量安全县创建办公室应及时将县委、县政府、有关部门印发的通知和文件整理归档，并建立电子化档案，时刻备查。全县域部署的重要文件主要包括六个方面：一是县委、县政府对国家农产品质量安全县创建的总体部署文件；二是县域国民经济和社会发展规划、主体功能区规划、政府年度工作重点中明确体现农产品质量安全工作的文件；三是县域每年财政预算有关文件中农产品质量安全工作预算部分，以及县委、县政府或财政部门有关加强农产品质量安全经费保障的文件；四是每年年度食品安全工作计划和农产品质量安全工作计划文件；五是对照国家农产品质量安全县考核中要求建立的各类农产品质量安全监管制度相关文件；六是产地准出与市场准入衔接、行刑衔接、全程治理等由县域多部门联合发文的重要文件等。

（二）看财政预算

在财政经费方面，不仅在国家农产品质量安全县创建过程中要有保障，创建前后同样重要。县域如果有意向申报国家农产品质量安全县创建，就应将加强经费保障纳入工作计划；在国家农产品质量安全县创建完成并命名后，农产品质量安全经费更不能弱化，应按考核要求保持一定的涨幅。在对财政预算的评价中，应主要关注经费是否满足工作需求和经费增长幅度是否高于经常性财政收入增长幅度这两点。在实际工作中，往往存在创建时期投入大量经费用于条件建设和提升，创建完成后经费难以保持高水平的问题，因此县域可将工程建设、设备购买、信息化系统开发等一次性投入大的建设提升经费，在创建时作为国家农产品质量安全县创建专项经费列支；对于常态化的农产品质量安全工作经费，则要保障其增长幅度。

（三）看考核指标

绩效考核是推动工作、落实责任的有效手段，也是评价县委、县政府全县域部署的直观指标。从县域绩效考核农产品质量安全的指标设置中，可以反映出县委、县政府对各项重点工作的部署要求；从指标分数权重中则可以看出县委、县政府对农产品质量安全工作的重视程度和推动力度。在考核类别方面，应主要关注县域对辖区内乡镇政府的绩效考核及对县级各部门的工作考核；在考核指标方面，既要关注国家农产品质量安全县创建八方面重点工作的部署落实，也要关注当前国家层面的重点工作安排，如每年的专项整治行动、重要制度机制创新等；在分数权重方面，县级人民政府应将农产品质量安全工作纳入对乡镇和相关部门的年度考核且所占权重应高于 5%。

第二节　网格化管理

网格化管理根据属地管理、地理布局等原则，将管辖地域划分成若干网格单元，通过整合公共服务资源，组织服务团队，对每个网格单元实施多元化、精细化、个性化、动态化管理与服务。网格化作为社会治理的一项重要制度创新，能够实现对管理区域、对象、内容的全面管理，进一步调动村社协管力量、提升基层管理效率、确保有关工作落实。目前网格化管理在社区管理、食品安全、疫情防控、消防管理等领域均已有成熟的实践应用。2019 年，党的十九届四中全会更是明确提出在社会治理方面推行网格化管理和服务的要求。2021 年农业农村部印发《农业农村部关于加强乡镇农产品质量安全网格化管理的意见》，要求创新工作机制，推动乡镇农产品质量安全管理网格化、规范化、精准化，夯实监管"最后一公里"，确保乡镇及村（社区）级农产品质量安全工作有效运转。农产品质量安全网格化管理已逐步成为各地完善治理体系、破解基层监管难题的有效途径。

一、网格化管理的重要意义

"十三五"期间，各地农业农村行政部门对农产品质量安全网格化管理已经开展了不同程度的探索或推进，面对"十四五"基层治理体系建设和国家农产品质量安全县创建新要求，由县域进一步向乡镇和村级层面做好农产品质量安全网格化管理，对解决基层监管责任职能不明、人员队伍不匹配、工作开展不规范、监管手段较落后等难题，完善县乡村治理体系具有重要的意义。

（一）明确责任

乡镇和村级监管力量不足，是县域农产品质量安全工作普遍存在的问题。特别是 2018 年机构改革以来，全国近 30% 的乡镇监管站被整合，出现农产品质量安全监管的职能不清、责任不明、力量弱化等问题。农产品质量安全网格化完善了县域的监管体系，明确了乡镇农产品质量安全管理责任，健全乡镇监管站，并按照范围清晰、管理便捷、无缝对接、全面覆盖的原则，进一步划分确定农产品质量安全管理网格，全面掌握辖区内农资经营、农产品生产经营等主体信息，确保每个网格区块都有人员负责，每个监管对象都在管理范围内，将监管力量真正落实到村，压实监管的“最后一公里”。

（二）健全队伍

县域农产品质量安全存在监管对象多与监管人员少的矛盾，根据国务院关于加快构建新型农业经营体系推动小农户和现代农业发展有机衔接情况的报告可知，截至 2021 年年底我国有合作社 223 万家，家庭农场超过 380 万个，平均到每个县域有 2000 个新型农业经营主体，农户则更多，基层监管任务十分繁重，亟须进一步建立健全管理队伍。农产品质量安全网格化管理要求除了乡镇监管站明确网格监管员外，还要进一步在每个网格明确农产品质量安全协管员，协管员可以由村“两委”成员、技术骨干等担任，也可以由社会选聘、购买服务等方式聘用的人员担任。此外，对于国家农产品质量安全县来说，还可进一步在企业、农民合作社设置内部质量控制员，在重点地区、重点产业遴选社会监督人员等，构建多元共治的网格化管理队伍。通过网格化管理健全队伍，充分调动村级协管力量、发挥社会监督作用，是当前环境下破解基层“事多人少”矛盾的有效方案。

（三）规范监管

在对全国基层农产品质量安全监管状况的调研中发现，乡镇监管工作的开展普遍存在计划性较弱、规范性不强、落实程度不足等问题；日常的巡查检查、快检筛查工作，一些乡镇开展不规范，起到的效果有限。网格化管理的一项重要任务就是规范监管工作，这里包括规范乡镇监管站的工作、规范乡镇监管人员的工作及规范网格协管员的工作。乡镇监管人员应围绕乡镇监管站职责，负责组织网格化管理工作，建立健全监管名录、开展指导服务、根据农业农村部印发的《乡镇农产品质量安全监管公共服务机构日常巡查工作规范（试行）》要求开展日常巡查及抽查检测等工作。网格协管员应充分掌握网格内生产主体的基本情况，根据乡镇监管站要求，协助开展日常巡查、抽样采样、用药指导、信息报送等有关工作。

（四）能力提升

县域的农产品质量安全工作千头万绪，涉及部门多，仅农业农村部门就包括监管、执法、种植、畜牧等多个部门，需要建立协作机制，形成有效合力。推行农产品质量安全网格化管理，能够统筹基层力量向农产品质量安全监管工作倾斜，建立监管协作机制，推动业务工作协同、信息资源共享、问题快速反应，进而提升监管效率。此外，网格化管理还是业务工作与信息化手段的有效措施，有助于推动信息化的网格化管理，使传统基层监管工作中的“死信息”变活，使信息随生产、经营、监管等活动实时更新，使监管要素更加明确且可视化，使基层逐步摆脱巡查检查靠骑车、安全把关靠眼观、信息上报靠手填、数据分析靠心算的低效工作模式。

二、乡镇监管站的建设提升

乡镇监管站是农产品质量安全网格化管理的核心，其向上联系县级监管部门，落实县域农产品质量安全的各项工作部署；向下管理农产品质量安全协管员，统抓统管全乡镇各个网格的工作开展。目前，全国各县域下的乡镇监管站建设较不平衡，一些乡镇监管站人员队伍尚不明确、工作制度尚不健全、基本条件尚不具备，国家农产品质量安全县的乡镇监管站则至少要满足标准化乡镇监管站的标准，并争取进一步达到星级监管站的要求。

（一）标准化乡镇监管站建设

标准化乡镇监管站应满足乡镇监管的基本需求，在监管机构、工作制度、设施设备等方面达到标准要求，保障能正常开展监管巡查、采样检测、宣传培训、应急处置等日常工作（图 3–3）。

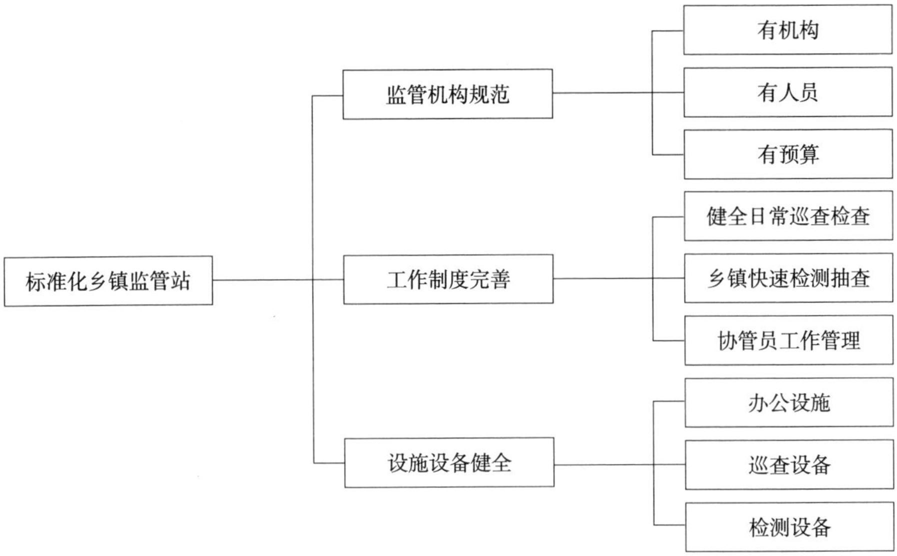

图 3–3 标准化乡镇监管站建设要点

1. 监管机构规范

县域首先要确保辖区内有明确的乡镇监管站，无论是由县级农业农村部门派出，还是乡镇政府单独建立，抑或是依托乡镇的农业农村综合服务中心等机构建立，都应明确有乡镇农产品质量安全监管站的牌子和职能。每个乡镇监管站应配备 2 名以上专职监管人员、1 名以上专职检测人员，同时还应有稳定的工作经费渠道，可以由上级农业农村部门支持，也可以由乡镇政府安排有关预算，这些都是确保乡镇监管工作正常运转的基础保障。

2. 工作制度完善

乡镇监管站应根据农产品质量安全网格化管理要求，建立健全日常巡查检查、乡镇快速检测抽查、协管员工作管理等一系列工作制度，规范化地开展各项监管工作，确保工作开展有计划、有规范、有目标，发现问题能够依法依规及时处理，日常工作记录完善健全，让乡镇监管站能够切切实实地发挥重要作用。

3. 设施设备健全

乡镇监管站要负责辖区内农产品生产经营主体的管理，至少应保证一间独立的办公室，配备相应的办公自动化设备，开展指导服务、日常巡查、快速检测抽查等工作，更需要具备最基本的工作条件和设施设备。根据对各县乡监管机构的调查，标准化乡镇监管站应具备的设施设备条件可以参考表 3–1。

表 3-1 标准化乡镇监管站基本设施设备需求表

设施设备类型	主要设施设备	用途及说明
办公设施	办公桌椅、档案柜等	保障所有乡镇监管检测人员的基本办公条件，有关工作及日常巡查、快速检测档案保存规范
	台式计算机、打印机、复印机	确保日常办公、信息处理等
	网络改造	办公室内有线、无线网络覆盖
巡查设备	电动车等巡查交通工具	保障监管员日常巡查检查的交通需求
	拍照记录工具	用于巡查检查过程中拍照记录、取证
检测设备	操作台	包括实验台、水槽、电源插座、实验凳等检测实验基础设施
	网络、水、电改造	符合检测室的水、电、网络要求
	实验配套设备	移液器、温湿度计、计时器、玻璃器皿等仪器设备，移液器枪头、滴管等耗材
	样品前处理设备	样品粉碎机、振荡器、离心机、水浴锅、电子天平等前处理设备，均质机、样品浓缩仪等畜禽水产品处理设备根据职能配备
	农残快速检测设备	用于检测蔬菜水果中农药残留（至少具备检测有机磷、氨基甲酸酯类农药残留能力）
	兽残、水产品快速检测设备	用于检测畜禽水产品违禁物质（瘦肉精、抗生素类），根据职能配备
	样品保存设备	冰柜、冷藏柜等，用于保存样品和需要冷藏保存的检测试剂

（二）星级乡镇监管站创建

国家农产品质量安全县代表了县域农产品质量安全治理能力的最高水平，对乡镇监管站的建设应进一步提高要求。农业农村部农产品质量安全监管司发布的《2022 年农产品质量安全监管工作要点》要求探索开展乡镇农产品质量安全公共服务机构星级创建，即创建星级乡镇监管站。星级乡镇监管站比起标准化乡镇监管站，其有关人员队伍、工作保障、工作制度更加健全完善，设施设备条件能够满足更高的工作需求，在工作方面不仅具备很强的监管能力，还能做好指导、服务等。

近年来，各省在推动乡镇监管站标准化建设的同时，部分省份积极创新、勇于探索，率先组织开展了乡镇农产品监管能力提升和星级乡镇监管站的创建工作。以江苏省为例，江苏省农业农村厅于2019年印发了《江苏省乡镇农产品质量安全监管站星级评定方案》，并开展了星级监管站评定，其创建、评定的经验做法值得参考借鉴（图3–4）。

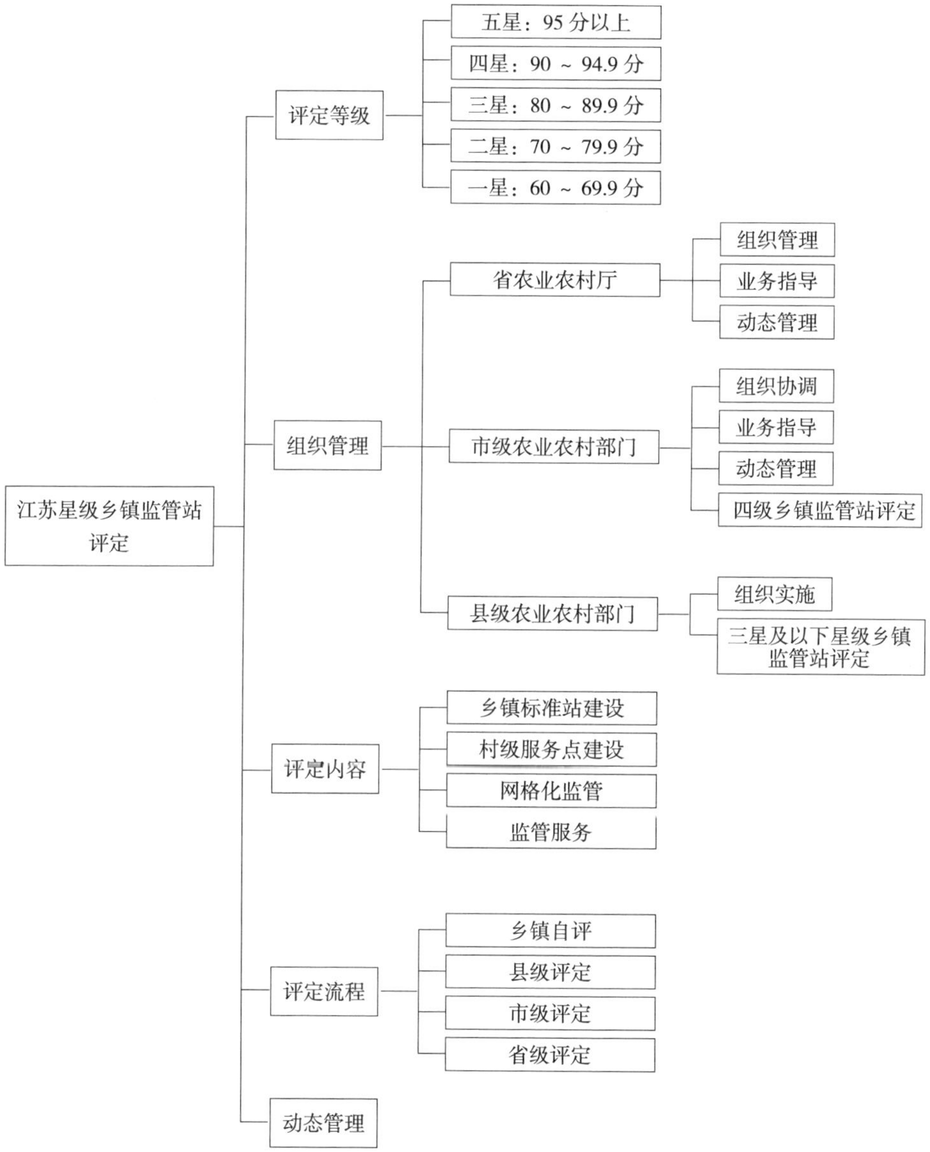

图3–4　江苏乡镇农产品质量安全监管站星级评定方案

1. 评定等级

江苏省将全省乡镇农产品质量安全监管站星级分为五级，综合评分 95 分（含）以上为五星，90 ~ 94.9 分为四星，80 ~ 89.9 分为三星，70 ~ 79.9 分为二星，60 ~ 69.9 分为一星，低于 60 分无星级。

2. 组织管理

江苏省农业农村厅负责全省乡镇农产品质量安全监管站星级评定的组织管理、业务指导和动态管理。各市级农业农村局农产品质量安全监管部门负责辖区各县（市、区）星级评定的组织协调、业务指导和动态管理，负责四星乡镇监管站的评定工作。各县（市、区）农业农村局农产品质量安全监管部门负责辖区各乡镇星级评定的具体组织实施工作，负责三星及以下乡镇监管站的评定工作。

3. 评定内容

乡镇农产品质量安全监管站星级评定的内容共分为乡镇标准站建设、村级服务站点建设、网格化监管和监管服务四个部分。发生农产品质量安全事件或重大舆情的乡镇当年不参加评定，具体见表 3-2。

表 3-2　江苏省乡镇农产品质量安全监管站星级评定表

类别	序号	评价内容	分值
乡镇标准站建设（30 分）	1	正式批准成立并挂牌乡镇农产品质量安全监管站，统一对外挂牌并明确工作职能	4
	2	有独立的办公场所，配齐必要的办公自动化设备和信息网络，得 3 分；检测室面积不低于 20 平方米，得 3 分	6
	3	农产品质量安全监管经费纳入本级财政预算并及时拨付，苏南、苏中、苏北分别每年达 4 万元、3 万元、2 万元以上得 3 分，每增加 2 万元加 1 分，最高 5 分	5
	4	有文件明确 2 名以上专职监管员和 1 名以上专职检测人员，得 3 分，每增加 1 名专职人员加 1 分，最高 6 分	6
	5	按照统一标准配置相应的办公设备、追溯和检测仪器设备	6
	6	建立健全相关制度并公示，相关工作台账完整	3

续表 3-2

类别	序号	评价内容	分值
村级服务站点建设（10 分）	7	开展村级服务站点建设，乡镇每设立一家村级服务站点得 1 分，最高 5 分	5
	8	有文件明确设有村级协管人员，并签订聘用合同，制定村级协管员管理办法，落实协管员补助经费，得 5 分	5
网格化监管（30 分）	9	乡镇成立农产品质量安全工作领导机构，将农产品质量安全监管纳入对各行政村、各有关部门年度目标考核内容，落实各部门职责	4
	10	确定纳入网格化监管的监管对象标准，完善监管对象、监（协）管人员档案，动态更新监管对象名录，得 2 分；将种植养殖大户及收储运主体纳入监管对象的，加 2 分；将散户纳入监管对象的，加 2 分	6
	11	明确镇、村两级监（协）管员，绘制监管网络图，明确每名监（协）管员监管对象，量化日常巡查、抽样检测、宣传培训等监管内容	3
	12	乡镇监管站至少每年对监（协）管员履职情况进行一次工作业绩评价	4
	13	加强监（协）管人员队伍建设，开展乡镇监管员、村级协管员、企业内检员农产品质量安全培训，乡镇监管员每人每年不少于 40 学时	3
	14	制订全年监测方案，并按计划组织开展检测工作，重点监管对象全年抽样检测覆盖率达 100%，并实时上传到省系统。监管对象为规模主体的，得 2 分；覆盖大户的，得 4 分；覆盖散户的，得 6 分	6
	15	开展农产品生产经营者培训，加强农产品质量安全宣传教育，普及农产品质量安全相关法律法规和标准，指导生产者按标生产，标准入户率、告知率达到 100%	2
	16	完善应急机制和舆情信息报送制度，及时上报相关信息，快速、有效、妥善处置农产品质量安全突发事件，农产品质量投诉举报处置率达 100%	2
监管服务（30 分）	17	加强农产品质量追溯体系建设，应用全省农产品质量追溯系统，加强追溯产品产销对接，推动辖区重点监管对象入网追溯。追溯覆盖率达 60% 以上，得 4 分；75% 以上，得 6 分；90% 以上，得 8 分	8
	18	推动农产品质量安全移动监管，配齐移动监管终端设备及流量，移动监管 App 安装使用覆盖到协管员	4

续表 3-2

类别	序号	评价内容	分值
监管服务（30分）	19	督促、指导农产品生产主体开展自检或委托检测，推动落实农产品生产者合格证制度；辖区内规模生产主体合格证出具率 100%，得 3 分；覆盖到大户，得 4 分；覆盖到散户，得 5 分	5
	20	加强诚信体系建设，建立农产品生产经营主体信用档案，完善信用记录，对监管对象进行分类分级管理	5
	21	制订对公众免费快速检测服务计划，公开服务计划、服务内容和服务流程等，开展对公众免费快速检测服务	4
	22	按照时序进度开展绿色优质农产品基地建设，加强标准化生产技术指导	4
总分为 100 分，综合评分 95 分（含）以上为五星，90 ~ 94.9 分为四星，80 ~ 89.9 分为三星，70 ~ 79.9 分为二星，60 ~ 69.9 分为一星，低于 60 分无星级			100

4. 评定流程

由各县（市、区）组织对辖区所有乡镇监管站开展评定，90 分以上统一评定为三星，并择优推荐上报四星评定名单。每年对全省各乡镇开展一次集中星级评定。各级根据工作需要成立评定工作小组，组织专家开展具体评定工作，具体流程包括乡镇自评、县级评定、市级评定和省级评定。

（1）乡镇自评。各乡镇监管站对照《江苏省乡镇农产品质量安全监管站星级评定表》开展自评，并将自评的评定表及相关证明材料报送县级主管部门。

（2）县级评定。各县（市、区）评定小组通过查阅资料、现场察看、座谈交流及结合日常工作指导情况等方式，对参评乡镇监管站进行现场评定打分，根据评定结果确定一至三星乡镇监管站名单，其中 90 分以上乡镇监管站统一评定为三星。县级于每年 11 月底前公示评定结果，并报市、省两级备案。

（3）市级评定。县级推荐上报本辖区四星乡镇站参评名单。各设区对县级公示并推荐的三星乡镇站参评单位进行现场评定，根据评定结果确定四星乡镇站名单，其中 95 分以上乡镇站统一评定为四星。市级于每年 12 月底前公示评定结果，并报省级备案。

（4）省级评定。每年 12 月底前，市级推荐上报本辖区五星乡镇站参评名单。省级组织相关专家对参评乡镇站开展集中评定。评定小组通过查阅资料、现场察看、座谈交流、暗查暗访、满意度测评等方式，对参评乡镇机构进行现场评定打分，并于次年 2 月底前确定并公示公布五星级乡镇站名单。

5. 动态管理

对星级乡镇监管站实行动态管理主要包括以下三个方面。第一，省市不定期组织开展抽查，在抽查中发现实际情况与评定星级不符的，及时提出整改意见，并于当年重新进行评定。第二，发现在评定过程中有弄虚作假等不正当行为的，取消评定星级。第三，有下列情况之一的，取消本年度评定星级资格：一是发生农产品质量安全事件、影响恶劣的重大舆情或本乡镇的农产品造成其他地方发生农产品质量安全事故的；二是隐瞒、谎报、缓报农产品质量安全事故的；三是区域性农产品质量安全事故被上级有关部门通报或者媒体报道属实的。

三、乡镇监管站的核心业务

乡镇监管作为基层农产品质量安全监管工作的核心，首先要全面掌握辖区内所有监管对象的情况，在此基础上，乡镇监管站的主要工作是健全监管名录、开展指导服务、开展日常巡查和抽样快速检测，这也是在源头督促生产主体合理使用农业投入品、管控产地农产品质量安全的最基本工作（图 3–5）。

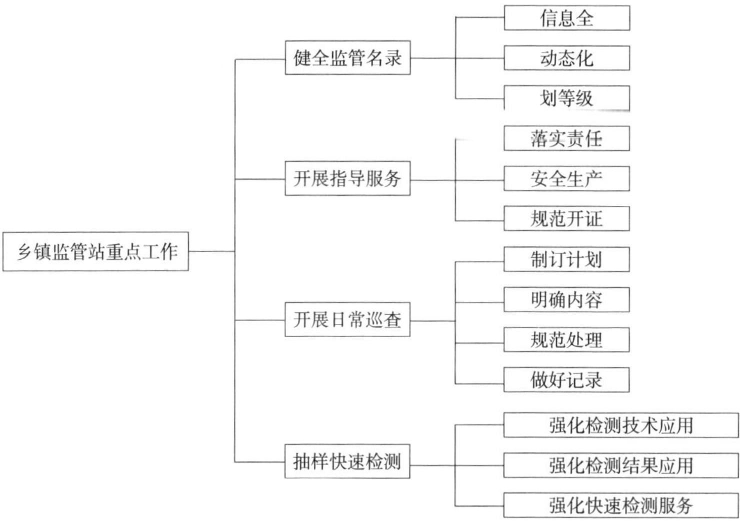

图 3–5　乡镇监管站工作内容要点

（一）健全监管名录

监管名录记录着县域内所有农产品生产经营者、农业投入品经营者的基本情况和生产经营信息，健全监管名录是农产品网格化管理的基础，只有清晰掌握辖区内所有监管对象信息，才能全面开展农产品质量安全工作，实现监管工作不留盲区。健全监管名录需要注意以下三点。

1. 监管名录的主体和信息要全面

乡镇监管站辖区内所有的监管对象都应被纳入监管名录，包括生产企业、合作社、家庭农场等新型农业经营主体，个体农户等分散的种植养殖者，产地收购、储运等中间环节的主体，农资经营店等投入品经营主体等。监管名录应采集生产经营者名称、类别、所属产业、所在村和网格、主要生产或经营产品、主体规模、负责人、联系人、联系方式等信息。

2. 监管名录信息管理动态化

乡镇监管站定期对监管名录和主体信息进行动态化更新，应至少每年更新1次，以确保监管名录的准确性和时效性。充分发挥农产品质量安全协管员的力量，在日常巡查检查的同时核对、更新监管名录信息；利用信息化工具手段替代传统的Excel电子表格甚至手写的花名册，依托上级农业农村部门建立的网格化管理系统或信息化系统将监管名录升级；探索建立监管对象自主更新名录信息的工作机制，对没有按期更新或确认信息的主体加以督促。

3. 监管名录的主体要有风险分级

《国家农产品质量安全县管理办法》中要求县域要建立重点监管名录，这需要对辖区内的监管对象进行风险分级。这一工作由县域组织，乡镇落实，在已有监管名录的基础上，进一步根据生产经营主体的主产品种、主体规模、产品认证等情况，结合日常巡查、风险监测、监督抽查的结果，将辖区内主体划分为质量安全风险低、中、高三级，将所有高风险主体纳入重点监管名录，并实施动态管理。

（二）开展指导服务

乡镇监管站是最贴近农产品生产者的基层农产品质量安全监管机构，是指导督促种植养殖者在“产出来”一侧确保农产品质量安全的“最初一公里”。乡镇监管站对生产主体的指导服务在形式上主要包括组织线上线下培训、入户指导帮扶、发放告知书明白纸、在种植养殖基地张贴宣传挂图等，在内容上主要有以下三个方面。

1.指导生产主体落实责任

乡镇监管站应加强对辖区内生产主体的普法宣传与帮助，引导生产主体建立农产品质量安全法律意识和责任意识，告知生产主体违法违规行为会对农产品质量安全带来的危害及生产主体需要承担的法律责任。《农产品质量安全法》规定了农产品生产主体的一系列法定责任与义务，包括建立农产品生产记录；合理使用农业投入品，严格执行农业投入品使用安全间隔期或者休药期的规定，防止危及农产品质量安全；对农产品质量安全状况进行检测；等等。

2.指导生产主体安全生产

乡镇监管站对生产主体安全生产的指导帮扶主要是指导督促种植养殖者科学合理使用农业投入品，不使用禁用农药兽药，通过正规途径选择购买农药兽药等投入品，做好投入品采购、入库、使用的记录与管理。在使用农药兽药时，严格按照农药兽药包装标识上标注的使用范围、适用情形、使用剂量、使用方法等要求使用，执行包装标识上标明的农药安全监管期和兽药休药期。同时，乡镇监管站应指导农业生产企业、农民专业合作社做好生产记录，如实记载使用农业投入品的名称、来源、用法、用量和使用、停用的日期，动物疫病、植物病虫草害的发生和防治情况，以及收获、屠宰或者捕捞的日期等信息。

3.指导生产主体规范开证

承诺达标合格证是农产品生产禁用主体在自控自检的前提下，自我承诺其生产的农产品质量安全符合农药兽药残留等国家标准，自主开具的质量安全合格标识。乡镇监管站是督促生产主体规范开具合格证的主要力量，在日常的指导帮扶工作中，对于监管名录中应开具合格证的主体，应确保其知道合格证制度的要求与内涵，推动生产主体对销售的每批次农产品都开具合格证，并掌握辖区内生产主体开具合格证的情况。乡镇监管站还可以在重点企业、专业合作社、村社设立服务站，为区域内的农户、生产主体提供自助的快速检测、合格证开具服务，带动周边农户更好地落实自控自检的管控要求。

（三）开展日常巡查

日常巡查是乡镇监管站的最主要工作，但各地的乡镇监管站开展日常巡查工作水平不平衡，具有较大差距。2021 年，农业农村部为了进一步规范乡镇日常巡查工作，印发了《乡镇农产品质量安全监管公共服务机构日常巡查工作规范（试行）》，对乡镇监管站的工作提出了明确的要求。根据该规范要求和基层实际情况，乡镇监管站做好日常巡查工作应注意以下四点。

1. 制订日常巡查计划

乡镇监管站每年应围绕辖区内的监管名录和重点监管名录，制订年度日常巡查计划，确保对辖区内生产主体日常巡查全覆盖。其中，对农产品生产企业、农民专业合作社、家庭农场日常巡查频次至少应达到每年 2 次，对具有一定规模的种植养殖户日常巡查频次至少应达到每年 1 次，对规模较小的种植养殖户根据风险隐患情况进行重点抽查。对列入重点监管名录的生产主体，应加大日常巡查频次，在用药高峰期、农产品集中上市期，也需要增加日常巡查频次。在制订日常巡查计划中，一定规模的种植养殖户和规模较小的种植养殖户，可根据本省制定的有关规定区分，也可根据实际情况由县域确定。

2. 明确日常巡查内容

乡镇监管站在开展日常巡查时，应至少巡查以下内容：一是生产记录制度落实情况，包括记录是否完整、连续、规范，记录中有无未按规定用药等情况；二是农业投入品购买管理情况，包括购买途径、数量、用途；三是农药兽药使用情况，包括是否存在超范围、超剂量使用，不落实安全间隔期休药期制度等情形，是否存在违法违规使用禁限用药物、非法添加等情形；四是保鲜剂、防腐剂、添加剂等使用情况，一般的种植养殖者不涉及，但一些参与储运环节的主体，可能存在不按规定使用“三剂”的行为；五是农业投入品废弃物处置情况，包括是否统一收集回收、是否存在随意丢弃等问题；六是承诺达标合格证和追溯凭证开具、使用情况，如是否规范化、常态化开证等。

3. 发现问题规范处理

乡镇监管站开展日常巡查的目的是不留死角地发现问题、解决问题，应注意避免只查看不发现问题或发现问题不规范处理的现象。对于巡查中发现的一些农兽药使用方面的问题隐患或疑似风险，应当实施现场抽样，通过快速检测或委托定量检测进行研判确认；对于在日常巡查中发现的不规范行为，应要求生产主体及时整改，并且持续跟进；对于违反有关法律，需要跟进执法的，应及时将有关问题记录向县级监管部门报告，由县级开展进一步的执法检查。

4.做好日常巡查记录

乡镇监管站在每次开展日常巡查检查时，应做好检查记录，建立好两个台账：一个是日常巡查检查记录台账，包括每个乡镇监管员、农产品质量安全协管员的巡查检查主体、时间、内容、情况与结果等，根据年度的日常巡查计划，每年年底应能对应计划安排梳理出全部的日常巡查检查记录；另一个是日常巡查检查问题发现及整改台账，专门记录日常巡查中发现的违法违规问题，定期对应台账记录督促主体整改，同时也作为重点监管名录制定与动态管理的重要参考。日常巡查检查记录可以是纸质的，更鼓励国家农产品质量安全县率先推动实现信息化记录管理。

（四）抽样快速检测

快速检测抽查和日常巡查对于乡镇监管工作来说同样重要，既不能只做快速检测不做巡查，也不能只开展巡查不进行检测。特别是近年来随着农产品质量安全工作要求不断提升，加之承诺达标合格证制度将禁用药物和常规用药残留纳入了管理范围，乡镇加大力度开展快速检测抽查和服务已成为大势所趋。通常来说乡镇监管站快速检测主要集中在对农药残留的检测，在工作开展与推进中需要注意以下三点。

1.强化检测技术应用

国家农产品质量安全县创建要求各乡镇每年开展快速检测不少于7200批次，这是对快速检测数量的基本要求。但在实际工作中，要真正发挥乡镇快速检测的作用，还需要加强对快速检测技术的更新和推广应用。目前县域普遍开展的农药快速检测只针对有机磷和氨基甲酸酯类农药，仅覆盖禁用农药的35%，常规农药的1.8%，残留限量标准的11%。而近年来这两类农药的使用基本得到遏制，乡镇快速检测要向针对种植养殖者实际用药种类和情况开展检测这一方向发展，以创建国家农产品质量安全县为契机，率先对重点品种开展常规农药残留的快速检测，如豇豆中的蚍虫林、阿维菌素、甲维盐、灭蝇胺，韭菜中腐霉利，水果中的多菌灵等。

2.强化检测结果应用

乡镇监管站在开展快速检测工作时，应避免为了完成检测数量而检测、只检测不处理等问题，要确实发挥快速检测对于农产品质量安全管理的筛查和验证作用。特别是推广应用常规农药快速检测技术，一开始通常都会出现快检发现问题数的明显增长，对此一定要加强快检结果应用，针对问题对有关种植养殖者加强指导帮助，对检出常规农药超标的样品批次，提醒生产主体不要上市销售。

3. 强化快速检测服务

乡镇开展快速检测，除了作为日常监管筛查验证的重要手段，也应逐步将快速检测应用于对辖区内生产主体的指导服务中。特别是对于一些没有自检能力的、规模较小的主体和农户，国家农产品质量安全县的乡镇监管站应加强免费快检的服务，让种植养殖者能够在产品上市前或开具合格证时，对自己的农产品进行有针对性的检测验证，以加强对农产品质量安全源头的把关。也可以通过生产主体上市前主动报检的形式，由乡镇监管站抽样检测，出具检测结果供主体使用。

四、网格化管理的工作评价

网格化管理基本涵盖了乡镇农产品质量安全工作的方方面面，国家农产品质量安全县创建中对乡镇监管工作开展的评价主要体现在看网格管理图、看协管员队伍、看监管名录、看工作记录四个方面（图 3–6）。

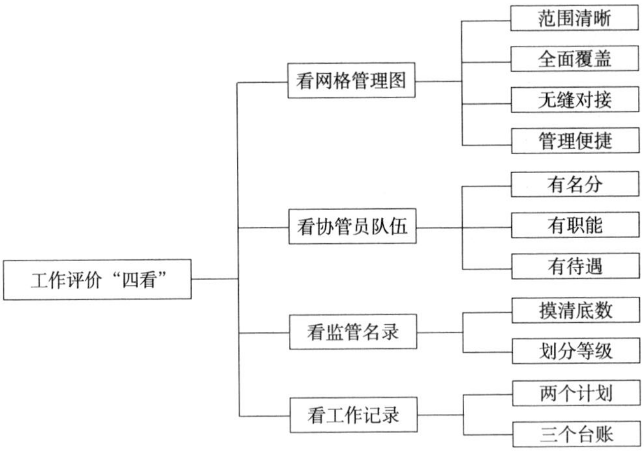

图 3–6　网格化管理的工作评价要点

（一）看网格管理图

科学合理的网格划分是建立网格化管理体系的第一步，县域要将每个乡镇划分为若干管理网格。网格划分应遵循范围清晰、管理便捷、无缝对接、全面覆盖的原则。目前，已实施网格化管理的地区，多数直接以行政村为单位划分网格，其优点是管理简单且可以直接由村“两委”成员担任协管员。但一些行政村辖区较大，包含二三十个自然村，主体数量多，仅划分为一个网格或仅安排 1 名协管员不易管理，可以根据情况进一步细分为多个网格。在对网格化管理工作进行评价时，通过查看网格管理图考察网格划分是否科学、全面。每个乡镇都应有对应的网格管理图，网格管理图内容包含乡镇农产品质量安全监管负责人、乡镇农产品质量安全管理网格划分，每个乡镇监管人员对应负责的网格及每个网格安排的协管员等。

（二）看协管员队伍

农产品质量安全协管员队伍是网格化管理能够发挥作用、将监管触手延伸到村级的前提保障。每个网格均需配备至少 1 名网格监管员和至少 1 名农产品质量安全协管员，网格监管员由乡镇农产品质量安全监管公共服务机构人员担任；协管员可以由村（社区）“两委”成员、技术骨干等担任，也可通过社会选聘、第三方购买服务等方式聘用人员担任。在评价网格化管理工作时，对于协管员队伍主要查看三个方面：一是看协管员有无名分，即是否专门设立农产品质量安全协管员。例如，一些地方存在农技员、防疫员、食品协管员等“多员合一”的情况，这是可以的，但必须确保有农产品质量安全协管员的实质名分和职能。二是看协管员职能履职情况，协管员的职能和工作要明确，实际工作要有序开展，不能有名无实。三是看协管员有无待遇，协管员有待遇才能有效尽责履职，县域应建立协管员的奖补或正向激励制度，设立配套的薪资待遇或经济补贴。

（三）看监管名录

建立健全监管名录和重点监管名录，摸清监管对象信息，是网格化管理的基础。除农产品生产企业、农民专业合作社、家庭农场外，具有一定规模的种植养殖户（具体标准由省级农业农村部门确定）也应被纳入监管名录管理，而且对于风险等级高、信用评级低的生产主体应纳入重点监管名录。在评价网格化管理工作时，在监管名录方面主要看以下三点：一是名录是否全面清晰，通过询问县级、乡镇的监管工作负责人了解辖区内监管对象的信息和情况；还应查看监管名录是否涵盖了所有生产主体，是否将农户纳入监管名录管理，以及信息是否完善。二是看名录是否更新及时，通过抽查监管名录上的主体查看是否存在长时间未更新、主体信息不准确等情况，询问监管人员更新监管名录的频率和工作办法。三是监管名录是否有效利用，询问是否以监管名录和重点监管名录为基础开展日常巡查、指导培训、风险检测、监督抽查等监管工作，对监管名录中的主体能否实现全覆盖的日常监管。

（四）看工作记录

日常巡查检查和快速检测是乡镇监管站最重要的两项日常工作，也是评价乡镇监管站工作开展情况的最直观指标。这两项重点工作的开展情况基本可以通过两个计划、三个台账展现出来。两个计划即日常巡查检查计划和快速检测计划，日常巡查检查计划主要看对于规定的生产经营主体是否做到日常巡查检查全覆盖，对重点主体是否强化巡查检查；快速检测计划主要看数量上是否符合国家农产品质量安全县创建要求，检测覆盖的主体范围和检测指标是否具有科学性。三个台账即日常巡查检查记录台账、问题发现整改台账、快速检测记录台账，日常巡查检查记录台账主要看巡查检查内容是否规范，巡查检查的主体和频次是否合理，巡查检查是否能够有效发现问题等；问题发现整改台账主要看乡镇监管站的工作实效，对于日常发现的问题是否及时处理、落实整改要求；快速检测记录台账主要看检测的样品批次、指标、取样时间和主体的科学性，对快检发现的不合格问题是否跟进处理等。

第三节　全过程管控

农产品质量安全的保障是多环节、多主体共同作用的过程。全过程管控是指贯穿农产品从产地源头到进入市场的全程链条，控制好每一关键环节的农产品质量安全。2014 年，农业部印发《关于加强农产品质量安全全程监管的意见》，即从全程管控的角度要求加强产地安全管理、严格农业投入品监管、规范生产行为、推行产地准出和追溯管理、加强农产品收储运环节监管、强化专项整治和监测评估、着力提升执法监管能力。国家农产品质量安全县创建的核心就是在县域范围内做好农产品质量安全的全程管控，全面提升农产品质量安全水平。

一、全过程管控的重要意义

全过程管控坚持源头治理、标本兼治，是农产品质量安全工作的核心内容，也是农产品质量安全的根本保障。做好全过程管控对源头治理、问题解决和产管并举具有重要意义。

（一）有利于源头治理

农产品质量安全首先是“产”出来的，种植养殖者为了提高产量使用农药兽药等投入品，虽然保证了农业发展，但也造成了农药兽药残留超标风险隐患存在。目前农产品质量安全最突出的问题风险仍然是农药兽药残留超标，这一方面是因为一些不法商贩在农药兽药中隐性添加国家禁止使用的药物或化合物，导致种植养殖者在不知情的情况下使用了禁用药物，或超范围、超剂量使用了农药兽药；另一方面则是生产者自己在使用药物时没有遵守相关法律法规，导致药物残留超标。因此只有管理好农药兽药等农业投入品的生产、销售与使用，推行绿色安全生产方式，才能从源头保障农产品的农药兽药残留符合农产品质量安全标准。

（二）有利于问题解决

农产品质量安全也要依靠“管”来实现，全国每天有大量鲜活农产品从产地产出并上市销售，面对这种农产品上市量大、覆盖面广、各类风险交织的形势，必须完善监管制度，强化监管手段，通过定量、定性等检测手段进行农药兽药残留的把关和验证，通过监管执法的手段治理使用禁用药物和不遵守农药安全间隔期、兽药休药期等违法违规行为，形成从田间到餐桌全过程覆盖的监管制度，才能管控、治理农产品质量安全问题，有效保障人民群众“舌尖上的安全”。

（三）有利于产管并举

农产品质量安全的全过程管控，不仅要求分别做好生产和监管两方面的工作，更要求将“产”出来和“管”出来相结合，把农业投入品管理、生产主体管理、种养过程管控、农兽药残留自检、产品上市监管、突出问题治理等各项环节都集成起来，由“管”督促生产环节管控提升，由“产”指导监管工作聚焦重点，形成完整的农产品质量安全全程治理体系。

二、全过程管控的重点任务

全过程管控的重点任务即是从产地到餐桌全链条的产管结合，包括严格农药兽药等农业投入品的生产、经营和使用；推进种植养殖者实施标准化生产，提高全产业链标准化水平；在县域开展农产品质量安全监测，掌握质量安全情况、排查问题隐患；大力加强农产品质量安全监管和执法，对突出问题进行治理，打击、震慑违法违规行为（图 3–7）。

图 3–7　全过程管控重点任务

（一）严格投入品管理

严格农药兽药等农业投入品管理是从生产源头保障农产品质量安全的关键，也是落实生产经营者主体责任的重要表现。一般来说，国家农产品质量安全县创建很少涉及投入品的生产，其重点在于严格管理农资店经营、生产者购买和使用这几个核心行为（图 3–8）。

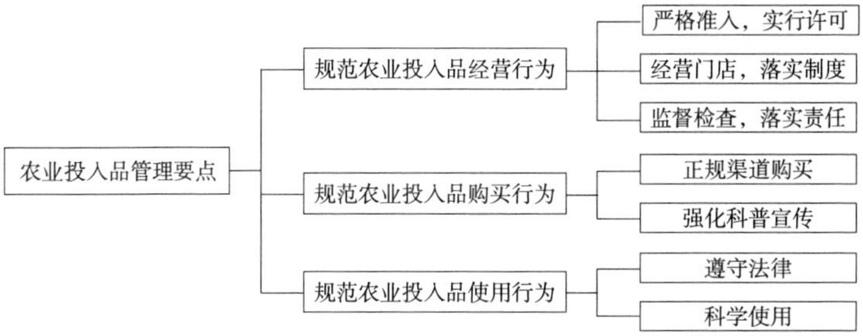

图 3-8　农业投入品管理要点

1.规范农业投入品经营行为

在农业投入品经营方面，一是应严格把关农业投入品的市场准入，《农产品质量安全法》规定，对可能影响农产品质量安全的农药、兽药、饲料和饲料添加剂、肥料、兽医器械，依照有关法律、行政法规的规定实行许可制度。国家农产品质量安全县创建单位应建立健全农业投入品生产经营主体监管名录，确保辖区内农药、兽药、饲料及饲料添加剂等农业投入品生产经营主体全部依法取得生产经营许可。

延伸阅读

《农药管理条例》规定，国家实行农药经营许可制度，但经营卫生用农药的除外。农药经营者应当具备《农药管理条例》中规定的条件，并按照国务院农业主管部门的规定向县级以上地方人民政府农业主管部门申请农药经营许可证。经营限制使用农药的，还应当配备相应的用药指导和病虫害防治专业技术人员，并按照所在地省、自治区、直辖市人民政府农业主管部门的规定实行定点经营。对于农药经营者的农药经营许可申请，县级以上地方人民政府农业主管部门应当自受理申请之日起 20 个工作日内作出审批决定，符合条件的，核发农药经营许可证；不符合条件的，书面通知申请人并说明理由。

《兽药管理条例》规定，符合规定条件的兽药经营者，需向市、县人民政府兽医行政管理部门提出申请，并附具符合规定条件的证明材料；经营兽用生物制品的，应当向省、自治区、直辖市人民政府兽医行政管理部门提出申请，并附具符合规定条件的证明材料。县级以上地方人民政府兽医行政管理部门，应当自收到申请之日起30个工作日内完成审查，审查合格的，发给兽药经营许可证；不合格的，应当书面通知申请人。

二是应规范农业投入品经营，确保农业投入品经营店具备农药、兽药经营许可，县域应对辖区内农药投入品经营店的采购、销售等行为进一步进行规范管理，包括经营人员、经营场所、经营管理等经营条件都应符合相关规定。

延伸阅读

《农药管理条例》要求农药经营者应当具备如下条件：有具备农药和病虫害防治专业知识、熟悉农药管理规定且能够指导安全合理使用农药的经营人员；有与其他商品及饮用水水源、生活区域等有效隔离的营业场所和仓储场所，并配备与所申请经营农药相适应的防护设施；有与所申请经营农药相适应的质量管理、台账记录、安全防护、应急处置、仓储管理等制度。

《兽药管理条例》要求兽药经营者应当具备如下条件：有与所经营的兽药相适应的兽药技术人员；有与所经营的兽药相适应的营业场所、设备、仓库设施；有与所经营的兽药相适应的质量管理机构或者人员；有兽药经营质量管理规范规定的其他经营条件。

《饲料和饲料添加剂管理条例》要求饲料、饲料添加剂经营者应当具备如下条件：有与经营饲料、饲料添加剂相适应的经营场所和仓储设施；有具备饲料、饲料添加剂使用、贮存等知识的技术人员；有必要的产品质量管理和安全管理制度。这些要求都是基本的市场准入条件，创建单位应在核查相关材料的同时，进行实地验证。

除经营条件外，还应督促农业投入品经营店建立健全并落实农业投入品索证索票和经营台账制度、包装废弃物收集处理制度、限制使用农药定点经营和实名购买制度等。农业投入品索证索票和经营台账制度要求经营者建立采购和销售两个台账，如实记录农药兽药名称、有关许可证明文件编号或批号、规格、数量、生产企业和供货人名称及其联系方式、进货日期、购买人信息、销售日期、购买人使用用途等。农药定点经营和实名购买制度要求对高毒等限制使用农药的经营和购买严格管理，经营限制使用农药的，除对农药经营的一般要求外，还应当配备相应的用药指导和病虫害防治专业技术人员，并按照所在地省、自治区、直辖市人民政府农业主管部门的规定实行定点经营。农产品生产经营主体购买时，必须持本人身份证，实名购买。农业投入品包装废弃物收集处理要求县域建立健全回收处理体系，组织、督促农业投入品经营者在经营场所回收使用后被废弃的、与农药兽药直接接触或含有药物残余物的包装物，包括瓶、罐、桶、袋等，定期进行集中处理。

三是加强农业投入品经营监管检查，县域监管执法部门应对农业投入品经营者开展定期、不定期的监督检查。一方面，配合部级和省级开展的农药、兽药、饲料和饲料添加剂、肥料等农业投入品的监督抽查，打击、防治假劣农资的流通和使用；另一方面，在县域层面应每年对辖区内的农业投入品门店开展全覆盖的巡查检查，检查门店是否落实了规范经营的要求，包括购货的索证索票记录和销售台账记录是否规范齐全；是否存在违规经营、超许可范围经营、未落实实名购买要求等行为；是否履行了对购买者进行技术咨询和科学推荐用药义务等。

2.规范农业投入品购买行为

一些不法商贩在农药、兽药、饲料等农业投入品中私自添加国家禁用的药物或成分，或者一些成分虽然可以使用，但商贩添加后不做标注，或标注的数量和用法与实际不符，这些情况是导致农产品中检出禁用药物、非法添加的原因之一。在这类问题中，种植养殖者虽然没有主观使用禁用药物，但直接原因还是因为其未通过正规途径购买农药兽药等农业投入品。因此，在县级农业农村主管部门应加强对种植养殖者购买农业投入品行为的指导和培训，每年通过老百姓喜闻乐见的形式，在春耕备耕和春季田间管理的关键时节开展放心农资下乡进村等科普宣传活动，推广品牌放心农资产品，普及农资识假辨假知识，畅通绿色优质农资供应渠道，引导农民合理购买、科学使用农资，提高农民群众质量意识和维权能力，保障农业生产和农产品质量安全。

3. 规范农业投入品使用行为

种植养殖者是否科学合理使用农业投入品，直接关系到农产品质量安全，因此种植养殖者是农产品质量安全的第一责任人。县域实施全过程管控，应重点落实生产经营者的主体责任，引导、督促生产经营者在种植养殖过程中严格执行有关法律法规，科学合理地使用农药兽药等投入品。

延伸阅读

《农产品质量安全法》规定，农产品生产者应当按照法律、行政法规和国务院农业行政主管部门的规定，合理使用农业投入品，严格执行农业投入品使用安全间隔期或者休药期的规定，防止危及农产品质量安全。禁止在农产品生产过程中使用国家明令禁止使用的农业投入品。

《农药管理条例》规定，农药使用者应当严格按照农药的标签标注的使用范围、使用方法和剂量、使用技术要求和注意事项使用农药，不得扩大使用范围、加大用药剂量或者改变使用方法；农药使用者不得使用禁用的农药；标签标注安全间隔期的农药，在农产品收获前应当按照安全间隔期的要求停止使用；剧毒、高毒农药不得用于防治卫生害虫，不得用于蔬菜、瓜果、茶叶、菌类、中草药材的生产，不得用于水生植物的病虫害防治。

《兽药管理条例》规定，禁止使用假劣兽药及国务院兽医行政管理部门规定禁止使用的药品和其他化合物；有休药期规定的兽药用于食用动物时，饲养者应当向购买者或者屠宰者提供准确、真实的用药记录；购买者或者屠宰者应当确保动物及其产品在用药期、休药期内不被用于食品消费；禁止在饲料和动物饮用水中添加激素类药品和国务院兽医行政管理部门规定的其他禁用药品；经批准可以在饲料中添加的兽药，应当由兽药生产企业制成药物饲料添加剂后方可添加，禁止将原料药直接添加到饲料及动物饮用水中或者直接饲喂动物；禁止将人用药品用于动物。

《饲料和饲料添加剂管理条例》规定，养殖者应当按照产品使用说明和注意事项使用饲料；在饲料或者动物饮用水中添加饲料添加剂的，应当符合饲料添加剂使用说明和注意事项的要求，遵守国务院农业行政主管部门制定的饲料添加剂安全使用规范；养殖者使用自行配制的饲料的，应当遵守国务院农业行政主管部门制定的自行配制饲料使用规范，并不得对外提供自行配制的饲料；使用限制使用的物质养殖动物的，应当遵守国务院农业行政主管部门的限制性规定；禁止在饲料、动物饮用水中添加国务院农业行政主管部门公布禁用的物质以及对人体具有直接或者潜在危害的其他物质，或者直接使用上述物质养殖动物；禁止在反刍动物饲料中添加乳和乳制品以外的动物源性成分。

（二）推进产品标准化生产

推进农产品标准化生产，是农产品质量安全源头治理和全程管控的重要途径，种植养殖者只有严格遵守农产品质量安全标准规定或生产操作规程开展生产活动，才能最大程度地保障农产品质量安全“产”出来。

延伸阅读

从农业标准化活动来看，我国农产品质量安全标准体系是由范围或领域、内容、层级三维方式所组成的立体结构。一是农产品质量安全标准体系的范围或领域。种植业包含水稻、小麦、玉米、大豆、油菜、棉花、蔬菜、水果、茶叶、花卉、食用菌、糖料、麻类、橡胶等不同产品所涉及的标准；畜牧业包含猪、牛、羊、鸡、鸭、兔、蜂、饲料等产品所涉及的标准；渔业包含鱼、虾、贝、藻等产品所涉及的标准。二是农产品质量安全标准体系的内容。安全类标准是影响农产品安全的物理性、化学性和生物性危害因素方面的标准；质量类标准主要是农产品质量标准及与农产品质量有关的标准，包括基础标准、资源与生态环境保护标准、农业投入品标准、生产操作规程、产品标准、包装储运标准和方法标准。三是农产品质量安全标准体系的层级主要由国家标准、行业标准、地方标准和企业标准组成。

县域推进农产品标准化生产的主要任务是加强县域产地环境保障，指导农产品种植养殖者落实农产品生产操作规程，推动县域全产业链标准化建设（图 3–9）。

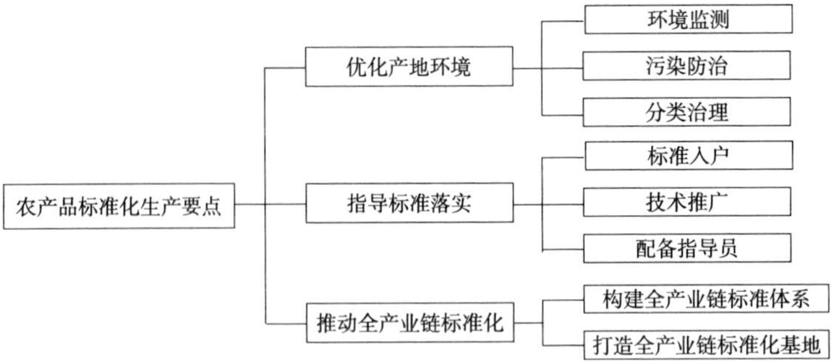

图 3-9　农产品标准化生产要点

1.优化产地环境

优化产地环境是农产品质量安全源头治理的第一步，对落实全过程管控，推进标准化生产有重要意义。县域在优化产地环境方面主要应开展好以下三点工作：一是开展产地环境和污染状况的监测，以县级农产品质量安全质检机构或委托上级、第三方环境监测机构作为支撑，建立县域的产地环境监测制度，对产地土壤水质环境、地膜残留等污染状况开展定期监测。二是加强畜禽养殖粪便污染防治，在县域逐步构建畜禽养殖粪便污染防治体系，对畜禽养殖户加强监督管理和帮扶指导。三是推进污染耕地治理措施，针对安全利用类耕地和严格管控类耕地，分类采取不同的指导和治理措施，推广农艺调控、种植结构调整、退耕还林还草等措施，降低农产品超标风险。

2.指导标准落实

在县域做好农产品质量安全标准宣传与贯彻落实工作。一是开展标准入户，组织专家对县域内主导农产品研究制定生产操作规程和绿色防控技术性指导意见，将相关标准梳理解读，优化成适于种植养殖户了解掌握、易学易懂、能够对应操作落实的指导手册、宣传挂图、明白纸等，定期对种植养殖者进行标准化生产技术培训，确保县域内农产品质量安全标准宣传贯彻达到全覆盖要求，所有种植养殖基地、农业投入品经营门店应张贴禁限用药物名录等。二是加强技术推广，在县域内持续扩大农产品绿色防控技术的覆盖面积，着力推进农药化肥减量、兽用抗菌药减量等工作，对主动实施绿色防控技术、治理成效显著的生产者，给予补贴或激励政策。三是探索建立技术指导员制度，以农业农村部等七部门联合开展的食用农产品“治违禁 控药残 促提升”三年行动为契机，对11个重点品种率先设立技术指导员，对重点生产经营主体进行针对性指导，强化11个重点品种质量安全管控技术性指导意见的落实落地。

3. 推动全产业链标准化

2021年农业农村部发布的《关于开展现代农业全产业链标准化试点工作的通知》要求，以县域的特色农产品产业为主线，以国家农产品质量安全县创建为契机，推进县域主导产业的全产业链标准化。

一是构建以产品为主线的全产业链标准体系。根据《现代农业全产业链标准化工作指南（试行）》，选择县域内影响力大、带动力强、产业基础好的农产品，以产品为主线，以强化全程质量控制、提升全要素生产率、促进产业融合发展为导向，开展全产业链标准体系梳理，综合推广产地环境、品种种质、投入品管控、产品加工、储运保鲜、包装标识、分等分级等关键环节标准落实。

二是打造以质量提升为导向的全产业链标准化基地。聚焦县域优势产业产区，县级各政府部门加强组织协调，充分发挥农业技术优势单位的技术支撑，建立1～2个基础好、技术水平高、产业带动力强的全产业链标准化基地。严格落实农业绿色发展、全程质量控制等相关标准，强化生产档案记录和质量追溯管理，推行食用农产品达标合格证制度，加强绿色、有机和地理标志农产品认证，培育具有本县域优势特色、质量过得硬、品牌叫得响、带动能力强的绿色优质农产品精品。

（三）强化检测支撑

农产品质量安全检验检测体系是按照国家法律法规规定，以先进的仪器设备为手段，以可靠的实验环境为保障，对农产品生产（农业投入品、农业生态环境）和农产品质量安全实施科学、公正的监测、鉴定、评价的技术保障体系，在农业标准化实施、农产品质量安全评价、农产品产地准出和市场准入、农业行政执法等方面承担着重要技术支撑职责。定量检测和快速检测是县域开展农产品质量安全工作的重要手段支撑，对于国家农产品质量安全县创建来说，强化农产品质量安全检测体系建设非常重要，创建时应着重做好以下三点工作（图3–10）。

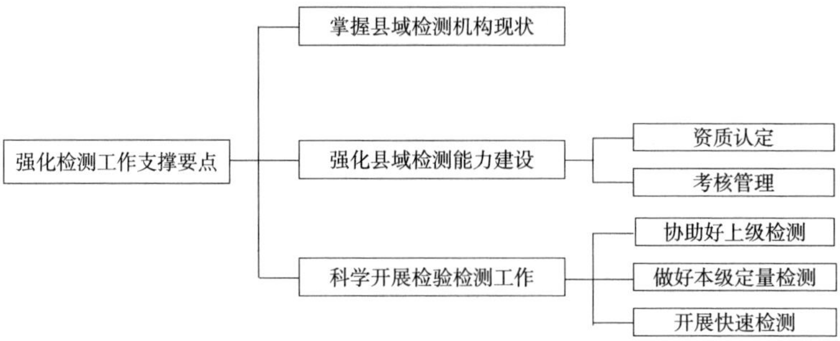

图 3–10 强化检测支撑工作要点

1. 掌握县域检测机构现状

“十一五”和“十二五”时期，农业部在国家发展和改革委员会的支持下，组织实施了两期《全国农产品质量安全检验检测体系建设规划》，总投资约 130 亿元，建立了部、省、市、县四级农产品质量安全检测体系，截至 2020 年年底，全国农产品质量安全检测机构达到 2297 家，从业人员 2.42 万人，仪器设备 19.2 万台（套），检测场所面积 143.6 万平方米，县级质检机构实现了从无到有的突破。但截至 2020 年年底，2297 家检测机构中，取得检验检测机构资质认定证书和农产品质量安全检测机构考核证书“双认证”的只有 1114 家，县级检测机构的支撑能力仍然有待加强。国家农产品质量安全县应首先梳理县级检测机构的现状，同时还应掌握辖区内乡镇监管站开展快速检测的条件、能力和情况，制定对应的提升方案。

2. 强化县域检测能力建设

县级检测机构和乡镇监管站的检测能力都是国家农产品质量安全县需要强化提升的，前面章节中已对包括检测能力在内的乡镇监管站建设进行了说明，对于县级检测能力，通过“双认证”是国家农产品质量安全县的基本要求，即获取《检验检测机构资质认定证书》（CMA 证书）和《农产品质量安全检测机构考核合格证书》（CATL 证书）。

检验检测机构资质认定是国家市场监督管理总局为了规范检验检测机构资质认定工作，优化准入程序，根据《中华人民共和国计量法》（以下简称《计量法》）及其实施细则、《中华人民共和国认证认可条例》等法律、行政法规的规定设置的资质认定。该认定依据《检验检测机构资质认定管理办法》管理，由国家市场监督管理总局主管，并负责检验检测机构资质认定的统一管理、组织实施、综合协调工作；由省级市场监督管理部门负责本行政区域内检验检测机构的资质认定工作。

延伸阅读

检验检测机构资质认定有关条件和程序

【申请条件】

申请资质认定的检验检测机构应当符合以下条件：

（一）依法成立并能够承担相应法律责任的法人或者其他组织；

（二）具有与其从事检验检测活动相适应的检验检测技术人员和管理人员；

（三）具有固定的工作场所，工作环境满足检验检测要求；

（四）具备从事检验检测活动所必需的检验检测设备设施；

（五）具有并有效运行保证其检验检测活动独立、公正、科学、诚信的管理体系；

（六）符合有关法律法规或者标准、技术规范规定的特殊要求。

【申请程序】

检验检测机构资质认定一般申请程序：

（一）申请资质认定的检验检测机构（即申请人），应当向市场监管总局或者省级市场监督管理部门（即资质认定部门）提交书面申请和相关材料，并对其真实性负责；

（二）资质认定部门应当对申请人提交的申请和相关材料进行初审，自收到申请之日起5个工作日内作出受理或者不予受理的决定，并书面告知申请人；

（三）资质认定部门自受理申请之日起，应当在30个工作日内，依据检验检测机构资质认定基本规范、评审准则的要求，完成对申请人的技术评审。技术评审包括书面审查和现场评审（或者远程评审）。技术评审时间不计算在资质认定期限内，资质认定部门应当将技术评审时间告知申请人。由于申请人整改或者其他自身原因导致无法在规定时间内完成的情况除外；

（四）资质认定部门自收到技术评审结论之日起，应当在10个工作日内，作出是否准予许可的决定。准予许可的，自作出决定之日起7个工作日内，向申请人颁发资质认定证书。不予许可的，应当书面通知申请人，并说明理由。

【延续资质】

资质认定证书有效期为6年。

需要延续资质认定证书有效期的，应当在其有效期届满3个月前提出申请。

资质认定部门根据检验检测机构的申请事项、信用信息、分类监管等情况，采取书面审查、现场评审（或者远程评审）的方式进行技术评审，并作出是否准予延续的决定。

对上一许可周期内无违反市场监管法律、法规、规章行为的检验检测机构，资质认定部门可以采取书面审查方式，对于符合要求的，予以延续资质认定证书有效期。

农产品质量安全检测机构考核是农业农村部为加强农产品质量安全检测机构管理，规范农产品质量安全检测机构考核，根据《农产品质量安全法》等有关法律、行政法规的规定设置的机构考核管理。该考核依据《农产品质量安全检测机构考核办法》管理，由农业农村部负责全国农产品质量安全检测机构考核的监督管理工作，各省级农业农村行政主管部门负责本行政区域农产品质量安全检测机构考核的监督管理工作。

延伸阅读

农产品质量安全检测机构考核有关条件和程序

【考核条件】

（一）农产品质量安全检测机构应当具有与其从事的农产品质量安全检测活动相适应的管理和技术人员。从事农产品质量安全检测的技术人员应当具有相关专业中专以上学历，并经所在机构考核合格，持证上岗。

（二）农产品质量安全检测机构的技术人员应当不少于5人，其中技术负责人、质量负责人和授权签字人应当具有中级以上技术职称或同等能力，并从事农产品质量安全相关工作5年以上。博士研究生毕业，从事相关专业检验检测工作1年及以上；硕士研究生毕业，从事相关专业检验检测工作3年及以上；大学本科毕业，从事相关专业检验检测工作5年及以上；大学专科毕业，从事相关专业检验检测工作8年及以上，可视为同等能力。

（三）农产品质量安全检测机构应当具有与其从事的农产品质量安全检测活动相适应的检测仪器设备，仪器设备配备率达到98%，在用仪器设备完好率达到100%。

（四）农产品质量安全检测机构应当具有与检测活动相适应的固定工作场所，并具备保证检测数据准确的环境条件。从事相关田间试验和饲养实验动物试验检测的，还应当符合检疫、防疫和环保的要求。从事农业转基因生物及其产品检测的，还应当具备防范对人体、动植物和环境产生危害的条件。

（五）农产品质量安全检测机构应当建立质量管理与质量保证体系。

（六）农产品质量安全检测机构应当具有相对稳定的工作经费。

【申请程序】

（一）申请：申请考核的农产品质量安全检测机构（即申请人），应当向农业农村部或者省级人民政府农业农村行政主管部门（即考核机关）提出书面申请。国务院有关部门依法设立或者授权的农产品质量安全检测机构，经有关部门审核同意后向农业农村部提出申请。其他农产品质量安全检测机构，向所在地省级人民政府农业农村行政主管部门提出申请。

（二）初审：考核机关设立或者委托的技术审查机构，负责对申请材料进行初审。考核机关受理申请的，应当及时通知申请人，并将申请材料送技术审查机构；不予受理的，应当及时通知申请人并说明理由。技术审查机构应当自收到申请材料之日起10个工作日内完成对申请材料的初审，并向考核机关提交初审报告。通过初审的，考核机关安排现场评审；未通过初审的，考核机关应当出具初审不合格通知书。

（三）评审：现场评审实行评审专家组负责制。专家组由3～5名评审员组成。现场评审内容包括质量体系运行情况、检测仪器设备和设施条件、检测能力等。评审专家组应当在3个工作日内完成评审工作，并向考核机关提交现场评审报告。考核机关应当自收到现场评审报告之日起10个工作日内，作出申请人是否通过考核的决定。

（四）审批：通过考核的，颁发《中华人民共和国农产品质量安全检测机构考核合格证书》，准许使用农产品质量安全检测考核标志，并予以公告。未通过考核的，书面通知申请人并说明理由。

【证书延续】

《中华人民共和国农产品质量安全检测机构考核合格证书》有效期为6年。证书期满继续从事农产品质量安全检测工作的，应当在有效期届满前3个月前提出申请，重新办理《中华人民共和国农产品质量安全检测机构考核合格证书》。

3. 科学开展检验检测工作

县域农产品质量安全检测工作主要包括三项任务：一是协助上级监管部门开展农产品质量安全检测工作，在部级层面到县域开展风险监测和监督抽查等工作时，在主体指引、抽样设备、现场制样等方面提供配合或帮助，确保有关工作顺利有效开展；对省、市级分配至各县域的检查任务，按照计划和工作要求按时保质完成，抽样过程中坚持问题导向，强化问题排查。二是开展县级本级的定量检测任务，即县级部署的风险监测和监督抽查等工作，国家农产品质量安全县每年应科学制订县域本级的定量检测计划，抽查对象比例适宜，应包括一定比例的农户，监督抽查和风险监测抽检数量分配科学，每年总抽检样品数应不少于600个。三是强化开展快速检测，国家农产品质量安全县县域本级每年开展快速检测农产品样品数应不少于8000个，每个乡镇每年开展快速检测农产品样品数应不少于7200个。除了满足数量要求外，国家农产品质量安全县开展快检更应注重靶向性和实效性，应在充分掌握本辖区内种植养殖户的主要用药情况的前提下，围绕其用药有针对性地开展快速检测。

（四）加强执法监管

农产品质量安全执法是贯彻依法治国理念的重要举措，是落实习近平总书记关于农产品质量安全“四个最严”要求的具体体现，是县域打击震慑违法违规行为、治理农产品质量安全突出问题的主要手段。只有加强农产品质量安全执法，才能有效惩治和震慑不法分子，树立农产品质量安全法律权威，规范农产品生产经营行为，为县域农产品质量安全筑牢坚固防线。强化农产品质量安全执法监管，国家农产品质量安全县创建单位应做好以下三点工作。

1.了解执法监管体系现状

农产品质量安全执法领域主要包括种植业产品、畜禽产品和水产品三大部分。农业农村部2020年印发《农业综合行政执法事项指导目录（2020年版）》，依据《农产品质量安全法》和《国务院关于加强食品等产品安全监督管理的特别规定》，主要列举了7项农产品质量安全执法事项。对农产品生产企业、农民专业合作经济组织未建立或者未按照规定保存或者伪造农产品生产记录逾期不改正的行政处罚；对农产品生产企业、农民专业合作经济组织及从事农产品收购的单位或者个人销售的农产品未按照规定进行包装、标识逾期不改正的行政处罚；对食用农产品进入批发、零售市场或者生产加工企业前使用的保鲜剂、防腐剂、添加剂等材料不符合国家有关强制性的技术规范的行政处罚；对农产品生产企业、农民专业合作经济组织销售不合格农产品的行政处罚；对冒用农产品质量标志的行政处罚；对生产经营者不按照法定条件、要求从事食用农产品生产经营活动等行为的行政处罚；对生产食用农产品所使用的原料、辅料、添加剂、农业投入品等不符合法律、行政法规的规定和国家强制性标准的行政处罚。

2013年，国务院办公厅印发《国务院办公厅关于加强农产品质量安全监管工作的通知》，明确提出将农产品质量安全监管执法纳入农业综合执法范围。2018年，农业农村部印发《关于加强农产品质量安全执法工作的意见》，提出要厘清各级执法权限，明确执法职责、执法领域和执法重点，合理配置执法力量，要求各地农业农村部门要加大执法办案力度，健全执法机制，强化技术支撑，提升执法能力。2018年，中共中央办公厅、国务院办公厅印发《关于深化农业综合行政执法改革的指导意见》，明确农产品质量安全领域的行政处罚及与行政处罚相关的行政检查、行政强制由整合组建的农业综合行政执法机构行使。截至2021年10月，99.7%的县（市、区）成立了农业综合行政执法机构，到岗农业综合执法人员7.84万人。

2.强化县域执法条件建设

县级农产品质量安全执法能力是县域农产品质量安全条件建设的重要一

环，其中除了落实执法人员编制、明确执法机构职能外，国家农产品质量安全县创建主要需要完善的是执法装备配备，以保障农产品质量安全执法监管工作顺利开展。

2022年5月，农业农村部印发了《全国农业综合行政执法基本装备配备指导标准（2022年版）》，明确了省、地级市、县级农业综合行政执法的基本装备配备指导标准（表3–3），为国家农产品质量安全县创建的执法条件建设提出了基本要求。创建单位应以该指导标准为基础，结合自身实际情况，尽快对县级农业综合执法机构进行条件建设和提升，以满足农产品质量安全执法要求。

表3–3　县级农业综合行政执法的基本装备配备指导标准

类别	序号	名称	单位	县级配备数量
基础装备类	1	执法专用车辆（汽车、摩托车，含车载设备）	辆	根据党政机关执法执勤用车管理办法及相关规定，结合执法工作需要配备
	2	农业投入品（农产品）快速检验车（含车载装备）	辆	根据执法工作需要配备，每个机构1辆以上
	3	渔政船艇（含船载装备）	艘	根据执法工作需要配备
	4	执法专用无人机	台	每个机构1台以上，具有红外摄像、喊话、定位、导航等功能的无人机根据执法工作需要配备
	5	定位导航仪	台	每车（船）1台
	6	车载冷藏箱	个	2个
	7	台式计算机	台	每人1台
	8	打印机	台	每3人1台
	9	传真机	台	每3人1台
	10	装订机	台	每3人1台
	11	复印机	台	4台
	12	投影仪	台	2台
	13	扫描仪	台	4台

续表 3–3

类别	序号	名称	单位	县级配备数量
基础装备类	14	笔记本电脑	台	每人 1 台
	15	便携式打印机	台	每 3 人 1 台
	16	便携式复印机	台	每 3 人 1 台
	17	便携式快速扫描仪	台	每 3 人 1 台
	18	计算器	台	每 3 人 1 台
	19	案卷装订机	台	1 台
	20	光盘刻录机	台	根据执法工作需要配备
	21	对讲机	台	每人 1 台
	22	移动执法终端（手机、平板电脑等）	台	每人 1 台
	23	条码（二维码）识别仪器（电子监管码识别终端）	台	每 2 人 1 台
	24	冰箱（冰柜）	个	2 个
	25	便携式执法工具箱（含检疫执法工作箱）	个	根据执法工作需要配备
	26	便携式执法工具包	个	每人 1 个
	27	强光手电（头灯）	个	根据执法工作需要配备
	28	停车指示灯（牌）	个	根据执法工作需要配备
	29	执法视频指挥系统	套	根据执法工作需要配备
	30	望远镜	台	每 5 人 1 台
取证设备类	31	抽样工具包（内含手电筒、剪刀、镊子、放大镜、抽样袋等）	套	每 3 人 1 套
	32	便携式冷藏箱	台	每 5 人 1 台
	33	无菌采样袋、采样袋、采样瓶、一次性医用橡胶手套、一次性工作服等	个	根据执法工作需要配备
	34	暗访取证设备	套	每 5 人 1 套

续表 3–3

类别	序号	名称	单位	县级配备数量
取证设备类	35	数码照相机	台	每 3 人 1 台
	36	摄像机	台	每 5 人 1 台
	37	红外摄像机	台	根据执法工作需要配备
	38	夜视仪	台	根据执法工作需要配备
	39	录音笔	个	根据执法工作需要配备
	40	移动式监控摄像头	台	每 5 人 1 台
	41	手持式定位仪	台	每 5 人 1 台
	42	现场执法记录仪	套	根据执法工作需要配备
	43	执法记录采集工作站（含系统）	台	1 台
	44	种子（肥料、饲料、生鲜乳）抽样（取样）器、抽样密封袋、真空密封机、抽样瓶、铅封拉条	个	根据执法工作需要配备
	45	激光测距仪	台	每 5 人 1 台
	46	红外线测温仪	套	1 台
	47	农药兽药残留快速检测仪	台	根据执法工作需要配备
	48	肉类水分快速测定仪	台	根据执法工作需要配备
	49	甲醛快速测定仪	台	每 5 人 1 台
	50	现场快速检测盒、检测卡、试剂、试纸类	套	根据执法工作需要配备
	51	照度计、温度计	个	根据执法工作需要配备
	52	便携式电子现场取证工具	台	根据执法工作需要配备
	53	电子物证工作站	台	根据执法工作需要配备
	54	皮尺	个	根据执法工作需要配备
	55	取证袋	只	根据执法工作需要配备
	56	酒精测试仪	个	根据执法工作需要配备

续表 3–3

类别	序号	名称	单位	县级配备数量
应急专用类	57	便携式卫星电话	台	根据执法工作需要配备
	58	移动存储器	个	根据执法工作需要配备
	59	无线上网卡	张	根据执法工作需要配备
	60	车载电源转换器	台	每车 1 台
	61	手持扩音器	台	2 台
	62	应急保障装备（包括移动电源、便携式车用充气泵、应急帐篷、冷暖风机、防水接线板、电灯、汽油桶、净水装置、便携炊具、电热水壶、警示标志等）	套	根据执法工作需要配备
个人防护类	63	防护服装	套	根据执法工作需要配备
	64	防尘毒口罩	只	根据执法工作需要配备
	65	护目镜	副	根据执法工作需要配备
	66	防护手套	副	根据执法工作需要配备
	67	防暴盾牌	个	根据执法工作需要配备
	68	救护包	个	每 5 人或每车（船）1 个
	69	消毒设备及用品	套	每 5 人或每车（船）1 个
	70	灭火器	个	每 5 人或每车（船）1 个
	71	其他防护用具	套	根据执法工作需要配备
其他装备类	72	警戒带	盘	每车（船）1 ~ 2 盘
	73	信号屏蔽器	个	根据执法工作需要配备
	74	听证室用话筒、监控和摄录设备	套	每间听证室 1 套

3. 加强县域执法工作力度

国家农产品质量安全县是县域农产品质量安全的最高水平，但不代表其不存在问题隐患，更不代表农产品质量安全零执法。执法监管工作始终是县域农产品质量安全的重中之重，国家农产品质量安全县监管工作更应在四个方面加强。

一是加强突出问题执法监管。目前全国农产品质量安全执法办案的总体情况是农资打假类的案件多，农产品的案件少；在农产品案件中，畜禽检疫类、生产记录类多，农药兽药残留超标的执法案件少。但从突出问题的角度上，违法使用禁用药物、常规农药兽药残留超标等问题依然是当前的治理重点，因此国家农产品质量安全县在开展执法监管时，应加强对农药兽药残留有关问题的打击和执法，不做表面工作，而要真正排查问题隐患。

二是加强部门联合执法监管。国家农产品质量安全县要在县域建立农业农村、公安、市场等部门通力协作、联合执法的工作机制，对农产品从产地到餐桌全环节中可能发现的问题进行严厉打击，及时清除农产品生产流通中的质量安全风险。

三是加强行刑衔接。由县级农业农村部门和公安机关共同建立健全农产品质量安全行政执法和刑事司法衔接的工作机制，明确涉嫌刑事犯罪的农产品质量安全案件移送公安机关的标准与流程，践行“四个最严”要求，做到农产品质量安全犯罪案件应移尽移，切实打击违法使用禁用药物、非法添加等农产品质量安全犯罪行为。

四是加强典型案件公布。应至少在县域范围公布农产品质量安全执法典型案例，发布农产品质量安全警示，宣传国家农产品质量安全县创建以来，县域加强执法监管的工作成效，充分发挥执法监管的震慑作用，提振消费者信心。

三、全过程管控的工作评价

对全过程管控的工作评价，基本包含了对县域各项农产品质量安全重点任务的工作评价，全过程管控工作的开展效果直接反映出县域整体的农产品质量安全治理能力。全过程管控工作评价的要点是看农资门店、看生产基地、看检测机构和看执法机构（图 3-11）。

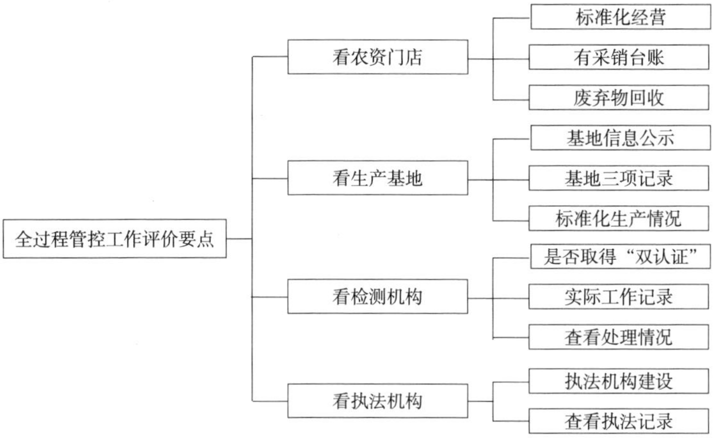

图 3-11　全过程管控工作评价要点

（一）看农资门店

农资门店可以反映出县域农业投入品经营管理和种植养殖者购买农业投入品的情况，对于农资门店应主要查看以下三方面内容：一是农资门店标准化经营情况，包括农资门店营业执照、农药经营许可证、兽药经营许可证等证照是否齐全，是否有监管执法负责人信息公示，农资摆放库存是否合理等。二是两个台账情况，即农资采购台账和农资销售台账。采购台账主要看进货信息是否齐全、进货途径是否正规、是否存在超范围经营等情况；农资销售台账主要看是否落实实名购买制度、销售信息记录是否规范、是否履行技术指导等义务、是否在销售农药时登记农药用途等。此外，国家农产品质量安全县创建应推动农业投入品采销台账的信息化管理。三是农业投入品废弃物回收处理情况，主要查看在农业投入品经营门店是否设立废弃物回收点，是否公示县域的回收制度、实际回收记录情况等。

（二）看生产基地

农产品种植养殖基地可以反映出生产主体责任落实情况、标准入户宣传与贯彻情况、标准化生产情况等。对于生产基地应主要查看以下三方面内容：一是看生产基地信息公示情况，包括是否有网格化责任公示图、是否公示农产品质量安全承诺书、是否在生产基地醒目位置张贴禁用药物清单等宣贯材料。二是看生产基地的三项记录，即农业投入品入库和使用记录，反映生产者是否从正规途径购买投入品，是否购买禁限用药物等；农产品生产记录，反映生产者是否落实生产记录要求，是否存在不遵守农药间隔期、兽药休药期情况，是否存在超量、超范围用药等情况；承诺达标合格证开具记录，反映生产者是否规范化、常态化开具、出具合格证，是否落实质量安全责任，对有条件的主体还需对应查看自控自检的有关记录。三是看种植养殖基地标准化生产情况，主要查看生产主体是否实施标准化生产，是否使用绿色防控技术等以减少农药兽药使用，是否建立了主体内部质量安全管控制度等。

（三）看检测机构

检测机构可以反映出县域的检查能力和日常检测工作的开展情况。对于检测机构应主要查看以下三个方面内容：一是查看县级检测机构是否取得“双认证”，检测机构的条件和人员配备是否能够满足日常农产品质量安全监管执法工作的支撑需求。二是查看检测机构实际工作记录，查看每年县级检测机构承担各级农产品质量安全检测的任务量，特别是查看每年县级农产品质量安全定量检测和定性检测是否符合国家农产品质量安全县创建要求。三是查看不合格样品的记录和处理，询问检测机构是否抽查、检测出农药兽药残留超标等问题，相关问题的解决情况和记录，以反映检测工作和监管工作开展的实效性。

（四）看执法机构

执法机构可以反映出县域农产品质量安全执法条件、能力及执法监管工作的开展情况。对于执法机构应主要查看以下两方面内容：一是查看县级执法机构建设情况，主要看是否有农产品质量安全执法的人员配备，县级执法机构的条件设备是否符合农业综合行政执法基本装备配备指导标准，其条件是否能够满足执法监管工作的需要。二是查看县域农产品质量安全执法监管记录，了解每年全县开展农产品质量安全执法，特别是涉及违法使用禁用药物、非法添加，农药兽药残留超标等问题的案件查办情况，查看是否对外公布了农产品质量安全典型案例，是否存在涉嫌刑事犯罪未移送的案件情况等。

第四节　制度机制创新

当前，我国经济已由高速增长阶段转向高质量发展阶段，近年来我国农业综合生产能力显著提高，农业发展的工作重心和政策支持也从“增产导向”转向“提质导向”。此外，农产品消费市场不断转型升级，城乡居民消费需求正在从“吃饱”向“吃好”“吃得绿色优质、营养健康”转变，这些都给农产品质量安全工作带来了新的挑战。与此同时，现代化、信息化的新技术发展，也为农产品质量安全监管工作创造了更多可能，创新监管制度举措，将原有的手段和方法集成起来，进一步推进农业高质量发展，是新发展阶段的突出任务和重大课题。

一、承诺达标合格证制度

承诺达标合格证制度（以下简称“合格证制度”）借鉴工业产品合格证管理模式，由生产经营者在自我质量控制、检测的基础上自主开具承诺达标合格证（以下简称“合格证”），承诺其销售的食用农产品符合国家农药兽药残留限量强制性标准，合格证的本质是一种质量安全标志。2016 年，农业部启动合格证制度试点，于 2019 年在全国试行，6 年来合格证制度凭借政策推动在全国得到广泛推广，对压实生产主体责任、衔接农产品市场准入、解决农产品标识问题等起到了关键性作用。2022 年《农产品质量安全法》明确将“承诺达标合格证制度”作为重要的制度创新纳入国家法律，并进一步完善了制度设计，形成农产品质量安全监管的有力新抓手。

（一）推行合格证的重要意义

我国农产品长期以来入市没有质量安全标志，且存在生产主体责任压实不到位、小农户监管缺乏抓手等问题，合格证制度在新时期新要求下应运而生，对完善农产品质量安全治理体系具有重大意义。

1.压实主体责任

生产者是农产品质量安全的第一责任人。长久以来，人们更习惯于仅依靠政府监管部门把住农产品质量安全的防线，导致部分生产者质量安全意识淡薄，违法使用禁用药物、不遵守农药安全间隔期和兽药休药期的问题时有发生。近年来，我国农产品质量安全水平不断提升，但是问题隐患仍然存在，一方面禁用药物违法使用屡禁不止；另一方面部分农民超范围超剂量用药、不遵守农药安全间隔期和兽药休药期规定，“今天用药、明天上市”现象依然存在。这些问题都是难啃的“硬骨头”，需要创新打法去攻克。要确保农产品质量安全，根本措施还是要让生产者主动担起责任，从“产出来”一侧自我把关。通过合格证制度，由生产者在自控自检的基础上自主开具合格证，发挥自律作用，有助于更加有效地保障农产品质量安全。

2.作为入市凭证

多年来，我国农产品散装上市、无标识交易已司空见惯。在大多数食用农产品上市过程中，市场准入凭证不明确，销售者无法提供有效凭证，导致上市农产品“身份不明”，并无明确的包装标识证明，入市一直处于“默认合格”的状态。每年市场监管部门在市场上抽检发现的不合格农产品中，超过75%因为没有产品标识，无法查询农产品产地信息，找不到责任源头，无法进行有效打击。因此农产品在入市环节亟须一个有效载体，既明确质量安全责任又包含生产主体信息，合格证作为一种质量合格标识，解决了农产品“身份不明”的问题，规范了农产品标识使用，填补了管理体系空白，是对农产品质量安全全程监管体系的补充完善。

3.推动全面监管

近些年，我国农产品质量安全监管能力不断提高，质量安全水平稳中向好，但对于一些问题依然缺乏有效的监管抓手，距离全面监管的要求仍有差距。一是由于2006年《农产品质量安全法》尚未对小农户的责任义务作出规定；二是农产品收储运环节主体的监督管理机制仍不健全；三是农业农村部门对常规用药残留超标问题缺乏监管手段。这些都是新时期亟待解决的问题。合格证制度为将上述问题进一步纳入监管提供了有效的制度抓手，一方面鼓励农户开具合格证，要求收购者收取合格证，将农产品从产地到市场的所有主体归入监管范围，落实了主体责任，也为监管部门开展指导服务和监督检查提供了载体；另一方面，合格证制度要求主体承诺常规药物残留不超标，首次将常规药物残留超标问题在入市前的环节提出，为农业农村部门在农产品入市前加强常规用药把关提供了手段。

（二）合格证制度的核心内容

推行合格证制度的总体思路是，在全国范围实施合格证制度，推动农产品流通及入市由“默认合格”转向“标识合格”，为农产品质量安全工作提供有力措施，督促生产经营者落实主体责任、提高农产品质量安全意识，强化“从田头到餐桌”全链条监管，全面提升农产品质量安全监管能力和水平，为推动农业高质量发展、促进乡村振兴提供有力支撑。合格证制度的核心内容如下。

1. 基本样式

合格证基本样式全国统一，如图 3-12 所示。主要内容包括三部分：第一部分为承诺声明，即承诺生产销售的食用农产品不使用禁用农药兽药、停用兽药和非法添加物；常规农药兽药残留不超标，且对承诺的真实性负责。第二部分为承诺依据，包括委托检测、自我检测、内部质量控制、自我承诺，由开具者根据实际情况在相应的依据上打钩。第三部分为农产品和生产者信息，包括产品名称、数量（重量）、产地、生产者盖章或签名、联系方式、开具日期。合格证的大小尺寸、纸张、颜色不做统一规定，可以是印刷的，也可以是手写的，鼓励主体使用电子合格证。合格证内容中规定的基本信息不能减少，但可以根据需要增加信息，如检测报告、产品品牌、认证标识等。

日前较常见的合格证开具方式有三种：一是使用纸质合格证，手写信息，主要用于小规模农民专业合作社或家庭农场，种植养殖户仅需一支笔，即可在合格证上填上自己的信息。二是使用印刷、打印的合格证，主要用于生产企业和农民专业合作社，使用时还可在标准模板的基础上添加产品商标等信息，起到宣传营销的效果。三是使用电子合格证，主要用于有条件的生产经营主体，通过当地监管平台、追溯信息平台的合格证开具模块，直接给合格证赋码，实现合格证和追溯“二合一”。

合格证

我承诺对生产销售的食用农产品：

□不使用禁用农药兽药、停用兽药和非法添加物

□常规农药兽药残留不超标

□对承诺的真实性负责

承诺依据

□委托检测　　　　□自我检测

□内部质量控制　　□自我承诺

产品名称：　　　　数量（重量）：

产　地：

生产者盖章或签名：

联系方式：

开具日期：　年　月　日

图 3–12　合格证基本样式

2. 开具流程

农产品生产者应当遵守法律法规和国家有关强制性标准规定，保证其销售的农产品符合农产品质量安全标准，并根据质量安全控制、检测结果等开具食用农产品合格证。合格证应一式两联，一联出具，一联留存备查，留存期为一年；如果通过信息化系统开具合格证，留有信息化开证记录则不需两联开具。有包装的农产品以包装为单元开具，可以张贴、悬挂或印制在包装材料表面。散装农产品以运输车辆或收购批次为单元，一车一证或一批一证，交易时出具使用。从事农产品收购的单位或者个人应当按照规定收取、保存合格证，对其收购的农产品进行混装或者分装后销售的，应当按照规定开具合格证。

3. 市场查验

农业农村部门和市场监管部门应做好合格证与市场准入的衔接。农产品批发市场开办者应当收取并留存入市销售者的合格证，对于不能提供合格证的销售者，应对其农产品进行入市前检测，检测结果合格的方可进入市场销售；检测结果不合格的应及时通报市场监管部门，且不得进入市场销售。

4. 监管指导

合格证聚焦的是农产品质量安全的底线要求，重点要求的是生产主体不使

用禁用农药兽药、停用兽药和非法添加物、常规农药残留不超标，是生产主体在自控自检基础上的自我承诺。承诺是达标合格的实现方式之一，是易操作、可推广的有效途径，但同样也是以按标生产为依据的，并非空口无凭。因此，合格证制度也对监管部门加强指导服务提出了更高的要求，监管部门通过强化日常巡查检查的方式，摸清辖区内主体的生产和自控自检情况，指导督促生产主体遵守法律法规和质量安全基本控制要求，严格按标生产。

5. 推广模式

合格证必须由生产经营者自行开具，不得由政府部门或第三方机构代开；但是在食用农产品合格证的使用推广方面，政府部门可以采取多种模式为生产经营者提供指导帮助。

一是统一推动合格证信息化管理系统，生产经营者可通过该系统上传信息并自动打印合格证，既形成区域内合格证的统一管理，保障了合格证开具信息的真实性，又为生产经营主体提供了便利和应用服务的拓展空间。在省级、市级层面没有成熟系统的前提下，国家农产品质量安全县创建单位也可以率先开发合格证信息化管理系统。

二是建立乡镇或村级合格证服务站，为生产经营者提供免费的农产品快速检测、合格证自助开具等服务。这种模式适合在县域推行实施，有利于带动服务站周边农户规范化、常态化开具合格证，也有利于推动农产品生产经营者强化自控自检。

三是由政府部门统一印制空白的合格证模板并发放给生产经营主体、小农户开具使用。这种模式既简单易行，又可有效减少生产经营者启动实施合格证制度的成本，适合县域在推动合格证制度初期使用，也适合不方便自行开证的小农户使用。

（三）合格证制度地方实践

合格证制度自2016年起实施，截至2022年已经经历了6年的试点试行，制度在不断优化完善，各地的农业农村部门和农产品生产经营者在制度推行过程中也探索出了一系列效果好、可借鉴的实施模式。

1. 生产环节：农产品质量安全码数字赋能合格证

浙江省杭州市余杭区推进“农产品质量安全码合格证”，以数字赋能助力农产品生产企业良性发展，杭州湾里塘莲藕专业合作社（以下简称“湾里塘莲藕合作社”）是使用“农产品质量安全码合格证”的典型代表。湾里塘莲藕合作社位于杭州市余杭区崇贤街道沾桥村，现有社员 152 人，种植面积 2680 亩，同时开展生产、收购和销售，农产品以莲藕、慈菇等水生作物为主，与周边 120 户非社员农户建立良好合作，示范带动种植面积 5000 亩，帮助农户人均增收 1.5 万元。湾里塘莲藕合作社使用“农产品质量安全码合格证”的做法主要包括以下三个方面。

一是数字化管理，赋能安全管控。“农产品质量安全码”是按照统一编码规则为每个生产主体配置的唯一性二维码，生产主体可通过“农产品质量安全码”数字平台开展企业内部的日常数字化管理，并接受区农业农村局数字化监管。湾里塘莲藕合作社在购买农资时，出示“农产品质量安全码”扫码实名购买，购买信息实时上传平台，企业内部投入品电子台账也会及时更新。在日常生产管理时，生产管理人员也要将施肥、用药、检测、采收等信息录入平台，形成内部生产数字化管理。

二是数字化收购，打造全链条追溯。农产品生产经营主体之间通过“农产品质量安全码”开展数字化收购交易，形成完整的追溯信息链。湾里塘莲藕合作社与沾桥村的多个小农户建立固定合作关系，收购时通过扫描“农产品质量安全码”，输入收购的产品和数量，收购信息实时保存到平台，形成电子化收购交易台账，为追究主体责任提供电子证据，在生产者、销售者和消费者之间建立起安全公正的桥梁。

三是全区一盘棋，实行闭环式管理。湾里塘莲藕合作社可凭“农产品质量安全码”到所在街道免费申领空白“农产品质量安全码合格证”，再用微信小程序扫码自助开证。平均每天用微信小程序扫码启用“农产品质量安全码合格证”1000 份以上，操作方便、省时省力。在进入批发或农贸市场时，按照“刷码进场，亮码销售”的要求，湾里塘莲藕合作社出示“农产品质量安全码合格证”进场销售，形成“农产品质量安全码合格证”登记、发放、使用、统计等闭环式管理全区一盘棋。

“农产品质量安全码合格证”模式不仅方便了合格证推广，也为湾里塘莲藕合作社带来了良性发展，主要有以下三方面成效。

一是数字赋能质量安全。对于湾里塘莲藕合作社而言，通过“农产品质量安全码”管理平台，数字化技术不仅提高了生产管理效率，而且在平台的引导下建立了规范的内部质量管理制度，大大提高了安全生产水平。对于监管人员而言，通过手机App扫描湾里塘莲藕合作社的“农产品质量安全码”开展数字化日常监管，检查结果即时上传，下基地开展工作事半功倍，实现了农产品质量安全智慧监管。

二是帮助构建安全桥梁。湾里塘莲藕合作社自从使用扫“农产品质量安全码”后，信息追溯促使安全责任层层倒逼，有效地降低了生产收购企业与农户之间的安全责任风险。现如今，湾里塘莲藕合作社有将近50%的农产品从非社员农户手中收购而来，逐渐带动周边农户按照湾里塘莲藕合作社的要求进行规范化标准化生产，帮助农户增产增收，湾里塘莲藕合作社的影响力也越来越大。

三是助力打开销售渠道。“农产品质量安全码合格证”具备投入品管理、生产过程记录、产品合格追溯等功能，统一制作、免费发放、规范使用，降低了企业成本，便于推广使用，提高了农产品市场竞争力。湾里塘莲藕合作社在使用“农产品质量安全码合格证”后，凭借规范的生产管理、可靠的品质把控、完整的追溯信息等特点，不断拓展市场销售渠道，农产品在物美、三江、盒马等大型商超和叮咚买菜等线上销售平台供不应求，2019年销售量近万吨，产值4150万元，体现出“安全”是农产品最核心的品牌价值。

2.收购环节：合格证“A、B、C”三证全环节推广

广西南宁金起桦农副产品加工有限公司（以下简称“金起桦有限公司”）位于南宁市西乡塘区金陵镇，是一个集“专业蔬菜种植、生产泡沫箱、制冰、冷藏、农副产品生产加工配送”为一体的综合性农副产品生产企业。作为一个既包含生产环节，又包含收购、储运、销售环节的综合性企业，金起桦有限公司创新了合格证“A、B、C”三证模式，为合格证制度完善提供了有益的实践探索，主要做法包括以下三点。

一是食用农产品合格证“A、B、C”三证，三重关卡。南宁市根据从农田到市场的各方责任，推行使用合格证“A、B、C”三证，其中合格证A证由食用农产品生产者开具，B证由食用农产品集中交易市场举办者开具，C证由食用农产品销售者开具。金起桦有限公司销售的韭菜暂时没有自己的品牌和零售渠道，主要以批发给各大农贸市场和超市为主，企业开具A证后，一方面给

了购货商质量承诺保证，另一方面保护了购货商的购货渠道，特别是多源头购买，购货商可以在A证的基础上开具B证，而零售商可在B证的基础上开具C证，每一个环节都有质量承诺，三重责任，三方把关。

二是绿色种植，科学管理。通过开具合格证，金起桦有限公司更加注重产品的质量安全管理，公司按照绿色食品的种植管理标准，通过员工培训、内部质控制度、统一采购农资、统一技术管理、监管农事记录和采收后做快速农残内检，来确保不合格的蔬菜不出厂。正因为使用合格证，质量把控到位，该公司已申请绿色食品认证，这更加加强了企业对产品质量的管理，提高了企业管理者的安全责任意识。

三是一车一检，保证质量。金起桦有限公司因需要开具合格证，开始内部运行所需的硬件和软件资源并设立了新的内检员检验机制和任职。公司规定每销售一车农产品，开具一张合格证。例如，韭菜从采收到送到加工厂，实验室检验员在加工厂现场随机采样后，进行农残快速检验，给企业增加内部把控质量的手段，同时给收购商一颗定心丸。

作为率先实施合格证制度的生产企业，金起桦有限公司通过合格证拓宽了销售市场，取得了以下三大成效。

一是合格证是省外市场的敲门砖。金起桦有限公司在开具合格证以前，韭菜销售主要以本地市场为主，自农业部全面试行合格证制度以后，各省市也开始全面推开试行，金起桦有限公司于2019年12月开始开具合格证A证，合格证也成为该公司省外市场的敲门砖，销往省外的订单大幅增加。

二是食用农产品合格证是产品销售的点金石。金起桦有限公司在开具合格证前，2019年销售省外韭菜仅45万斤，销售额21.23万元；使用合格证以后，到2020年5月，销售省外韭菜95万斤，销售额170.38万元，销售额同比增长了800%。

三是合格证是产品质量的保证卡。韭菜一直是消费者关注的“问题菜”“高敏菜”，金起桦有限公司开具合格证，严格把握用药剂量和安全间隔期，从生产源头上降低了韭菜质量安全的风险，真正做到了卖得放心，买得安心。

3. 市场环节：以合格证强化市场准入

江苏凌家塘市场发展有限公司（以下简称“凌家塘市场”）是农业农村部

定点市场、省级重点农产品批发市场、省级示范物流园区；创建于 1992 年 9 月，总占地 1306 亩，建成了水产、蔬菜等八大交易区和容纳量 3 万吨的冷库等配套服务设施；常驻经营户 2600 多户，常驻经营人员 9800 多人，带动劳动就业人员 6 万多人。作为农业产业化国家重点龙头企业、全国诚信示范市场，凌家塘市场率先于 2020 年开展了食用农产品合格证索要查看试点，为合格证贯穿监管全程作出了非常有益的实践探索，主要有以下做法。

一是加强组织领导，大力宣传培训。凌家塘市场认真贯彻落实《农业农村部关于印发〈全国试行食用农产品合格证制度实施方案〉的通知》的要求和省、市、区农业农村部门的贯彻实施意见，把农产品质量安全提升到事关民生保障、市场生存发展、社会和谐稳定的高度来统一思想认识，制定了合格证索取查看推进实施方案，成立了推进领导小组，邀请农业农村、市场监管等部门领导来场授课，通过微信小程序、市场公众号、公示栏、告经营户书等，加强合格证索取查看宣传，努力营造良好氛围。

二是确定试点范围，发挥示范作用。凌家塘市场经营品种覆盖水产品、蔬菜、果品、粮油副食品、冷冻食品等十多类，选择了有产地证明索取基础的水产区和禽蛋区，经营户有 343 家，对应养殖源头供货商 1000 多家，开展合格证索取查看试点，有非常好的示范带动作用，能最大化地促进养殖基地加强农产品质量安全。

三是开展领照建档，落实主体可查。凌家塘市场健全完善农产品经营主体档案数据库，对固定经营者全部领取营业执照、食品小作坊证等，已推动蔬菜等五大农产品交易区领证照 1365 份，做到合法证照应领尽领，经营主体合法化，经营信息电子化，经营主体可查可溯。

四是规范操作流程，落实信息可视。凌家塘市场分区办理农产品入场登记时，将商品登记、合格证索取、查验检测取样收费三合一，一次性索取登记到位，规范操作流程，有效推进了合格证索取查看工作。并对入场商品登记系统实施定制升级，增加电子拍照等功能，记录入场商品合格证明、产地证明等相关信息，做到商品数据系统化、证明信息可视化。

五是开展查验检测，落实质量可控。凌家塘市场投入 57.5 万元，更新了农药残留检测仪、胶体金读取仪和食品安全综合检测仪等先进的检测设备，配套了全自动处理仪等相关辅助设备和检测试剂卡，配备了检测人员 23 名，对水产品、蔬菜、水果等鲜活农产品开展查验检测，并与市场监管部门联网，检测信息实时上传，更有效保障了农产品质量安全。

作为全国最先探索合格证入市查验的批发市场，凌家塘市场探索出了一套成熟的实施模式，也取得了非常良好的实施成效。

一是形成机制推动合格证索取。主要形成了三种机制：第一，流通倒逼机制。通过农产品批发市场流通环节索取查看合格证，倒逼流通经营者和产地生产者开具合格证。第二，差异收费机制。采取提供合规检测报告免检、进场查验检测减半收费、不合格复检、来样送检标准收费，让合格证成为农产品流通的身份证、生产经营者的承诺书、查验检测的优惠券。第三，信用评价机制。市场将合格证作为入场经营合同、农产品质量安全合同、经营户信用等级评价的重要内容，对经营户开展合同契约管理、信用分级评价，有效推动合格证索取查看。

二是经营者索证意识明显增强。经过凌家塘市场的不断宣传和培训，从2020年7月20日合格证试行索取查看以来，凌家塘市场经营户、产地供货商农产品质量安全意识明显增强，配合索证意愿明显增强，索取合格证5.94万份，索取率达到85.4%。

三是农产品质量安全更有保障。通过检测设备的更新换代，检测项目更合法合规和具有针对性，可根据季节和品种变化进行优化，检测效率全面提升。通过市场加强农产品质量检测工作，促进农产品经营者更加注重农产品质量安全，更加关注农产品基地和种植养殖者对农业投入品的管理，杜绝使用禁限用农药兽药和非法添加剂，保证上市农产品符合农药安全间隔期、兽药休药期规定，促进农产品安全放心消费。

（四）合格证制度的工作评价

目前合格证制度已经基本走过了试行阶段，即将随着2022年《农产品质量安全法》的实施将成为一项法律制度，制度设计也在法律中进一步被完善，因此，国家农产品质量安全县创建单位更应加快制度推行，用好合格证制度。衡量合格证制度实施效果主要看“三个数”（图3–13）。

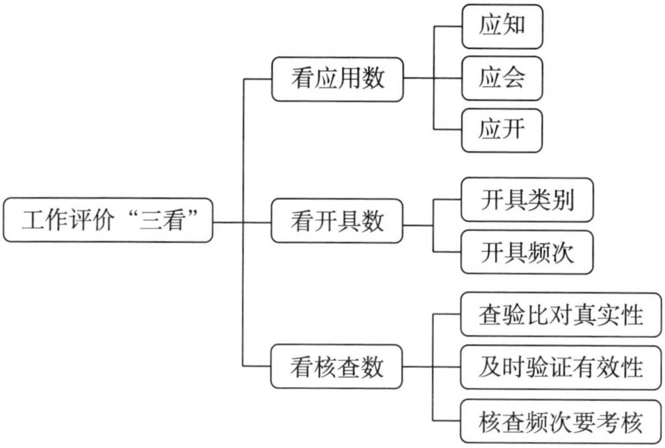

图 3–13　合格证制度工作评价要点

1. 看应用数

目前《农产品质量安全法》将合格证制度作为一项重要制度创新，明确规定农产品生产主体开具合格证；收购者索取并保存食用农产品合格证，且销售时重新开具食用农产品合格证；市场开办者查看合格证，农业农村部门负责监督检查及处罚。在对合格证制定实施情况进行评价时，首先就要看主体的应用数。法律已经将所有主体纳入管辖范围，也就是说，检验合格证制度主体“应用数”就要看地方部门是否建立了所辖区域主体名录，是否摸清监管对象底数，建立动态监管名录库，合格证制度的宣传是否到位，所有的农产品生产经营者对于合格证承诺的内容是否有清楚的认知，是否都能够正确地开具合格证。也就是说，“应用数”就是检验所有农产品生产经营主体对合格证制度做到“应知”“应会”“应开”。

2. 看开具数

在合格证制度试行过程中，对于合格证开具数没有具体要求。但是，在作为一项法律制度贯彻落实时，就要检验合格证“开具数”。在试行实践过程中有一车一证、一批一证、一品一证等，这样就会出现合格证开具数量千差万别。检验合格证有效开具，不仅要看开具合格证的实际张数，还应当结合附带合格证农产品上市交易量，两者要综合来看。合格证的“开具数”是一个概数，不是简单将辖区内所开具的合格证张数简单求和，要根据农产品生产实际情况、合格证开具单元的类别、合格证的开具频次等综合衡量合格证制度贯彻落实的好坏。

3. 看核查数

合格证核查是检验其真实性和有效性的重要手段。随着2022年《农产品质量安全法》修订颁布实施，合格证制度对生产经营者和监管部门都将提出明确要求，农业农村部门对合格证的核查将成为法定职责，应当严格依法执行。县域在农产品质量安全日常巡查抽检中，通过查看生产记录和现场询问的方式，来查验比对合格证开具的真实性，并且还有通过科学抽样、快检筛查和确证检测的方式，及时验证合格证的有效性。同时，对于合格证核查频次，也将成为基层农产品质量安全执法监管人员考核的重要指标。

二、农产品质量安全信用监管

诚信是社会发展的基石，信用监管是我国行政管理体制改革发展中的一项创新成果。农产品质量安全信用监管主要是通过农产品质量安全保障能力来衡量生产经营主体信用的方式，并依据主体信用状况实施差异化的动态监管手段，实现对守信者“无事不扰”，对失信者“利剑高悬”，从而提升农产品质量安全监管效能和治理水平。对国家农产品质量安全县来说，农产品质量安全信用监管是重塑全域治理理念和机制的关键举措；同时，农产品质对国家农产品质量安全县进一步打造公共区域品牌，提升县域影响力和知名度具有重要推动作用。

（一）农产品质量安全信用监管的重要意义

自2014年《社会信用体系建设规划纲要（2014—2020年）》出台以来，全国各领域均在加快推动信用体系建设。2022年3月29日，中共中央办公厅、国务院办公厅印发《关于推进社会信用体系建设高质量发展 促进形成新发展格局的意见》，紧扣构建新发展格局需要，为各地区各部门进一步推进社会信用体系建设提供了新的行动指南。“十四五”期间，农产品质量安全面临着新要求、新挑战，亟须贯彻新理念、重塑新机制、升级新手段，农产品质量安全信用监管正是符合当前时代要求的重要创新，是实现农产品质量安全监管向主体管理转变的必要途径，是大势所趋，更大有可为。

1. 提升主体诚信意识

生产经营者是农产品质量安全的第一责任人。当前农产品质量安全问题隐患仍然存在，农药兽药残留超标问题时有发生，很大程度上是因为部分生产经营者诚信意识不足、质量安全意识不强，为了提高产量或增加收益作出违法违规行为。生产经营主体之所以这样做，是因为其农产品质量安全好不好、生产经营者诚信意识高不高消费者无从得知，生产经营主体也就无须在乎。农产品质量安全信用监管是对主体质量安全管控意识、能力和水平的全面画像，将生产经营主体的诚信意识量化展示，将农产品质量安全与生产经营主体的信誉、产品宣传等直接挂钩，倒逼其将质量安全管控摆在重要位置。

2. 实现分等分级管理

农产品质量安全的源头是生产主体，只要所有生产主体严格落实安全生产要求，那么就可以充分保障所有的农产品符合质量安全标准，这就是主体管理的核心目标。对于主体落实安全生产要求的具体情况、质量安全管控的程度，需要科学的指标进行评价，并对主体分等分级。农产品质量安全信用监管是对生产主体全面科学评价、分等分级管理的最佳手段，以信用评分将生产主体分为不同信用等级，不仅可以掌握区域内主体管理情况，更可以针对不同等级主体进行精准化监管，显著提高监管资源的利用率。此外，不同的信用等级对生产主体来说意味着在监管力度、政策支持、社会服务等方面的差异化对待，这有助于推动主体主动提升质量安全水平和信用评级，形成良性循环。

3. 强化联合惩戒力度

《农产品质量安全法》对不遵守农药安全间隔期、兽药休药期、超范围或超量使用农药兽药等违法违规行为规定了法律罚则，但在执法实践中，因农业生产方式和农民的特殊性，罚款条款执行难度较大。每年执法整体上以农资案件查办为主，农产品质量安全案件查办得较少。农产品质量安全案件中，又以生产记录不规范和冒用标志的处罚多，涉及药残的处罚少，处罚额度以低限为主。因此，仅靠法律行政处罚产生的震慑力仍然不足，违法违规行为成本仍然较低。农产品质量安全信用监管对存在违法违规行为的失信主体采取联合惩戒措施，从品牌影响、政策支持、社会声誉、金融服务等多方面进行惩戒，能显著提升对违法违规行为的震慑力度，让信用这把“利剑”高悬，让执法监管更加有力有效。

4. 实现农业信用赋能

农产品质量安全信用监管不仅为农产品质量安全监管打开新局面、重塑新手段，同时也为农产品生产经营主体提供了更多获取社会服务、产品赋能的机会，是推动农业产业高质量发展的有效助力。生产经营主体通过立信、评信、示信，打造自身农产品诚信品牌，为产品品牌增加信用赋能，推动实现农产品的优质、优价、优销。农产品质量安全信用赋能还体现在为农业产业引入更多的政策支持和市场化资源，在农产品质量安全信用评分评级的基础上，进一步拓展应用服务场景，推动“农产品质量安全信用 + 金融”“农产品质量安全信用 + 认证”等一系列创新赋能服务，激发农业产业活力。

（二）农产品质量安全信用监管的管理流程

农产品质量安全信用监管的职能在农业农村部门，由省级农业农村部门推动市、县明确具体负责的机构和人员，确定管理职能，开展农产品质量安全信用监管有关的管理工作。农产品质量安全信用管理体系的核心内容为信用信息归集、信用评级评价和信用结果应用三项（图 3–14）。

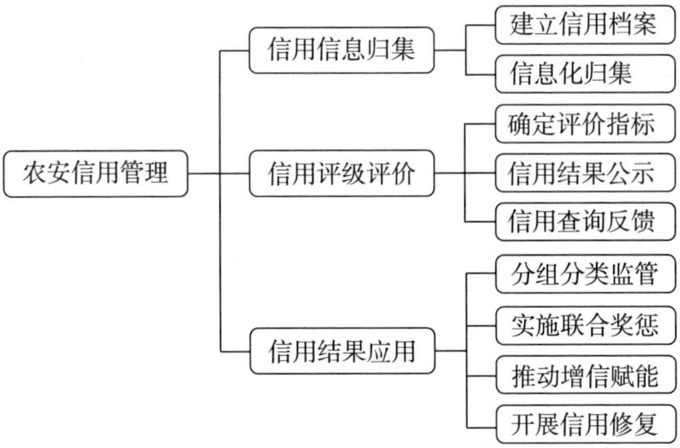

图 3–14　农产品质量安全信用管理要点

1. 信用信息归集

信用信息是开展信用评价、服务等活动的最基本数据，是以信用为基础的新型监管机制的数据支撑。农产品质量安全信用管理应明确信用档案、信息记录、信息核实和归集等方面内容。一是建立信用档案。农产品生产经营者要建立实名制、电子化的主体信用档案。农产品生产经营主体信用档案应涵盖代表着主体信息披露能力、安全生产能力、行业认可水平、质量安全保障水平等方面的内容；由组织实施农产品质量安全信用管理的部门核实信用信息，进而来保障信用信息的规范性、真实性和连续性。二是信息化归集。《加快推进社会信用体系建设，构建以信用为基础的新型监管机制的指导意见》中规定，要充分运用“互联网 + 监管”系统信息归集共享作用，对信用信息做到“应归尽归”。因此，有条件的农产品生产经营主体要使用信息化工具，实现合格证开具记录、投入品采购记录、农事记录、农产品检测记录等信用信息的自动化采集等。同时，行政监管部门要使用信息化工具将日常巡查、监督执法、检验检测等信息自动归集至信用档案。

2. 信用评级评价

信用评级评价是农产品质量安全信用监管中的重点环节。一是确定评价指标。基本依据是要简便、快捷，能客观呈现不同评价指标的权重及各指标的重要性排名，采用统一的农产品质量安全信用评价准则。由于目前尚未建立全国统一的农产品生产经营主体信用评价标准体系，不同地区采取的信用评价标准不尽相同，有的建立农产品质量安全信用管理平台，在信用评级的时候使用了基本信息和质量安全信息，共 21 个指标；有的在农产品质量安全信用评级时，依据主体组织管理、质量安全水平保障、生产管控三大内容细分具体指标。二是信用结果公示。信用信息的充分公开，可以有效消除农产品质量安全监管者、生产经营者和消费者三者之间的信息不对称的问题，也是保障以信用为基础的新型监管机制有效运行的关键环节。农产品质量安全信用信息公示应该通过政府网站或其他正规媒体渠道公开，对于依法不得公开的内容，应采取保密措施，不得公开与披露。三是信用查询反馈。农产品质量安全信用管理要强化信用查询和反馈机制。农产品生产经营主体可以对信用信息和信用评价结果的真实性、准确性提出异议，并可以通过有关部门进行申请核实。

农产品质量安全信用评价主要从信息披露能力、安全生产能力、质量保障能力、品牌发展能力、守信履约能力五个维度进行评价，每个维度包含若干指标（表 3–4）。各地可结合本区域实际情况，对各项指标进行加权和赋分，以实现对主体农产品质量安全信用的科学评价。

表 3–4　农产品质量安全信用评价指标

评价维度	评价指标	指标说明
信息披露能力	主体档案完善度	主体信息披露要真实、完整，包括但不限于身份识别信息、主体生产信息、主体管控信息、品牌发展信息等。主体档案完善度即主体档案已完善的信息占所有应完善的信息的比例
	主体信息更新频率	一定时期内主体自主更新自身信用档案信息的频率，如无信息变化，则需主体定期确认
安全生产能力	管理制度完整度	主体应建立投入品使用管理、田间管理、生产记录管理、无害化处理等制度。管理制度完整度即主体已建立完善的制度占应建立完善制度的比例
	生产记录更新频率	一定时期内主体自主更新生产记录的频率，如无生产活动，则需主体进行定期确认
	人员配备率	具备质量管理员、生产技术员或内检员等管理人员的数量占主体生产规模对应应有配备数量的比例
	人员培训数	一定时期内工作人员参加有关部门、行业协会或自行组织的相关技术培训次数
质量保障能力	合格证开具率	一定时期内合格证规范开具批次占总生产批次的比例
	检测设备配备率	是否配有农兽药残留快速检测设施设备，以及配备检测设备能够检测指标占主体实际用药种类的比例
	产品检测率	一定时期内农产品销售前开展自我检测或委托检测批次占总批次的比例
品牌发展能力	产品认证数	主体通过绿色食品认证或有机产品认证或地理标志农产品登记等且在有效期内的农产品个数
	行业认可度	获得 HACCP 认证、ISO 22000 认证、ISO 9000 认证、良好农业规范（GAP）认证等且在有效期内
	绿色防控覆盖率	应用生态调控、生物防治、物理防治等绿色防控技术亩数占种养总规模的比例
守信履约能力	巡查问题发现数	一定时期内监管部门巡查检查中发现违法违规行为的次数
	监测问题发现数	一定时期内监管部门专项监测、例行监测和监督抽查中发现问题的次数

续表 3-4

评价维度	评价指标	指标说明
守信履约能力	执法处罚数	一定时期内受到各类行政处罚、失信记录、市场监管异常记录次数；受到涉及犯罪的刑事处罚次数
	社会反馈度	一定时期内媒体发布的负面农产品质量安全舆情信息和消费者投诉举报次数

在开展信用信息评价后，可将得分以百分制形式表示（或按比例换算成百分制），根据农产品质量安全信用评价准则的规范，参照表 3-5 对被评价主体进行信用分级。

表 3-5　农产品质量安全信用等级划分及其含义

等级	信用分值	含义
AAA	(90，100]	评价对象农产品质量安全综合水平极好，信用程度很高，具有完整且良好的信用记录，不确定因素对农产品质量安全影响很小
AA	(80，90]	评价对象农产品质量安全综合水平良好，具有良好的信用记录，尽管存在一些影响其未来农产品质量安全的不确定因素，但这些因素对其履行农产品质量安全承诺的能力和意愿的影响较小
A	(75，80]	评价对象农产品质量安全综合水平一般，信用记录正常，但未来易受不确定因素的影响，履行农产品质量安全承诺的能力和意愿有波动
B	(60，75]	评价对象农产品质量安全综合水平很弱，存在个别不良信用记录，未来对农产品质量安全保障的能力有限，履行农产品质量安全承诺的能力和意愿较弱
C	(0，60]	评价对象农产品质量安全综合水平较差，存在不良信用记录，未来对农产品质量安全保障的能力不明朗，履行农产品质量安全承诺的能力和意愿较弱

3. 信用结果应用

信用结果应用是信用记录加工后的增值产品，其应用决定着农产品质量安全信用管理的有效性和可持续性。一是分级分类监管。行政监管部门在日常监管过程中，根据农产品生产经营主体的农产品质量安全信用分，采取不同的监管措施。例如，对于农产品质量安全信用分较高的主体，合理降低抽查比例和频次；对于农产品质量安全信用分一般的主体，按日常的监管和抽查频次管理；对于农产品质量安全信用分较低且存在失信行为的主体，则要增加监管频次。二是实施联合奖惩。近年来，农产品和食品安全问题事件频频发生，道德失范、诚信缺失的现象比较突出，使得人们“谈食色变”，对“吃”心存畏惧。建立失信惩戒机制，使失信记录在多部门间广泛共享，让失信者付出有可能处处受限的成本。同时，建立联合奖励机制，对于守信主体，在项目奖补、品牌推介、金融信贷方面建立跨部门、跨地区、跨领域的信用联合激励机制，进一步提高守信主体的积极性，引导主体做到守法履责、主动担当、带动守信。三是推动增信赋能。未来我国农业将长期以“大国小农”的形式存续并发展。针对小农户要建立增信赋能机制，加强对农户在农产品质量安全生产方面的指导帮扶，引导小农户通过产品品质和特色提高自身竞争力。鼓励小农户通过行业协会和保险机构完善信用信息，增强融资能力，“抱团”突破发展瓶颈。四是开展信用修复。信用修复是完善失信惩戒机制的关键手段，也是引导失信主体主动改过自新的一种方式，失信农产品生产经营者可以通过信用承诺、问题整改、接受教育培训等方式申请信用修复，进而增强全社会诚信意识。

（三）农产品质量安全信用监管的地方实践

农产品质量安全信用监管自 2014 年农业部部署以来，正在各地逐步探索推广。2019 年起，是各地农产品质量安全信用先行先试的快速发展时期，近年来不少省、市、县级农业农村部门着力推进农产品质量安全信用体系建设，形成一系列相对成熟的应用模式。

1. 建德市：数智引领、证信融合、奖惩联动

近年来，建德市以提升农产品质量安全信用为目标、以合格证制度为抓手、以数字化改革为契机，创新模式、深度融合、数智赋能，扎实推进农产品质量安全信用体系建设，取得阶段性成效。2021 年，全市具有农产品质量安全信用等级的生产主体（户）有 663 家，其中 A 级 22 家、B 级 536 家、C 级 105 家，C 级以上主体约占杭州市的 1/5。同时，建德市在草莓、鸡蛋、茶叶等产业上率先探索推行小微主体农产品质量安全信用小 C 等级，截至 2021 年全市共有小 C 等级小微主体 597 家。建德市的主要做法包括以下三点。

一是数智引领，打通农产品质量安全信用应用快车道。在浙江省数字化

改革背景下，“建德数智草莓”平台成为浙江省农业农村厅第一批“先行先试”的跨应用场景。该平台实现“信用＋服务”有机融合，上线后仅用半个月时间就快速复制到建德鸡蛋产业，开启了农产品质量安全信用数字化应用高速通道。第一，多跨协同，拓宽行业应用面。农业农村、税务等部门，银行、保险等机构，农资、农产品等销售企业，入驻该平台提供应用支撑和服务。第二，全程服务，提高信用加速度。聚焦种植养殖产前、产中、产后全过程，为主体提供技术、生产、购销、政策等服务，让生产主体学习技术、采购农资、销售产品、获取贷款、办理保险、享受政策等，实现“最多点一次”。第三，阳光操作，增强信用生命力。通过“小草莓、大信用”农产品质量安全信用场景小故事，以通俗易懂的方式向生产主体解读科学规范建档、动态精准监管、系统自动评分、等级关联应用的模式，让农产品质量安全信用在阳光下运行，形成失信能及时惩戒、守信能及时褒奖的机制。

二是证信融合，铺平农产品质量安全信用主体共富路。在基地准出环节，对食用农产品采取“合格证＋追溯”的形式，让农产品既有“身份证”又有“金名片”，为失信惩戒和守信激励提供载体。2021 年以来，全市印制、使用合格证达 67.9 万张。第一，实行合格证“3832”新模式（三百经营主体、八类定制样式、三个追溯等级、两张合格证件）。按照“要我这么做”向“我要这么做”再向“必须这么做”的思路，创新实施合格证“3832”模式，推动主体（户）从能用向会用、会用向好用、好用向愿用转变。其中，九仙生物的扎带合格证，已成为消费者信赖的小扎带。第二，实行农户溯源管理新模式。将小 C 信用等级农户纳入建德鸡蛋、建德草莓、建德苞茶等公共品牌应用对象，小农户如同规模主体一样，享有“枚枚是信用 蛋蛋有承诺”的建德鸡蛋公共品牌。第三，实行证信互融新模式。把农产品质量安全信用等级要素纳入电子合格证内容，扫描合格证二维码即可看到最新信用等级，通过“以证亮信，以信量证”真正实现“信用＋合格证”的有机融合。

三是奖惩联动，重塑农产品质量安全信用运行新机制。建德市出台农产品质量安全信用联合奖惩十条措施，推动生产主体农产品质量安全逐步由被动监管向主动提升转变。第一，引导好，让主体在“信用＋应用”中得到认可。通过探索推行小微主体农产品质量安全信用小 C 等级，小微主体成为农产品质量安全信用应用对象，促进了小微主体以重信用守承诺来规范种植养殖行为。在建德鸡蛋、建德苞茶、建德草莓等品牌包装中心，实施以农产品质量安全信用等级为核心的准入机制，通过市场倒逼生产主体重视信用。第二，激励好，让主体在“信用＋应用”中得到实惠。推荐农产品质量安全信用等级B级以上规模生产主体和C级以上示范性家庭农场参加省级农产品标准化生产绩效评价，176家主体根据评价结果A级、B级、C级可分别获得建德市财政10万元、5万元、2万元的奖励，兑现奖励资金406万元。2021年，建德市农业农村局和农商银行联合发布“共富·农产品质量安全贷”产品，截至2021年9月底，共为211家信用等级B级以上主体发放贷款1.87亿元，年度预计节省利息405.75万元。第三，监管好，让主体在“信用＋应用”中得到督促。根据主体农产品质量安全信用分值变化、指标预警、信用等级情况，分别实施动态监管、精准监管、分级分类监管的新型监管模式。在产业核心区块（如草莓、稻香、橘子等小镇），推行“信用＋区块网格”的监管模式；在公共品牌行业（如草莓、鸡蛋、苞茶等行业），推行“信用＋行业网格”的监管模式。

2. 青神县：“三制四平台”推动农资信用监管

青神县位于成都平原西南部，是蚕丛故里、中国竹编艺术之乡、中国椪柑之乡、全国农村改革试验区、中央农办三农政策基层联系县。近年来，青神县通过强化“三制四平台”，全力推动农资信用体系建设，成效明显，主要做法有以下三个方面。

一是推行“三制”，奖优罚劣建立信用体系。第一，在农资销售端推行“积分制”。出台《“十二分制”农资管理办法》《农资经营监管扣分细则》，细化农资经营门店在台账管理、销售管理等5个方面23项的扣分标准，以年度为累计记分周期，授予每户农资经营门店12分的考核分，围绕质量安全、农废回收等考核内容开展日常执法检查，根据考核分值将农资门店信用评价分为A、B、C三个等级，对记分周期内扣1 ~ 8分、9 ~ 11分、12分的经销商，分别给予书面通报、停业整顿、吊销许可证等处罚。第二，在农资使用端推行“押金制”。全县120家农资经营门店均配备计算机、扫码枪、回收桶。在销售农药时，收取不低于药品价值10%且不低于1元的农药包装废弃物回收押金，待农户交回农药包装废弃物时退还押金。销售、回收时系统均能记载信息，实现押金收退流程规范化和监管全程化。第三，在全行业推行“有偿制”。对门店形象佳、技术服务强、信誉评价优、废弃物回收率高的门店，每年评选3家

“明星门店”宣传推广，每家奖励2000元；农资经营门店、种植大户、植保组织等交回农药包装废弃物时，给予1400元/吨奖励；对支持配合的新型经营主体优先享受国家相关项目扶持。

二是搭建“四平台”，整合资源实现智慧监管。第一，搭建“农药包装押金收退终端平台”。所有农资经营门店全覆盖安装终端，实现“一物一码”，实时收集销售数据、押金数据。第二，搭建“农药销售管理信息平台”。直观呈现全县农资经营门店分布和当日单个销售、押金执行、农药包装废弃物回收情况。第三，搭建“农药包装废弃物综合监管平台”。建立农药销售、包装回收、押金收退、清运处理等综合数据库。第四，搭建“十二分制信用信息平台”。建立信用档案，全面掌握全县农资经营门店信用等级，实时监测扣分记录，分项统计扣分原因、整改情况，实现信用档案动态管理。

三是实现“三转变”，凸显农资信用管理新成效。自“三制四平台”智慧监管系统建成投运以来，形成对农资门店基本信息、生产信息、管理信息、信用信息全披露完整闭环智慧管理，大大提升了监管实效，主要体现在以下三大转变。第一，变“不好管”为“管得了”。以前监管有法度无手段，通过“十二分制”智慧化监管，可以对当日单个农资门店销售、押金执行、回收情况进行流向追踪和溯源倒查，这就为农业综合执法提供了翔实的信息参考，并且采用书面通报、停业整顿、吊销许可证等处罚方式，可实现有效监管全覆盖。第二，变“管不好”为“智监管”。以前各门店监管主要依靠纸质台账，如今采用电子化手段倒逼农资经营门店规范化管理，提升了主体意识。监管平台每日录入信息上百条，建立了综合数据库，实时分析销售、回收对比数据、农药销售瓶袋比例、药物种类、扣分明细等，大数据分析能够及时反馈农资门店经营存在的问题，同时也为有效指导农户规范使用农业投入品打下基础。第三，变“执行难”为“信用罚”。以前面对门店销售、管理不规范，缺乏治理手段，如今对违法违规行为“拳拳到肉”。2021年以来，累计进行监管105次，累计扣分112分，其中：0 ~ 3分116家，4 ~ 8分6家；吊销营业执照3家；立案调查5起。主要扣分集中在门店管理不规范、台账管理不完善、进货管理混乱等方面。

（四）农产品质量安全信用监管的工作评价

农产品质量安全信用体系建设的核心就是信用信息归集、评价和应用，因此在评价农产品质量安全信用工作开展情况时，也将以这三项指标为主。此外，农产品质量安全信用工作的开展需要依靠信息化平台作为基础，否则相关工作难以开展，因此农产品质量安全信用平台的建设也是工作评价的重要内容（图 3-15）。

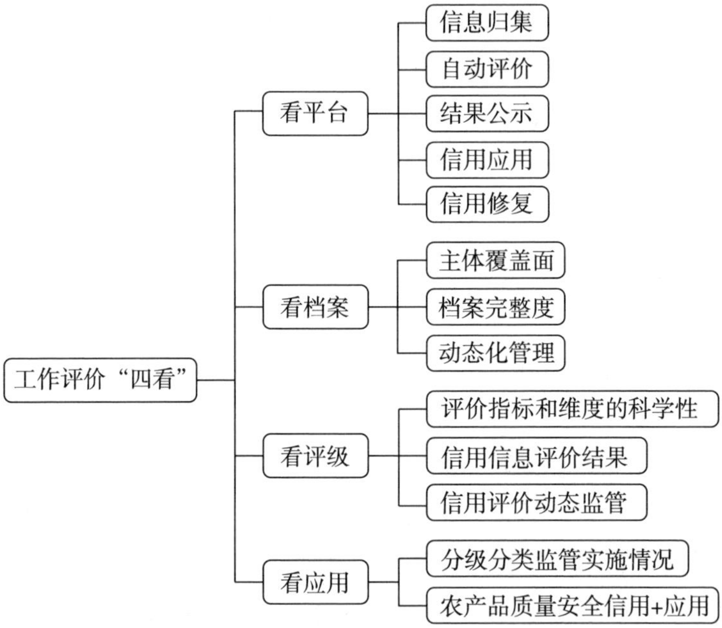

图 3-15　农产品质量安全信用工作评价要点

1. 看平台

信息化平台是开展农产品质量安全信用工作的基础条件，对其最基础的要求就是必须满足对信用信息开展归集、根据归集信息对主体信用进行自动评价、对评价主体的信用等级进行公示等基本功能。此外，信息化系统应该具备操作简洁、展示清楚、管理方便、信息互通等特点。对于一些相对完善的信息化系统，还应进一步完善信用应用、信用修复等功能，与其他现有的监管、服务系统做好业务对接，逐步推动形成以农产品质量安全信用为核心的农产品质量安全信息化管理。

2. 看档案

建立主体信用档案、归集主体信用信息是开展农产品质量安全信用工作的第一步，在评价农产品质量安全信用工作实施情况时，要通过农产品质量安全信用档案查看主体立信和信息归集情况。一是要查看主体档案建立数量和覆盖率，辖区内的规模主体甚至小农户是否都建立了信用档案，以及是否纳入了信用管理。二是要查看主体信用档案的完善程度，是否将信用评价指标需要的信息都进行归集。三是要查看信用档案的动态化管理，县域是否建立了常态化的信用信息采集机制和手段，是否能够保障信用信息及时更新，信用档案是否具备良好的时效性。

3. 看评级

信用信息评级是农产品质量安全信用工作的关键，分级分类监管、信用应用服务等都需要建立在科学评级的基础上，因此信用评级的情况十分重要。一是要查看评价指标和维度的科学性，是否符合农产品质量安全信用监管的基本要求。如果县域以《农产品质量安全信用评价准则》为基础设置指标，则主要查看各项指标的赋分标准与权重。二是要查看信用信息评价结果，即对生产经营主体信用等级的划分是否科学。在现阶段，农产品质量安全信用属于发展初期，信用评价宜以正向激励为导向。以《农产品质量安全信用评价准则》中的五级分级为例，A 级虽然位列第三等级，但其给社会的普遍影响仍然属于“优秀”范畴，大多数主体都应在这一等级，少数管理能力很强、信用水平很高的主体为 AA 级或 AAA 级。三是要看信用评价的动态监管，即信用评价结果是否能按照指标要求和信用信息更新而及时更新，以达到对区域内主体信用的实时监测。

4. 看应用

农产品质量安全信用评价的结果应用决定了这项工作能否形成长效机制，为农业产业切实赋能。在信用应用方面，各地的做法更为因地制宜，具备地方特色，因此在评价时主要考虑两个方面：一是分级分类监管实施情况。分级分类监管是农产品质量安全信用的最基础应用，也是必须具备的应用。评价时主要查看县域对不同信用等级的主体采取的差异化监管措施是否科学，是否有利于提升监管资源的利用效率，同时对守信企业起到激励作用、对评分较差的企业起到督促作用。二是“农产品质量安全信用 + 应用”探索创新情况。主要查看县域以农产品质量安全信用评价为基础，进一步拓展“农产品质量安全信用 + 金融”“农产品质量安全信用 + 合格证”等应用场景的情况。

第五节　品牌化发展

党的十九大报告提出实施乡村振兴战略，2018年中央一号文件提出质量兴农之路，突出农业绿色化、优质化、特色化、品牌化，全面推进农业高质量发展。农产品品牌建设是一项贯穿农业全产业链的系统工程，是助推农业转型升级、提质增效的重要支撑和持久动力。国家农产品质量安全县以县域为单位，以特色优势产业为主线，打造区域农产品质量安全治理样板，这与农业品牌的发展路径不谋而合，两者有极大的互相促进作用。因此国家农产品质量安全县创建必然需要重视品牌培育，将国家农产品质量安全县作为“金字招牌”，打造县域农业品牌发展新格局。

一、品牌化发展的重要意义

质量兴农、品牌强农是农业产业高质量发展的必然要求。对于县域来说，强化农业品牌的培育对全县范围内的农业产业兴旺、农业提质增效、农业主体增收都具有重要意义。

（一）产品提质，产业赋能

农产品品牌是市场经济的产物，是农业市场化、现代化的主要标志。对于县域来说，加快推进农业品牌化发展，有利于促进全县生产要素、管理资源、市场服务等更合理配置，催生新业态、发展新模式、拓展新领域、创造新需求；有利于更好地发挥市场需求的导向作用，减少低端无效供给，增加绿色优质产品，为产业提质增效；有利于强化县域农业产业的核心竞争力，促进乡村产业兴旺，加快农业转型升级步伐。

（二）优质引领，示范带动

品牌农产品往往代表了一个区域内农产品质量安全、产品品质的最高水平，品牌农产品主体往往是区域内的龙头企业、产业带头人，对整个县域的农业产业发展都能够起到优质引领、示范带动的重要作用。在县域内，一些品牌农产品明确了该类农产品的标准化操作规程和产品质量标准，形成诸多“企业＋农户”“合作社＋农户”的生产经营模式，以点带面、以优促优，加快了县域农产品高质量生产的良性发展。

（三）强化带动，全域提升

县域开展公共品牌的培育，特别是国家农产品质量安全县品牌培育，不仅能够直接为头部农产品生产经营主体带来发展和收益，为品牌农产品有关的生产者带来联动效应，更能为全县域范围内的农产品生产经营者和县域农业产业发展带来显著的促进作用。县域在区域公共品牌中投入宣传推广资源，县内的生产经营者即可以借船出海，在良好县域品牌形象的支撑下，用更小的成本实现自身农产品的优质、优价、优销，全面促进县域的农业产业发展，增加生产经营者的收益。

二、培育农产品公共品牌

2021 年中央一号文件强调，“加强农产品质量和食品安全监管，发展绿色农产品、有机农产品和地理标志农产品，试行食用农产品达标合格证制度，推进国家农产品质量安全县创建”。由此可以看出绿色有机地理标志农产品和合格证的“三品一标”与国家农产品质量安全创建都是“十四五”规划推动农业绿色发展的重点任务。

近年来，我国绿色食品、有机农产品和农产品地理标志工作，紧扣“稳发展优供给，强品牌增效益”主线，发展取得明显成效，呈现全面发展、快速发展、高质量发展的态势。2021 年全年绿色有机地标新增获证单位 12 123 家，产品 26 586 个，分别比 2020 年增长 26.1% 和 22.9%。绿色有机地标获证单位总数达到 28 214 家，产品总数达到 59 109 个，同比分别增长 19.4% 和 17.5%。农产品公共品牌为推动农业绿色发展、提高农产品质量安全水平、促进农业提质增效和乡村振兴作出了积极贡献。国家农产品质量安全县作为全国县域推进农业绿色发展的排头兵、品牌强农的先锋队，必然要加强绿色有机等公共品牌的培育与建设，做好以下三项工作。

（一）控速度

从县域层面统筹绿色有机等公共品牌的发展质量和数量，对于品牌农产品覆盖率不高的县，应加大力度提升绿色有机产品认证比例，整体提高县域农产品供应质量；对于绿色有机农产品工作基础较好的县，特别是一些“菜篮子”主产大县，应将工作重心逐步转移到提高产业发展质量上来。认真落实绿色食品产品发展指标，围绕高质量发展目标配置资源。要重视现有的品牌农产品每年持续认证续展，在县域建立续展率与新增产品数挂钩制度机制，如续展率未达到60%，则要查找原因，不能一味追求新增产品数量。增强对长期使用绿色食品、有机农产品标志的企业的政策支持，防止大起大落、大进大出。

（二）提质量

在县域范围内进一步提升农业公共品牌的产品质量，从政府层面加强农产品产地环境监测和评估，改善和提高农业生态环境质量；加快推广产地清洁、投入品减量、生产标准化、废弃物资源化的绿色生产方式；指导广大农户科学用药、合理施肥、节约用水，为农产品公共品牌提供良好的发展环境，全面提高县域农产品生产者的绿色农业生产能力和技术水平。县域还应坚持绿色有机地标精品品牌定位，在本县培育几个规模大、实力强的龙头企业，发展若干品质高、品牌响的优质产品，推动建设高质量、高水平的绿色食品标准化生产基地，增加绿色优质农产品供给，将国家农产品质量安全县打造成全国绿色化、优质化、特色化、品牌化农产品的主要供应源。

（三）增效益

国家农产品质量安全县应通过品牌宣传、市场服务，提升品牌的影响力、竞争力，促进企业增效、农民增收。县委县政府要统筹规划，加强农产品公共品牌与现代农业示范区建设、农产品质量安全监管、农业绿色转型发展、乡村产业振兴、巩固拓展脱贫攻坚成果等工作的深度融合发展，发挥功能作用，扩大社会影响力。此外，县域应进一步统筹推进绿色食品、有机农产品等公共品牌的一二三产业融合发展，推动品牌农产品原料标准化生产基地建设，提高与品牌农产品加工企业的对接率，加强乡村旅游与农产品品牌文化融合，延长产业链，提升产业效益。

三、培育国家农产品质量安全县品牌

相比于其他的县域，国家农产品质量安全县在品牌发展方面的最大优势是，国家农产品质量安全县本身就是一个国家授权、县域自建、社会认可的区域公共品牌，这块招牌既可以用于全县，也可以用于特定的优质农产品或者龙头企业，具有极高的品牌价值。培育国家农产品质量安全县区域品牌，可以从以下三个方面着手开展工作（图 3–16）。

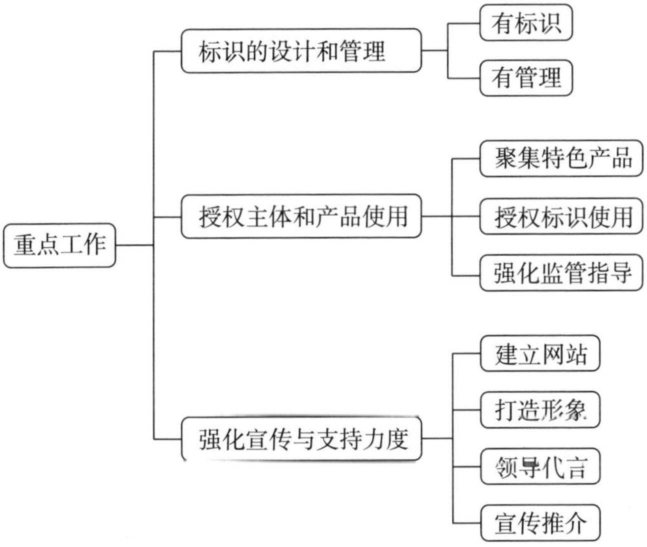

图 3–16　培育国家农产品质量安全县区域品牌重点工作要点

（一）标识的设计和管理

对于一个公共品牌来说，识别度高、传播力强的标识和其背后的管理办法是必备要素，国家农产品质量安全县品牌的建设培育也需要率先由县域确定标识和管理办法。2020 年，农业农村部农产品质量标准研究中心通过网络开展了一次国家农产品质量安全县标志样式的公开征集，并于 2020 年 12 月公布获奖作品，同时也起草了与国家农产品质量安全县标识相配套的管理办法。虽然目前国家层面还未将标识与管理办法公开发布，但仍可以作为县域自行开展有关工作的重要参考（图 3–17）。

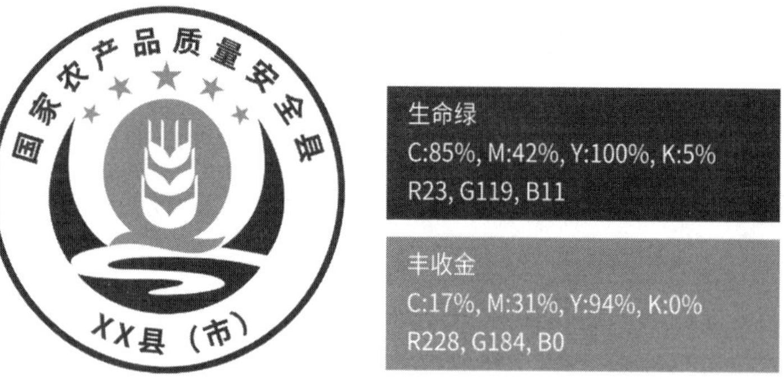

图 3–17　国家农产品质量安全县标识样式参考

图 3–17 为 2020 年农业农村部公开征集标识的一等奖作品，是目前最为成熟的国家农产品质量安全县标识设计。该国家农产品质量安全县标识的核心含义是“守安全底线，创特色品牌”，标识中的元素和意向也都围绕这一主题和国家农产品质量安全县内涵进行设计。其中“五星”象征国家权威认可，也象征着五星级的高质量；“QS”中，“Q”代表质量，“S”代表安全，“Q”在“S”上面也寓意着高质量必须建立在安全底线的基础上，没有安全的质量就是“0”的含义，金色的“Q”也象征着金字招牌；“麦穗”象征农业产业和农产品；“绿叶”象征“安全”“绿色”“健康”的理念，也象征着“菜篮子”产品。标识整体以图章的形式呈现，标注“国家农产品质量安全县”字样和农产品质量安全县（市）名称，寓意农业农村部授予国家农产品质量安全县的荣誉勋章。

在国家农产品质量安全县标识的管理方面，应形成规范化的标识授权、使用、监管等工作制度，可以采用县委县政府或县级农业农村部门遴选授权使用的形式，并参照拟订的《国家农产品质量安全县标志管理办法（试行）》，由县委县政府牵头，县级农业农村部门组织制定。

延伸阅读

国家农产品质量安全县标志管理办法（试行）

第一条　为加强国家农产品质量安全县标志使用管理，提高农产品质量安全县安全、优质、特色农产品品牌影响力，促进农产品质量安全县创建提升，根据《国家农产品质量安全县创建活动方案》和《国家农产品质量安全县考核办法》等相关规定，制定本办法。

第二条　本办法所称国家农产品质量安全县标志，是由农业农村部发布推广的农产品公共品牌标识，标示获得国家农产品质量安全县（市）称号地区生产的农产品，质量安全属性符合农业高质量发展要求。

国家农产品质量安全县标志样式统一，由公共标识与农产品质量安全县（市）名称相结合。

第三条　农业农村部负责国家农产品质量安全县标志的总体指导。

国家农产品质量安全县（市）人民政府农业农村行政主管部门负责其辖区内国家农产品质量安全县标志的使用与管理。

农业农村部农产品质量标准研究中心负责有关技术指导和培训推广。

第四条　农产品生产主体申请使用国家农产品质量安全县标志，应当具备以下条件：

（一）农产品生产自国家农产品质量安全县（市）；

（二）生产过程及农产品符合《中华人民共和国食品安全法》和《中华人民共和国农产品质量安全法》等法律法规规定，产地环境、产品质量等符合国家强制性技术规范要求；

（三）申请主体能够独立承担民事责任，具有稳定的生产基地，且具备完善的质量管理和质量保证体系，具有与生产规模相适应的生产技术人员和质量控制人员；

（四）遵守国家农产品质量安全县标志使用协议，承诺规范使用国家农产品质量安全县标志；

（五）规范开具使用食用农产品合格证；

（六）积极配合县级以上人民政府农业农村行政主管部门的监督检查，

申请前 3 年内无质量安全事故和不良诚信记录。

第五条　生产主体应向国家农产品质量安全县（市）人民政府农业农村行政主管部门提出申请，并提交下列材料：

（一）标志使用申请书；

（二）生产主体资质证明材料及产品检测报告；

（三）产品生产技术规程和质量控制规范；

（四）产品实物样品或者样品图片；

（五）规定提交的其他证明材料。

第六条　国家农产品质量安全县（市）人民政府农业农村行政主管部门自受理申请之日起，应当在 10 个工作日内完成审核。符合条件的，与申请者签订国家农产品质量安全县标志使用协议，并将有关信息报送农业农村部农产品质量标准研究中心；不符合条件的，将相关意见和建议通知申请人。

第七条　国家农产品质量安全县标志使用者发生法定代表人变更、生产技术规程重大变化、生产地域范围或者相应自然生态环境重大变化等情形的，应及时提出标志使用变更申请或说明。

第八条　标志使用人享有下列权益：

（一）在其生产的农产品及其包装、标签、说明书上使用国家农产品质量安全县标志；

（二）在其生产的农产品的广告宣传、展览展销等市场营销活动中使用国家农产品质量安全县标志；

（三）在农产品生产基地建设、农业标准化生产、产业化经营、农产品市场营销等方面优先享受相关扶持政策；

（四）国家农产品质量安全县标志使用协议规定的其他权益。

第九条　未经备案，任何单位和个人不得使用国家农产品质量安全县标志。禁止将国家农产品质量安全县标志用于非授权农产品及其经营性活动。任何单位和个人不得伪造、冒用国家农产品质量安全县标志。

第十条　县级及县级以上人民政府农业农村行政主管部门应当加强国家农产品质量安全县标志监督管理工作，通过开展巡查检查、监督抽查或风险监测，做到每年国家农产品质量安全县标志使用主体监管全覆盖。

第十一条　标志使用人有下列情形之一的，视情节严重情况停用整改或取消其标志使用权：

（一）农产品产地或使用人注册地址不再是农产品质量安全县（市）的；

（二）产品质量不符合食品安全国家标准的；

（三）在各级监督检查中发现产品不合格的；

（四）在各级巡查检查中发现生产规程或产品存在问题的；

（五）违反规定使用标志的；

（六）以欺骗、贿赂等不正当手段取得标志使用权的。

第十二条 国家鼓励单位和个人对国家农产品质量安全县标志进行社会监督。

第十三条 违反本办法规定的，由县级以上人民政府农业农村行政主管部门依照《中华人民共和国农产品质量安全法》有关规定处罚。

第十四条 本办法自20×× 年 × 月 × 日起施行。

（二）授权主体和产品使用

在确定了本县的国家农产品质量安全县标识及管理办法后，即可开展国家农产品质量安全县公共品牌的培育与推广。县域应优先发展培育本县的特色优势农产品，重点先行授权已经认定绿色有机地标等农产品品牌，且长期维持品牌认证的龙头企业，将本县最具特色、最优质的农产品与国家农产品质量安全县绑定。在授权了第一批使用标识的生产主体或农产品后，可以进一步在县域范围内开放申请，提升主体推进高质量发展的积极性。此外，国家农产品质量安全县品牌农产品和主体要注意强化监管指导，实施动态化管理，始终以农产品质量安全的最高水平来要求，不断树立国家农产品质量安全县品牌形象。

（三）强化宣传与支持力度

国家农产品质量安全县品牌与其他公共品牌的最大区别是前者能够整合全县资源，全面强化品牌的宣传与提升，同时培育的品牌也将给县域带来更多的正向反馈。因此对于国家农产品质量安全县品牌的培育，县域应采取一系列的措施，强化宣传与支持，打造县域形象，为品牌发展提供优势助力。一是建立国家农产品质量安全县专题门户网站，介绍县域整体情况、产业发展、农产品质量安全工作等，展示县域的品牌农产品和头部生产主体，建设社会与国家农产品质量安全县的沟通交流渠道。二是打造县域品牌形象，组织设计制作国家农产品质量安全县专题宣传片、品牌宣传标语、县域农业文化展示、品牌吉祥物等一系列的形象识别体系，增强国家农产品质量安全县品牌的认可度和传播力。三是县领导代言，由县委书记、县长代言本县的特色优质农产品，进一步扩大国家农产品质量安全县品牌影响力，同时提高本县生产者积极性，提振消费信心。四是多途径强化宣传推介，利用网络直播、短视频、图文彩信等各种途径，强化国家农产品质量安全县品牌宣传，在政府网站显著位置展示宣传获得的“国家农产品质量安全县”称号、在“百度百科”关于本县词条的“荣誉称号”部分增加完善“国家农产品质量安全县”内容。逐步扩大影响力，让社会共享创建成果。

第四章 国家农产品质量安全县创建考核和指标

·内｜容｜提｜要·

国家农产品质量安全县创建是按照农产品质量安全工作的总体要求，结合创建县本地的实际，强化任务落实，坚持高标准、严要求，加强对农产品质量安全县创建活动的规划指导、过程监督和工作考核。在监督考核过程中，要及时研究解决遇到的新情况和新问题，推动国家农产品质量安全县创建工作创新发展。本章简要介绍国家农产品质量安全县创建考核指标设置，重点阐述工作考核、质量安全水平和群众满意度方面考核指标内容。

第一节　考核指标设置

国家农产品质量安全县创建通过评价考核、示范带动、排名授牌等措施，进一步推动各级政府落实管理责任，完善法规制度，创新监管举措，加大监管力度，整体提升农产品质量安全保障水平和人民群众满意度。2014 年 11 月，农业部印发《国家农产品质量安全县考核办法》，明确了国家农产品质量安全创建的考核指标。考核指标的整体设置分为质量安全工作考核、质量安全水平考核、群众满意度考核三大部分，设置原则上坚持科学性、统一性、全面性和聚焦性四项原则，设置形式上同时包括基础条件考核、工作实施考核和结果考核。

一、总体要求

国家农产品质量安全县创建考核指标包括三大部分，第一部分为质量安全工作考核，重点考核国家农产品质量安全县创建中地方政府属地管理责任、农产品生产经营单位主体责任、农业投入品监管、农产品质量安全监管、农产品质量安全执法、标准化生产推广、农产品质量安全监管体系建设、农产品质量安全制度机制建设八项重点任务的落实情况；第二部分为质量安全水平考核，重点县域“菜篮子”农产品是否有违法使用禁用药物的行为及主要农产品例行监测合格率；第三部分为群众满意度考核，重点考核群众对农产品质量安全专项整治情况、监管部门工作情况、质量安全信息发布和知识宣传普及情况、投诉举报情况、遇到问题的处置情况、质量安全状况等多个方面内容的满意度。

国家农产品质量安全县考核结果得分为三个部分得分的加权求和，其中第一部分工作考核占总分的 60%，第二部分质量安全水平占总分的 20%，第三部分群众满意度占总分的 20%，考核总分值在 90 分（含）以上，且所有关键项均符合要求，视为达到国家农产品质量安全县创建要求。

二、设置原则

从国家农产品质量安全县考核办法上看，考核指标的设置主要遵循了科学性、统一性、全面性、聚焦性四项基本原则。

（一）科学性原则

国家农产品质量安全县创建考核管理，以农产品质量安全水平明显提高、农产品质量安全制度机制健全完善、农产品质量安全监管能力显著加强、农产品质量安全群众满意度不断提升为主要目标，科学设置考核指标。通过创建考核，全面落实地方政府属地责任、政府部门监管责任、生产经营主体责任三大责任，健全投入品监管、产地准出、市场准入、检验监测、质量追溯、预警应急、社会监督等农产品质量安全全程监管制度，完善农产品质量安全行政监管、综合执法、检验检测、基层监管服务等体系。

（二）统一性原则

国家农产品质量安全县创建采用市县创建、省级考评、部级公布并命名的形式和流程，为此相关的考核管理工作是由省级农业农村部门组织开展。国家农产品质量安全县考核指标由国家统一规则、统一办法、统一指标，在充分发挥地方农业农村部门和县域政府积极性的同时，一把尺子量到底，确保结果客观真实、公平公正，力戒形式主义，杜绝弄虚作假。

（三）全面性原则

国家农产品质量安全县创建是对县域所有农产品质量安全工作的全面提升，在县域打造标准化生产的样板区、全程监管的样板区、监管体系建设的样板区、社会共治的样板区。因此国家农产品质量安全县创建工作涉及农产品质量安全治理的方方面面、各个环节、所有相关主体，在考核指标的设置上遵循全面性的原则，全面覆盖地方政府属地管理责任、农产品生产经营单位主体责任、农业投入品监管、农产品质量安全监管、农产品质量安全执法、标准化生产推广、农产品质量安全监管体系建设、农产品质量安全制度机制建设八项重点任务，以及农产品质量安全水平、群众满意度二项关键性结果。

（四）聚焦性原则

国家农产品质量安全县考核指标中即明确了全面保障县域农产品质量安全治理能力和水平的所有指标要点，也在指标中进一步强调了创建农产品质量安全县必须达到的关键要点。三大部分的考核指标中，共有 19 个关键项，其中第一部分工作考核有 15 项关键项，第二部分质量安全水平有 3 项关键项，第三部分群众满意度有 1 项关键项，考核管理办法要求，19 项关键项必须均符合要求，否则即使总分超过 90 分，也不能视为通过考核。聚焦性原则明确了国家农产品质量安全县创建中的基础条件和重点任务，强化了农产品质量安全治理的精准性。

三、设置形式

从国家农产品质量安全县考核的内容形式上看，考核指标的设置同时包括了基础条件考核、工作实施考核和工作结果考核。

（一）基础条件考核

基础条件考核主要涉及第一部分工作考核的部分指标，即考核国家农产品质量安全县创建单位的软硬件条件保障，主要包括农产品质量安全工作在县政府、乡镇和相关部门年度考核中的比重，农产品质量安全工作经费保障，农产品质量安全检测机构、乡镇监管站、信息化平台建设情况等。

开展基础条件考核的主要目的是确保创建单位县委、县政府高度重视农产品质量安全工作，保障县域相关的软硬件条件能够满足全面强化农产品质量安全治理能力和水平的需求。县域的基础条件并不是固定不变的，在开展国家农产品质量安全县创建的过程中，县域应对标重点任务和考核要点，提升基础条件，使其达到要求，已命名的国家农产品质量安全县也须始终保持基础条件满足创建要求，确保不缩水、不倒退。

（二）工作实施考核

工作实施考核主要涉及第一部分工作考核的部分指标，即考核国家农产品质量安全县创建单位全面落实地方政府属地管理责任、依法加强农产品生产经营主体管理、切实强化农业投入品监管、扎实开展农产品质量安全监管、严厉打击违法违规行为、全面推进农业标准化生产、完善创新制度机制等工作的开展情况。

开展工作实施考核的主要目的是督促国家农产品质量安全县按照《国家农产品质量安全县创建活动方案》要求，切实落实八大项重点任务，保障县域的农产品质量安全治理能力能够代表“菜篮子”产品主产县的最高水平。工作实施考核覆盖地方政府、监管部门和生产经营者三类主体，贯穿农产品产地环境、生产管理、投入品使用、监管执法等各个环节。指标设置上既包括考核工作是否开展的决定性指标，也包括考核工作开展数量、质量的量化性指标，是创建考核的主要组成部分。

（三）工作结果考核

工作结果考核主要涉及第二部分质量安全水平和第三部分群众满意度，即考核国家农产品质量安全县创建单位是否存在违法使用禁用药物、非法添加等行为，农药兽药残留超标问题是否有效控制，以及国家农产品质量安全县的创建成果是否能够实现社会共享。

开展工作结果考核的主要目的是最为直观地评价国家农产品质量安全县的创建结果，因为所有基础条件保障和工作落实都是为了确保农产品质量安全水平、提升群众满意度，实现农产品质量安全县创建的总体目标。工作结果考核设置上均为关键项，即农产品质量安全水平和群众满意度必须达到考核要求，否则即使第一部分工作考核达到满分，也不得视为通过考核。

第二节　质量安全工作考核

县乡基层是直接面对农产品生产经营者的主战场。尽管近年来农产品质量安全监管体系建设步伐不断加快，但监管能力弱的问题还很突出，与工作任务要求相比还有很大差距。农产品质量安全县创建以基层为重点，系统推进监管能力建设。因此，农产品质量安全工作考核部分在整个考核中的权重占 60%，该部分包括 48 个考核要点，其中 15 个为关键项，共计 100 分。质量安全工作考核的内容围绕国家农产品质量安全县创建的八项重点任务开展，即地方政府属地管理责任依法履行、农产品生产经营单位主体责任落实到位、农业投入品监管有力、农产品质量安全监管扎实推进、农产品质量安全执法到位、标准化生产全面实行、农产品质量安全监管体系健全、农产品质量安全制度机制基本完善（表 4–1）。

表 4–1　质量安全工作考核指标一览表

序号	一级指标	二级指标
1	地方政府属地管理责任依法履行	组织领导
		绩效考核
		规划计划
		经费保障
2	农产品生产经营单位主体责任落实到位	监管名录和重点监管名录
		人员培训
		过程控制
		产品自检
		无害化处理
3	农业投入品监管有力	市场准入和监管名录
		规范经营
		平台管理
		监督检查
4	农产品质量安全监管扎实推进	隐患排查和监督抽查
		网格化管理
		信息公告

续表 4–1

序号	一级指标	二级指标
5	农产品质量安全执法到位	执法检查
		依法处置
		健全机制
		应急处置
6	标准化生产全面实行	环境监测
		标准入户
		技术推广
		质量安全认证
7	农产品质量安全监管体系健全	监管能力
		检测能力
		执法能力
		设备条件
8	农产品质量安全制度机制基本完善	完善制度
		创新机制

一、地方政府属地管理责任依法履行

地方政府属地管理责任依法履行是确保国家农产品质量安全县创建有力推动的前提和基础，地方政府属地责任包括组织领导、绩效考核、规划计划和经费保障 4 个考核指标（表 4–2）。考核关键项在整个工作考核中占比最高，可见这项工作在国家农产品质量安全县创建中的重要程度。

表 4–2　地方政府属地管理责任依法履行考核要点内容

考核指标	考核要点	是否为关键项
组织领导	严格落实《地方党政领导干部食品安全责任制规定》，党委政府全面加强农产品质量安全保障工作	是
	县级人民政府成立由主要负责同志牵头，发展改革、公安、财政、农业农村、商务、市场监管、生态环境、卫生健康等部门为成员的农产品质量安全工作领导机构，建立工作机制，各部门职责清晰	是
绩效考核	县级人民政府将农产品质量安全工作纳入对乡镇和相关部门的年度考核，所占权重不低于 5%	是
规划计划	农产品质量安全纳入本县国民经济和社会发展规划及主体功能区规划	否
	县级人民政府或县级食品安全委员会制定组织实施农产品质量安全年度工作计划，并将任务分解到政府各部门、各乡镇	是
经费保障	将农产品质量安全监管、检测、执法等各项工作经费列入县乡两级财政预算，满足实际工作需要	是

（一）组织领导

考核指标

严格落实《地方党政领导干部食品安全责任制规定》，党委政府全面加强农产品质量安全保障工作。

县级人民政府成立由主要负责同志牵头，发展改革、公安、财政、农业农村、商务、市场监管、生态环境、卫生健康等部门为成员的农产品质量安全工作领导机构，建立工作机制，各部门职责清晰。

【目的意义】

一是要求县级人民政府要对农产品质量安全工作负总责，县委、县政府要高度重视、“一把手”要亲自抓，在处理各种利益关系的时候，要把农产品质量安全工作摆到重要位置。二是部门之间要加强协作，创建国家农产品质量安全县不仅是农业农村部门的任务要求，也需要各部门协调配合。

【主要内容】

国家农产品质量安全县创建单位的县委、县政府需要做到严格落实《地方党政领导干部食品安全责任制规定》，全面加强农产品质量安全工作，建立地方党政领导干部食品安全工作责任制，应当遵循以下原则：一是坚持党政同责、一岗双责，权责一致、齐抓共管，失职追责、尽职免责；二是坚持谋发展必须谋安全，管行业必须管安全，保民生必须保安全；三是坚持综合运用考核、奖励、惩戒等措施，督促地方党政领导干部履行食品安全工作职责，确保党中央、国务院关于食品安全工作的决策部署贯彻落实。

县、乡两级党委、政府党政主要负责人是本地农产品质量安全第一责任人，要将农产品质量安全工作列入党委、政府重要议事日程。要成立由主要领导牵头的农产品质量安全工作领导机构，加强组织协调，明确部门职责，强化保障措施。县政府要把农产品质量安全工作纳入政府重要议事日程。

【典型示例】

湖北省五峰县实行创建工作县委书记、县长双组长领导，分管副县长任副组长，职能部门和乡镇相互配合、各司其职，形成合力推动监管工作落实落地。整合县农产品质量安全监督检验站、县种子管理局、县农业综合执法大队、县植物检疫站，成立县农产品质量安全监督管理局。乡镇农产品质量安全监督管理站与乡镇农业服务中心合署办公，实行双重领导管理体制，用最顺畅的体制解决了农产品质量安全监管基层“缺脚”的问题。

（二）绩效考核

考核指标

县级人民政府将农产品质量安全工作纳入对乡镇和相关部门的年度考核，所占权重不低于5%。

【目的意义】

一是以考核促落实，以考核提实效，该指标重点是通过考核提高基层对农产品质量安全工作的重视程度。二是压实各级部门的监管责任和乡镇的属地责任，推动安全县创建各项工作有力有序开展。

【主要内容】

《地方党政领导干部食品安全责任制规定》规定将食品安全工作纳入地方党政领导干部政绩考核内容，国家农产品质量安全县创建则要求进一步强化考核这个指挥棒。国家农产品质量安全县创建要求县政府强化两个方面的考核，一是将农产品质量安全工作纳入对乡镇政府的年度考核；二是将农产品质量安全工作纳入对县级人民政府有关主管部门的年度考核，即农业农村、市场监管、公安、卫生、商务等部门考核。

县政府要将农产品质量安全监管工作纳入对各乡镇及相关部门的年度考核，以《食品安全法》《农产品质量安全法》等法律确定的政府和部门监管责任为基础，科学制定乡镇、部门的绩效考核目标。加强部门内部考核，以各自职责和本年度目标任务为基础，制定部门内部考核制度，加大监督检查力度，落实监管责任。将农产品质量安全工作纳入乡镇及相关部门年度考核，所占权重不低于5%。

【典型示例】

湖北省云梦县委、县政府将农产品质量安全监管工作纳入相关部门、各乡镇（开发区）的工作绩效考核体系，在绩效考核中农产品质量安全监管工作占比达5%以上。每年与各部门及各乡镇（开发区）签订《年度综合目标管理责任书》《农产品质量安全管理目标责任书》，对农产品质量安全进行单独考核。

【关键点】

该考核指标中的关键点是农产品质量安全工作占比权重在5%以上，指的是在相关部门中的所有工作中农产品质量安全工作的权重要在5%以上。

（三）规划计划

考核指标

农产品质量安全纳入本县国民经济和社会发展规划及主体功能区规划。

县级人民政府或县级食品安全委员会制定组织实施农产品质量安全年度工作计划，并将任务分解到政府各部门、各乡镇。

【目的意义】

一是明确农产品质量安全工作的重要性，督促县域对已经纳入相关规划的农产品质量安全工作目标要求，要有力推进、确保落实。二是制订年度计划可以使安全县创建目标更加清晰，分解到政府各部门、各乡镇的任务也会更加明确。三是促进各创建部门及相关单位协作配合，提高工作效率。

【主要内容】

国家农产品质量安全县创建对规划计划的考核要点，具体分为从长期战略的角度纳入相关规划内容和从每年具体工作的角度制订重点工作计划两个方面。国民经济和社会发展规划是全国或某一地区经济、社会发展的总体纲要，即通常所说的“五年规划”。主体功能区规划是对全国或某一地区国土空间开发的战略性、基础性和约束性规划，包括财政、投资、产业、土地、农业、人口、环境等相关内容。县域主体功能区规划更具体涉及全县的功能分区、发展定位、重点产业，针对农业将明确产业和功能区布局，发展战略和目标等。国家农产品质量安全县创建要求将农产品质量安全纳入县域的国民经济和社会发展规划及主体功能区规划，实际上各地的“十四五”规划等文件，对标中央层面的部署要求，基本都将农产品质量安全、高质量发展等纳入了规划内容。

国家农产品质量安全县创建要求县级政府或县级食品安全委员会充分领会贯彻国家层面有关工作的年度计划，结合本县县域发展和农业产业的实际情况，制订并发布县级农产品质量安全工作的年度计划。在年度计划中，应明确各政府部门的职责分工，各项具体工作、重点任务和年度目标应确保责任划分到部门。同时，应明确乡镇一级的农产品质量安全工作任务，确保年度计划中的有关工作任务落实到乡镇和村级。

【典型示例】

2016 年，广东省云浮市、县两级政府将农产品质量安全监管纳入国家经济和社会发展规划及主体功能区规划，制定并组织实施农产品质量安全监管年度工作计划，并将其纳入《云浮市国民经济和社会发展第十三个五年规划纲要》。同时，围绕科学发展和提升质量两大主题，云浮市还专门制定了《云浮市农业农村“十三五”发展规划》和《云浮市现代特色农业发展总体规划（2016—2020 年）》，持之以恒地推进农产品质量安全监管。

（四）经费保障

考核指标

将农产品质量安全监管、检测、执法等各项工作经费列入县乡两级财政预算，满足实际工作需要。

【目的意义】

要求县级政府和乡镇政府层面将农产品质量安全相关工作经费列入财政预算，目的是确保农产品质量安全工作开展和国家农产品质量安全县创建有足够的经费，保障相关工作持续有效开展。

【主要内容】

依据2022年《农产品质量安全法》第八条的规定："县级以上人民政府应当将农产品质量安全管理工作纳入本级国民经济和社会发展规划，所需经费列入本级预算，加强农产品质量安全监督管理能力建设。"《地方党政领导干部食品安全责任制规定》第八条等规定，要建立健全食品安全财政投入保障机制，保障监管、执法部门依法履职必需的经费和装备，是确保农产品质量安全工作有力开展的前提条件。

在经费保障方面，国家农产品质量安全县创建有两项基本要求。一是经费要有，即将农产品质量安全监管、检测、执法等各项工作经费列入县乡两级财政预算。二是经费要够，即农产品质量安全监管经费的预算数量要能够满足实际工作需要，同时国家农产品质量安全县创建还要求每年县域农产品质量安全监管工作经费预算的增长幅度需要高于经常性财政收入增长服务，以确保每年农产品质量安全治理能力和水平持续提升。

【典型示例】

从近年来对国家农产品质量安全县走访调研来看，县域农产品质量安全监管经费存在较大差异。由于我国区域间的经济发展差异较大，全国不同省份的县域，每年农产品质量安全工作有关的财政预算具有较大的差别，各省份内部不同的县域，其农产品质量安全工作财政预算同样差异显著。东部地区以浙江省为代表，省级年度监管经费约7000万元，全省85个涉农县，其中9个县每年专项监管经费超过200万元；18个县每年监管经费为100万～200万元；27个县每年监管经费为50万～100万元；31个县每年监管经费小于50万元，个别县不足20万元。中部地区以河南省为代表，省级年度监管经费约3000万元，全省共有148个涉农县，其中5个县每年监管经费超过200万元；19个县每年监管经费为100万～200万元；15个县每年监管经费为50万～90万元；36个县每年监管经费为30万～50万元；40个县每年监管经费为20万～30万元；33个县不足10万元。西部地区以陕西省、四川省为代表，陕西省省级年度监管经费约5000万元，共有104个涉农县，其中2个县每年监管经费超过300万元，4个县每年监管经费为200万元，17个县每年监管经费为50万～100万元，45个县每年监管经费为20万～30万元，36个县不足20万元。四川省省级年度监管经费约为1亿元，全省共有176个涉农县，其中5个县每年监管经费超过300万元，60个县每年监管经费为50万～100万元，70个县每年监管经费为20万～30万元，41个县不足20万元。

二、农产品生产经营单位主体责任落实到位

农产品生产经营单位主体责任落实到位是保障国家农产品质量安全县的产地农产品质量安全的根本要求。农产品生产经营单位主体责任包括监管名录和重点监管名录、人员培训、过程控制、产品自检、无害化处理5个考核项目（表4-3）。

表4-3　农产品生产经营单位主体责任落实到位考核要点

考核项目	考核要点	是否为关键项
监管名录和重点监管名录	建立农产品生产销售企业、农民专业合作社、家庭农场、社会化服务组织、种养大户、畜禽屠宰企业、收购储运企业、经纪人和农产品批发、零售市场等生产经营主体名录并及时更新，依据生产经营主体风险状况建立重点监管名录并及时更新	是
人员培训	对纳入名录的农产品生产经营主体责任告知率、培训率达到100%；对农户开展告知和相关培训	否

续表 4–3

考核项目	考核要点	是否为关键项
过程控制	农产品生产企业、农民专业合作社、家庭农场等新型生产主体设立公示栏，公示主体风险等级、监管人员等信息和生产操作规程等	否
	农产品生产企业、农民专业合作社、家庭农场等新型生产主体全面落实农产品生产操作规程和生产记录制度，科学合理使用农业投入品，积极采用控肥控药等技术，严格执行禁限用农兽药管理、休药期间隔期等规定	否
	全面落实承诺达标合格证制度，符合条件的农产品生产经营主体应开尽开。鼓励引导农户等其他主体开具使用承诺达标合格证	否
	从事农产品收购的单位或者个人按照规定收取、保存食用农产品承诺达标合格证或者其他质量安全合格证明，对其收购的农产品进行混装或者分装后销售的，按照规定开具食用农产品承诺达标合格证。农产品批发市场建立健全食用农产品承诺达标合格证收取制度	否
产品自检	农产品生产企业、农民专业合作社根据质量安全控制要求自行或者委托检测机构对农产品质量安全进行检测	否
	屠宰企业落实入场查验登记并留存检测结果报告等材料、“瘦肉精”检测、肉品品质检验和产品流向登记等制度	否
无害化处理	建立病死畜禽和病害畜禽产品及不合格农产品无害化处理机制，无害化处理率达到 100%	否

（一）监管名录和重点监管名录

考核指标

建立农产品生产销售企业、农民专业合作社、家庭农场、社会化服务组织、种养大户、畜禽屠宰企业、收购储运企业、经纪人和农产品批发、零售市场等生产经营主体名录并及时更新，依据生产经营主体风险状况建立重点监管名录并及时更新。

【目的意义】

建立监管名录和重点监管名录的目的是掌握县域内所有农产品生产经营者

的基本情况和生产经营信息，夯实农产品质量安全工作的管理基础，确保监管工作不留死角和盲区。

【主要内容】

监管名录中应包括辖区范围内所有农产品生产销售企业、农民专业合作社、家庭农场、社会化服务组织、种养大户、畜禽屠宰企业、收购储运企业、经纪人和农产品批发、零售市场等生产经营主体，有条件的地方还应掌握所有散户的基本情况。监管名录中的生产经营者信息应该尽量全面，至少需要包括名称、类别、所属产业、所在乡镇和村、主要生产或经营产品、主体规模、负责人、联系人、联系方式等信息，有条件的还应记录监管对象的地理位置、基层监管或协管负责人、农产品质量安全基本情况、风险等级、合格证开具情况、日常巡查检查记录情况等信息。县域内各政府部门之间应做到监管名录互联互通，信息共享。

【典型示例】

宁夏回族自治区贺兰县建立农产品生产经营主体监管名录制度，要求农业农村局直属各站中心按照行业管理原则，对辖区内所有农产品生产经营主体进行调查摸底、登记备案并建立监管名录。各乡镇农产品质量安全监管站按照属地管理原则将辖区内农产品生产企业、种植养殖大户、收购储运企业、经纪人和农产品批发、零售市场等规模化生产经营主体全部纳入监管名录，归类建档，明确生产经营者的主体责任。由农业农村局农产品质量安全中心汇总建立全县农产品生产经营主体监管名录，并通报相关生产服务指导和质量安全监管执法部门。县乡监管名录每 1 ~ 2 年更新一次。农业农村局各站中心、乡镇农产品质量安全监管站要按照“产管并举”原则，指导督促辖区内农产品生产企业、农民专业合作社、家庭农场、种养大户等各类农产品生产主体按照不同的农作物品种和最小生产单位建立健全生产记录制度。农业农村局各站中心、各乡镇农产品质量安全监管站加强对农产品生产经营的服务指导和监督检查，督促农产品生产企业落实生产记录、质量承诺和从业人员培训制度，严格执行禁限用农药兽药管理、农药兽药休药期（安全间隔期）等规定。

（二）人员培训

考核指标

对纳入名录的农产品生产经营主体责任告知率、培训率达到100%；对农户开展告知和相关培训。

【目的意义】

人员培训是对生产经营主体开展的责任告知和生产指导培训，是农产品生产经营主体责任落实到位的必要过程。设置该考核指标的目的是让生产经营主体掌握农产品质量安全知识，推动先进的农业生产技术及其操作规范在农业生产中得到有效应用，保障农产品质量安全。另外，要求县域内的农业农村部门和科技推广机构要落实职责，强化其在农产品质量安全工作中的责任。

【主要内容】

国家农产品质量安全县创建要求对纳入名录的农产品生产经营主体责任告知率、培训率达到100%；对农户开展相关培训。该要点包含告知和培训两部分内容。

1.告知生产经营主体责任

生产经营主体是农产品质量安全的第一责任人，《农产品质量安全法》规定了农产品生产经营主体的一系列法定责任，包括建立农产品生产记录，合理使用农业投入品，严格执行农业投入品使用安全间隔期或者休药期的规定，防止危及农产品质量安全，对农产品质量安全状况进行检测等。国家农产品质量安全县创建在人员培训方面，首先应对生产经营主体做好相关法律责任和知识的宣传和贯彻落实工作，确保生产经营主体100%知晓。

延伸阅读

××县农产品质量安全告知书

全县各农产品生产经营主体：

为增强农产品质量安全意识，明确生产者主体责任，根据《农产品质量安全法》等法律法规，现将农产品生产主体的法定义务和相关要求告知你们，请认真遵守。

一、履行主体责任

农产品生产企业、农民专业合作社、家庭农场、种养大户等农产品生产者是农产品质量安全的第一责任主体，要牢固树立质量安全第一的理念。各生产主体主要负责人对农产品质量安全负主要责任，质量安全主管人员负直接责任。农产品生产企业、合作社、家庭农场要建立岗位责任制，责任到人，加强全过程质量安全管理。

二、承担法定义务

自觉遵守《食品安全法》《农产品质量安全法》等法律法规和政府规范性文件。严禁使用禁限用农药、兽药及非法添加物；严禁超剂量、超范围使用农药、兽药、饲料添加剂、食品添加剂；严禁销售病死、毒死或者死因不明的禽、畜、兽、水产动物及其产品；严禁销售未按规定进行检疫或者检疫不合格的动物及其产品；严格执行农产品包装、标识、贮存、运输等相关规定。因农产品质量安全问题对社会和他人造成不良后果的，依法承担经济和法律责任。对非法使用禁用农药、兽药或非法添加有毒有害物质、销售病死动物及滥用农药、兽药、添加剂等涉嫌违法犯罪的，依法承担刑事责任。

三、坚持诚信生产

严格按照标准组织生产，诚信自律，不生产、销售不符合质量安全标准的农产品。购买农资产品到正规农资单位购买，做到索证索票，谨防假劣违禁农资。使用农药、兽药等投入品前要仔细阅读标签，按规定使用，自觉遵守农药安全间隔期、兽药休药期；做好农药等包装废弃物和农用薄膜清理、回收和生产场地的清洁工作，保护产地环境。依法建立农产品生产记录，并保存二年。鼓励开展农产品质量安全全程追溯管理，鼓励建立和应用电子化生产档案，鼓励使用食用农产品合格证和追溯电子二维码标识。

四、主动接受监督

服从各级监管部门管理，主动接受社会监督，无正当理由不得拒绝监管部门检测和监督抽查，积极配合监管和技术人员巡查和指导。规模农产品生产者在农产品上市前应当自行或者委托检测机构对生产的农产品质量安全状况进行检测，对检测合格的农产品，应当开具农产品合格证，检测不合格的农产品不得销售。其他农产品生产者在销售农产品时应按规定自行出具农产品合格证，做到产品可追溯、流向可追查、责任可追究，严防不合格农产品流入市场。

××县人民政府

××××年××月××日

2. 培训安全生产要求和技术

合理使用农业投入品，严格执行农业投入品使用安全间隔期或者休药期规定，是安全生产合格农产品的前提。创建单位农业技术推广、农产品质量安全监管等有关部门应做好生产经营主体安全生产要求和技术的培训工作。应确保全域生产经营主体100%知晓禁限用农药或禁用、停用兽药清单；100%知晓农药安全间隔期、兽药休药期规定。同时应加强对实际控药方法、标准化生产等的技术培训。

在2022年修订版《国家农产品质量安全县考核办法》中，特别在人员培训一项中增加了对农户开展相关培训的要求。因此，创建单位应将农户纳入每年的培训计划，有针对性地对农户开展培训教育，提升广大农户的法律意识、质量安全意识和自我管控能力。

延伸阅读

农药安全使用明白纸

购买农药，看清标签。购买农药要到正规农资经营店购买。国内生产和进口到国内分装的合格农药按照《农药标签与说明书管理办法》规定，标签和说明书上要清晰地标注有农药名称、有效成分（中文）及含量、农药登记证号、有效期、使用方法、注意事项、中毒急救措施等，使用人要严格按照说明书使用。

农药存放，远离食品。农药经销商和农户购买的农药，不得与粮食、蔬菜、瓜果、食品及日用品等物品混存。农民朋友最好即买即用，剩余农药要存放在安全的地方。严禁人、畜、家禽接触到农药或者到施用过农药的粮仓或田块。

防治病虫，科学用药。对农作物病、虫、草、鼠害，采用综合防治技术，按照农业植保部门的推荐用药，采用正确施药方法施药。不得随意加大用药剂量和改变施药方法。必须注意农药施用安全间隔期，保证农产品采收时农药残留不超标。熏蒸存放种子、粮食的库房，在使用农药熏蒸防治病虫时，人、畜不能长时间滞留，熏蒸设施要安全无泄漏，人畜要远离熏蒸库房或房间，更不能在熏蒸库房或房间内生活或休息。

田间施药，注意防护。喷施农药应在天气晴好、风力3级以下环境进行，不能逆风喷施。施药时必须穿防护服，戴口罩、帽子和防护手套。夏季高温季节施药，要在上午10点前和下午3点后进行，严禁中午高温施药；严禁年老、体弱、带病、孕妇等人员施药；严禁施药人员直接用手取药或搅拌农药；严禁使用滴漏、喷头堵塞的药械施药。施药结束后，要立即清洗施药器具，以免腐蚀器具和造成药害（特别是除草剂）。用肥皂清洗全身，更换干净衣物。用过的农药包装（空瓶、袋）不得随意乱丢，应深埋或焚烧处理。

做好宣传和禁限用农药使用指导工作。农业农村部已陆续发布公告，全面禁止甲胺磷、对硫磷、甲基对硫磷、久效磷和磷胺等高毒有机磷农药在农业生产中使用；限制使用的氧化乐果、甲拌磷、甲基异柳磷、克百威等农药，一定要在限制范围内使用。农业农村部门和农资经销商要做好宣传工作，农药销售单位要健全农资进销货台账，特别是对限制使用农药要详细记录限制使用农药的来源、购买人、购买用途等，并做好所销售农资的技术指导工作。

农药中毒，及时抢救。施药人员如出现头痛、头昏、恶心、呕吐等农药中毒症状，应立即离开施药现场，脱掉污染衣裤，及时带上农药标签到医院治疗；特别严重的要及时报告当地政府。

来源：泰安市农业农村局

【典型示例】

浙江省嘉善县牢固树立“宣传也是监管，培训也是推进”的工作理念，不断创新培训形式、深化培训内容。邀请浙江省农业农村厅专家对创建各相关单位负责人进行专题培训，组织全县监管员、种植养殖大户赴浙江大学进行专题培训。采取“走出去”的方式，组织生产主体赴外地考察学习等。

（三）过程控制

考核指标

农产品生产企业、农民专业合作社、家庭农场等新型生产主体设立公示栏，公示主体风险等级、监管人员等信息和生产操作规程等。

农产品生产企业、农民专业合作社、家庭农场等新型生产主体全面落实农产品生产操作规程和生产记录制度，科学合理使用农业投入品，积极采用控肥控药等技术，严格执行禁限用农兽药管理、休药期间隔期等规定。

全面落实承诺达标合格证制度，符合条件的农产品生产经营主体应开尽开。鼓励引导农户等其他主体开具使用承诺达标合格证。

从事农产品收购的单位或者个人按照规定收取、保存食用农产品承诺达标合格证或者其他质量安全合格证明，对其收购的农产品进行混装或者分装后销售的，按照规定开具食用农产品承诺达标合格证。农产品批发市场建立健全食用农产品承诺达标合格证收取制度。

【目的意义】

优质安全的农产品是生产出来的，该考核指标设置的目的是让生产者主动担起责任，从“产出来”一侧自我把关，落实农产品生产操作规程、生产记录制度和合格证制度。对标《农产品质量安全法》中的有关要求和规定，确保其所生产经营的农产品安全。

【主要内容】

在过程控制考核方面，主要包括生产经营主体主动公示、科学合理使用农业投入品和全面落实合格证制度三个重点内容。

1.生产经营主体主动公示

要求农产品生产企业、农民专业合作社、家庭农场等新型生产主体设立公示栏，公示主体风险等级、监管人员等信息和生产操作规程等。生产经营主体主动公示，一方面进一步明确了生产经营主体的质量安全责任；另一方面也有助于督促生产经营主体严格落实过程管控要求，接受社会监督。该考核要点主要依据《农业农村部关于加强乡镇农产品质量安全网格化管理的意见》的要求，在农产品生产企业、农民合作社、家庭农场生产基地醒目位置公示生产主体基本情况、质量安全责任人、质量安全承诺书及网格监管员、协管员（信息员）信息，张贴禁限用农药兽药名录等，可参考重庆市涪陵区农产品质量安全监督信息公示（图 4–1）。

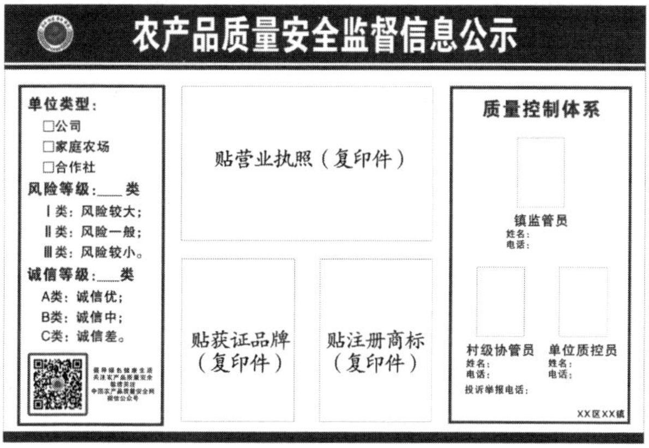

图 4–1　农产品质量安全监督信息公示

鼓励各地农业农村部门在公示信息中因地制宜增加生产主体农产品质量安全风险等级、信用评级等信息。生产经营主体公示应由县级农业农村部门组织牵头，指导乡镇农产品质量安全监管机构和生产经营主体完成，国家农产品质量安全县创建单位可以统一设计本县生产经营主体公示栏的样式、内容，并在公示栏中标明“国家农产品质量安全县”字样和 LOGO 等。

2.科学合理使用农业投入品

要求农产品生产企业、农民专业合作社、家庭农场等新型生产主体全面落实农产品生产操作规程和生产记录制度，科学合理使用农业投入品，积极采用控肥控药等技术，严格执行禁限用农兽药管理、休药期间隔期等规定。

延伸阅读

农药安全间隔期和兽药休药期

农药安全间隔期是指最后一次施药至放牧、收获（采收）、使用、消耗作物前的时期，也就是自喷药后到残留量降到最大允许残留量所需间隔时间。《农药管理条例》中规定，用于食用农产品的农药标签应当标注安全间隔期，农药使用者在农产品收获前应当按照安全间隔期的要求停止使用该农药。

兽药休药期也叫消除期，是指动物从停止给药到许可屠宰或它们的乳、蛋等产品许可上市的间隔时间。《兽药管理条例》中规定，有休药期规定的兽药用于食用动物时，饲养者应当向购买者或者屠宰者提供准确、真实的用药记录；购买者或者屠宰者应当确保动物及其产品在用药期、休药期内不被用于食品消费。

建立生产记录是农产品生产经营主体确保自身科学合理使用农业投入品的基本手段，也是乡镇监管人员日常巡查检查的内容之一。《农产品质量安全法》规定建立农产品生产记录，要如实记录以下事项：一是使用农业投入品的名称、来源、用法、用量和使用、停用的日期；二是动物疫病、植物病虫草害的发生和防治情况；三是收获、屠宰或者捕捞的日期。严格执行禁限用农药兽药管理是确保农产品质量安全的最底线要求。

《农产品质量安全法》规定，禁止在农产品生产过程中使用国家明令禁止使用的农业投入品；含有国家禁止使用的农药、兽药或者其他化学物质的农产品不得销售，包括农业农村部公布的禁限用农药名录中的农药、农业农村部公告公布的食用动物中禁止使用的药品及其他化合物清单、农业农村部公告公布的在食品动物中停止使用的兽药等。科学合理使用农业投入品，还要求农产品生产经营主体要在农药兽药规定的范围内，按照使用方法和剂量、使用技术要求和注意事项使用农兽药，不得扩大使用范围、加大用药剂量或者改变使用方法。

3. 全面落实承诺达标合格证制度

合格证是农产品生产经营主体在自控自检的前提下，自我承诺其生产的农产品质量安全符合农药兽药残留等国家标准，自主开具的质量安全合格标识，是落实生产经营主体责任、强化农产品产地准出市场准入衔接的重要抓手。

在合格证制度落实方面，根据农业农村部印发的《全国试行食用农产品合格证制度实施方案》和《农业农村部办公厅关于加快推进承诺达标合格证制度试行工作的通知》要求，应重点做好以下两点工作。

一是要求符合条件的农产品生产经营主体应开尽开，鼓励引导农户等其他主体开具使用合格证。合格证在全国试行阶段要求蔬菜、水果、畜禽、禽蛋、养殖水产品五大类农产品的生产企业、合作社和家庭农场在销售农产品时应开具合格证。国家农产品质量安全县作为制度创新的示范样板，应率先推动辖区内上述生产经营主体全部规范化、常态化开具合格证，并掌握生产经营主体开具合格证的情况，同时应尽力提高合格证在小农户中的覆盖率。创建单位可以在乡镇、村设立农产品质量安全服务站，为区域内的农户、生产主体提供自助的快速检测、合格证开具服务，带动周边农户更好地落实自控自检的管控要求。

二是要求从事农产品收购的单位或者个人、食品生产者、餐饮服务提供者按照规定收取、保存合格证或者其他质量安全合格证明材料。农产品批发市场开办者查看进入市场的农产品的合格证或者其他质量安全合格证明材料。合格证是衔接农产品产地准出和市场准入的有效手段，也是生产、产地收购、进入批发市场等环节中，有关主体实施过程管控的有力抓手。从事农产品收购的单位或者个人、食品生产者、餐饮服务提供者应当建立进货查验的制度，收取并保存农产品生产者开具的合格证；如果进一步对收购的农产品进行分装销售，则同样应该开具合格证，承诺其履行了进货查验责任，且在收购、储存、运输等过程中没有非法添加等违法违规行为。农产品批发市场开办者应根据《食用农产品市场销售质量安全监督管理办法》规定，查看进入市场的农产品的合格证。如果入市销售者无法提供合格证或其他质量安全合格证明，则必须先经过入市检测，检测合格后才能够进入市场销售。

【典型示例】

广东省佛山市高明区全面要求生产经营主体建立并落实《畜禽养殖档案》

《水产养殖档案》《肥料进出库记录》《农药进出库记录》《种子进出记录》《田间作业管理记录》《采收销售记录》《生猪产品出厂（场）记录表》等记录档案，严格执行禁限用农药兽药管理、农药兽药休药期（安全间隔期）等规定。佛山市高明区有 24 个区级以上“菜篮子”基地，100% 实行上市前自检或委托检测，18 个基地建有农残检测室。

山东省寿光市研究出台《农产品质量安全领域“红黑名单”管理办法（试行）》，以信用惩戒倒逼生产经营者遵规守法、安全生产。全面落实食用农产品合格证制度，实现农产品“带证明上网、带编码上线、带标识上市”。整合农产品生产、农资实名制销售、农产品质量检测、农产品交易等大数据资源，实现全程质量信息化智慧追溯。实行“拉网式”排查。做到上市蔬菜抽检“全覆盖”，2020 年共抽检蔬菜样品 9.8 万批次，产品质量合格率 99.6%。同时督促合作社加强蔬菜质量自检，全市已规范建设蔬菜检测室并正常开展自律性检测的合作社达 530 家。

浙江省德清县推进合格证制度。对镇街道考核设置了合格证开具数的考核指标；为了鼓励农业主体使用追溯设备，积极打码，德清县在 2021 年的产业化政策里增加了追溯应用奖励的政策，对全县追溯应用较好的 20 家农业主体给予 1 万元的资金奖励。

山东省茌平县实施韭菜产品“双证制”管理，创新韭菜“双证制”管理方式，将韭菜合格证设计为“吊牌式”。合格证背面印有二维码，监管人员或消费者通过扫描二维码即可了解生产者身份信息，从而实现了“一捆一证、一户一码”。

（四）产品自检

考核指标

农产品生产企业、农民专业合作社根据质量安全控制要求自行或者委托检测机构对农产品质量安全进行检测。

屠宰企业落实入场查验登记并留存检测结果报告等证明材料、“瘦肉精”检测、肉品品质检验和产品流向登记等制度。

【目的意义】

产品自检是农产品生产经营主体落实检测责任，开展自我质量安全把关的主要措施，是农产品从产地流通时的第一道关口，也是农产品生产企业、合作社的法定责任。农产品生产主体开展检测的目的主要是进一步强化农产品生产过程管控，通过检测的方式验证生产主体的生产方式是否存在农兽药残留超标的问题隐患。

【主要内容】

《农产品质量安全法》《中华人民共和国动物防疫法》（以下简称《动物防疫法》）、《生猪屠宰管理条例》等法律法规，对各类主体加强过程管控，开展产品自检都作了明确规定。

一是要求农产品生产企业、农民专业合作社根据质量安全控制要求自行或者委托检测机构对农产品质量安全进行检测。《农产品质量安全法》规定，销售的农产品应当符合农产品质量安全标准。农产品生产企业、农民专业合作社应当根据质量安全控制要求自行或者委托检测机构对农产品质量安全进行检测；经检测不符合农产品质量安全标准的农产品，应当及时采取管控措施，且不得销售。

二是要求屠宰企业落实活畜进场查验、“瘦肉精”检测、肉品品质检验和产品流向登记等制度。《动物防疫法》规定屠宰、出售或者运输动物及出售或者运输动物产品前，货主应当向所在地动物卫生监督机构申报检疫。动物卫生监督机构接到检疫申报后，应当及时指派官方兽医对动物、动物产品实施检疫；检疫合格的，出具检疫证明、加施检疫标志。实施检疫的官方兽医应当在检疫证明、检疫标志上签字或者盖章，并对检疫结论负责。《生猪屠宰管理条例》规定，生猪定点屠宰厂（场）应当建立生猪进厂（场）查验登记制度，查验检疫证明等文件，利用信息化手段核实相关信息，如实记录屠宰生猪的来源、数量、检疫证明号和供货者名称、地址、联系方式等内容，并保存相关凭证。屠宰厂（场）在屠宰过程中也需履行自检要求，《生猪屠宰管理条例》规定，生猪屠宰出厂（场）需具备动物产品检疫合格证明和生猪屠宰检疫验讫印章、肉品品质检验合格证和肉品品质检验验讫印章。动物产品检疫合格证明和生猪屠宰检疫验讫印章，即由农业农村主管部门任命的兽医对屠宰的生猪实施检疫，检疫合格的，出具检疫证明、加施检疫标志，并在检疫证明、检疫标志上签字或者盖章，对检疫结论负责，未经检疫或者经检疫不合格的生猪产品，不得出厂（场）。肉品品质检验合格证和肉品品质检验验讫印章，即由生猪定点屠宰厂（场）建立严格的肉品品质检验管理制度，遵守生猪屠宰肉品品质检验规程，与生猪屠宰同步进行，经肉品品质检验合格的生猪产品，生猪定点屠宰厂（场）应当加盖肉品品质检验合格验讫印章，附具肉品品质检验合格证，未经肉品品质检验或者经肉品品质检验不合格的生猪产品，不得出厂（场）。

【典型示例】

广东省佛山市高明区4个生猪屠宰企业制定并落实进场查验、肉品品质检验、“瘦肉精”检测等制度，建立《生猪瘦肉精检测情况记录表》等记录档案。引导该区八达福融水产公司（收购储运企业）建立进货查验、抽查检测制度，建立检测室，落实出厂（场）前检测并做好检测记录档案。

（五）无害化处理

考核指标

建立病死畜禽和病害畜禽产品及不合格农产品无害化处理机制，无害化处理率达到100%。

【目的意义】

病死畜禽和病害畜禽产品无害化处理工作，既是阻断重大动物疫病传播流行的有效手段，也是维护畜禽产品质量安全和生态环境安全的重要举措。该考核指标设置的目的是督促主体落实相关责任，对于在生产过程中的病死畜禽，或者主体自控自检发现的不合格农产品，要及时开展处理。另外通过政府层面推动建立相应的无害化处理设施，或者保障辖区内有具备资质的无害化处理服务机构，同时建立病死畜禽及不合格农产品无害化处理的工作机制。

【主要内容】

在无害化处理方面，要求建立病死畜禽及不合格农产品无害化处理机制，病死畜禽无害化处理率达到100%。一方面，种植业生产者等部分主体的无害化处理需求少，法律也没有要求其必须具备有关的设备条件，这类生产者一旦出现无害化处理需求，政府部门应当能够提供相应的帮助；另一方面，农业农村和市场监管部门在监管执法过程中对发现的不合格农产品也需要进行专门的保存和无害化处理。

2022年农业农村部发布《病死畜禽和病害畜禽产品无害化处理管理办法》，覆盖畜禽饲养、屠宰、经营、隔离、运输等过程中病死畜禽和病害畜禽产品的收集、无害化处理及其监督管理活动。此外，进一步规范无害化处理，规定无害化处理场建设应当符合规划并依法取得动物防疫条件合格证，养殖、屠宰、隔离厂（场）内自行处理应当符合无害化处理场所的动物防疫条件，省级农业农村主管部门组织制定自行处理零星病死畜禽的技术规范。

延伸阅读

无害化处理规定要求

农业农村部发布的《病死畜禽和病害畜禽产品无害化处理管理办法》规定无害化处理场建设应当符合规划并依法取得动物防疫条件合格证，养殖、屠宰、隔离厂（场）内自行处理应当符合无害化处理场所的动物防疫条件，省级农业农村主管部门组织制定自行处理零星病死畜禽的技术规范。还鼓励依法依规对无害化处理产物进行资源化利用，具体内容如下。

病死畜禽和病害畜禽产品无害化处理以集中处理为主，自行处理为补充。病死畜禽无害化处理场的设计处理能力应当高于日常病死畜禽和病害畜禽产品处理量，专用运输车辆数量和运载能力应当与区域内畜禽养殖情况相适应。病死畜禽无害化处理场应当符合省级人民政府病死畜禽和病害畜禽产品集中无害化处理场所建设规划并依法取得动物防疫条件合格证。

畜禽养殖场、屠宰厂（场）、隔离场在本厂（场）内自行处理病死畜禽和病害畜禽产品的，应当符合无害化处理场所的动物防疫条件，不得处理本厂（场）外的病死畜禽和病害畜禽产品。畜禽养殖场、屠宰厂（场）、隔离场在本厂（场）外自行处理的，应当建设病死畜禽无害化处理场。畜禽养殖场、养殖户、屠宰厂（场）、隔离场委托病死畜禽无害化处理场进行无害化处理的，应当签订委托合同，明确双方的权利、义务。无害化处理费用由财政进行补助或者由委托方承担。

对于偏远和交通不便地区及畜禽养殖户自行处理零星病死畜禽的，省级人民政府农业农村主管部门可以结合实际情况和风险评估结果，组织制定相关技术规范。病死畜禽和病害畜禽产品集中暂存点、病死畜禽无害化处理场应当配备专门人员负责管理。从事病死畜禽和病害畜禽产品无害化处理的人员，应当具备相关专业技能，掌握必要的安全防护知识。鼓励在符合国家有关法律法规规定的情况下，对病死畜禽和病害畜禽产品无害化处理产物进行资源化利用。

病死畜禽和病害畜禽产品无害化处理场所销售无害化处理产物的，应当严控无害化处理产物流向，查验购买方资质并留存相关材料，签订销售合同。病死畜禽和病害畜禽产品无害化处理应当符合安全生产、环境保护等相关法律法规和标准规范要求，接受有关主管部门监管。

【典型示例】

河北省玉田县建立病死畜禽无害化处理机制，制定印发了《玉田县建立病死畜禽无害化处理机制实施方案》，建成覆盖全县的饲养、经营、运输、屠宰等环节病死畜禽收集网络，实现病死畜禽集中无害化处理，确保不发生由病死畜禽引起的环境污染、疫病传播等公共卫生事件。

重庆市垫江县建立社会、业主、保险、政府四方联动的病死畜禽无害化集中处理机制。通过引进社会资本投资 900 万元，建立病死畜禽无害化集中处理场 1 个，把病死畜禽加工提炼成为工业用油（膏），辅以财政补贴、保险理赔，从而形成养殖业主获赔、处理场盈利、保险公司取证、动监所履责的四方联动机制，实现了无害处理全覆盖。

三、农业投入品监管有力

农业投入品监管是从生产源头保障农产品质量安全的重要前提，农业投入品监管包括市场准入和监管名录、规范经营、平台管理、监督检查 4 个考核项目（表 4–4）。

表 4–4　农业投入品监管有力考核要点

考核项目	考核内容	是否关键项
市场准入和监管名录	农药、兽药、饲料及饲料添加剂等农业投入品生产经营主体依法 100% 取得生产经营许可，建立生产经营主体名录	是
规范经营	落实农业投入品购买索证索票、经营台账制度，台账记录规范、真实、完整，建立农药包装废弃物收集处理体系	否
	全面落实限制使用农药定点经营、实名购买制度，建立农药销售登记药物防治病虫和使用作物制度，推行兽药良好生产和经营规范，对养殖环节自配料实施监管	否
	每年开展放心农资下乡进村活动和对生产主体开展农资识假辨假宣传教育活动，进村入户率达到 100%	否
平台管理	推进农业投入品信息化管理，100% 纳入监管信息平台管理	否
监督检查	建立农业投入品质量常态化监督检查制度，每年对辖区内农资门店实现全覆盖巡查检查；严格执行禁限用农兽药、饲料和饲料添加剂等有关规定，农业投入品生产环节非法添加行为基本杜绝	否

（一）市场准入和监管名录

考核指标

农药、兽药、饲料及饲料添加剂等农业投入品生产经营主体依法 100% 取得生产经营许可，建立生产经营主体名录。

【目的意义】

一是加强农业投入品的管理，保障农产品质量安全。二是贯彻落实《农产品质量安全法》《农药管理条例》《兽药管理条例》等法律法规规定，对可能影响农产品质量安全的农药、兽药、饲料和饲料添加剂、肥料、兽医器械依照有关法律、行政法规的规定实行许可制度，做好农产品质量安全源头管控的第一步。

【主要内容】

实行农药、兽药、饲料及饲料添加剂等农业投入品市场准入管理和生产经营主体监管名录制度，加强生产、经营管理。要求农业投入品生产经营主体依照《农产品质量安全法》《农药管理条例》《兽药管理条例》等法律法规规定申请获得生产经营许可证。县域有关部门建立农业投入品生产经营主体名录，主要内容应包括经营单位的名称、地址、负责人信息、许可证编号等（表 4–5）。

表 4–5　农业投入品生产经营主体名录

序号	经营单位名称	经营地址	法定代表人	联系方式	许可证编号	备注

【典型示例】

安徽省和县实行农资备案管理，出台了《农业化学投入品监督管理办法》《和县农资市场管理办法》等一系列规范性文件，对已有农资网点进行清理整合，挂牌经营，推行化学投入品公告制度和市场准入制度，对销售企业实行登记备案管理，建立购销档案，目前已备案的农药生产经营企业 304 家、备案品种 983 个。

河南省汝州市国家农产品质量安全县创建领导小组各成员单位根据创建要求，在全市范围内开展了农产品和农业投入品经营主体的摸底调查工作，建立起各自的名录制度和名录档案，将全市涉及农产品和农业投入品的生产经营主体全部纳入管控范围并实施动态管理。其中，全市已登记备案的农业投入品生产经营单位 592 家。

（二）规范经营

考核指标

落实农业投入品购买索证索票、经营台账制度，台账记录规范、真实、完整，建立农药包装废弃物收集处理体系。

全面落实限制使用农药定点经营、实名购买制度，建立农药销售登记药物防治病虫和使用作物制度，推行兽药良好生产和经营规范，对养殖环节自配料实施监管。

每年开展放心农资下乡进村活动和对生产主体开展农资识假辨假宣传教育活动，进村入户率达到 100%。

【目的意义】

农业投入品是保障农产品质量安全的关键因素。规范农业投入品经营管理有助于保障农产品生产经营主体科学合理使用农业投入品，从而进一步加强农产品质量安全保障能力和水平。

【主要内容】

在农业投入品规范经营方面，主要内容包括农业投入品索证索票和经营台账制度、限制使用农药定点经营和实名购买制度、限制使用农药定点经营和实名购买农药包装废弃物收集处理、推行兽药良好生产和经营规范、对养殖环节自配料实施监管、开展农资宣传教育活动等内容。

1. 索证索票和经营台账制度

农业投入品经营主体要落实农业投入品购买索证索票和经营台账制度，要求依据《农药管理条例》《兽药管理条例》《饲料和饲料添加剂管理办法》等有关要求，确保台账记录规范、真实、完整。

2. 限制使用农药定点经营和实名购买制度

国家对高毒等限制使用农药的经营和购买具有严格的管理要求。《农药管理条例》规定，经营限制使用农药的，除应符合对农药经营的一般要求外，还应当配备相应的用药指导和病虫害防治专业技术人员，并按照所在省、自治区、直辖市人民政府农业农村主管部门的规定实行定点经营。农产品生产经营主体购买时，必须持本人身份证实名购买。

3. 农药包装废弃物收集处理

农药包装废弃物，是指农药使用后被废弃的与农药直接接触或含有农药残余物的包装物，包括瓶、罐、桶、袋等。《农药管理条例》规定，国家鼓励农药使用者妥善收集农药包装废弃物；农药生产企业、农药经营者应当回收农药包装废弃物，防止农药污染环境和农药中毒事故的发生。《农药包装废弃物回收处理管理办法》规定，各级人民政府依照《土壤污染防治法》的规定，组织、协调、督促相关部门依法履行农药包装废弃物回收处理监督管理职责，建立健全回收处理体系，统筹推进农药包装废弃物回收处理等设施建设。县级以上地方人民政府农业农村主管部门负责本行政区域内农药生产者、经营者、使用者履行农药包装废弃物回收处理义务的监督管理。

延伸阅读

石家庄鹿泉 2022 年农药包装废弃物回收处理工作方案

为贯彻落实《土壤污染防治法》《固体废物污染环境防治法》《农药管理条例》《农药包装废弃物回收处理管理办法》等法律法规，切实推进我区农药包装废弃物回收处理工作，全面改善农村生态环境，促进农业绿色发展，结合生态环境部发布的《国家危险废物名录（2021 年版）》，制定本实施方案。

一、指导思想

坚持以习近平新时代中国特色社会主义思想为指导，落实乡村振兴战略，加强农业污染治理，改善农业农村生态环境，保障耕地、粮食安全。坚持政府主导、部门协调、统筹推进、农户参与的原则，强化政策引导，优化农药包装废弃物回收处理体系和回收处理模式，逐步建立以农药生产者、经营者为主体，社会各方共同参与的回收、贮存、运转、利用、处理体系。全面提高我区农药包装废弃物回收处理能力与水平，营造生态环境友好的农业可持续发展格局。

二、目标任务

增强农药生产者、经营者、使用者环保意识，确保我区农药包装废弃物总体回收率在 80% 以上，回收的农药包装废弃物集中处置率达 100%。

三、主要任务

（一）农药包装废弃物产生量的测算

根据农作物种植情况、农业有害生物发生情况、用药情况，并参照规模化经营率、专业化统防统治面积、合作社规模化用药面积、种植大户用药面积等，测算我区 2022 年农药包装废弃物产生总量。

（二）开展农药包装废弃物回收处理

1. 完善三类回收点

在现有村委会回收点、新型经营主体回收点、农资门市回收点的基础上，综合考虑上一年度工作开展情况，合理进行布局，该清退的清退、该新增的新增、该换人的换人。确保回收点不仅要建起来，更要运行起来。

2. 落实三种回收模式

采取奖励补助、协议承诺、宣传执法等回收模式。

（1）奖励补助回收模式（用于村级回收点）。每个农药包装废弃物按照 0.1 元补助（回收 + 入系统），结合 2021 年度测算情况，每公斤按照 48 个农药包装废弃物估算，旧货按公斤回收，每公斤 2.4 元。村级回收点负责各行政村散户、田间地头农药包装废弃物回收。

（2）协议承诺回收模式（用于新型经营主体）。农药使用主体（种植园区、种植大户、专业合作社、植保合作社、农业社会化服务公司及其他使用农药的经营主体等）签订《农药包装废弃物回收承诺书》，保障产生的农药包装废弃物 100% 回收。农药包装废弃物回收协议执行情况将与惠农政策挂钩，按照系统使用情况适当给予补助。

（3）宣传教育回收模式（用于农资门市）。加强对农药经营主体（农药生产厂家、经营门市）宣传教育和执法监督，通过宣传引导，提高认识，督促农药生产者、经营者按照“谁生产、经营，谁回收”的原则，履行相应的农药包装废弃物回收义务，按照系统使用情况适当给予补助。

3. 推行三种工作机制

（1）定量回收工作机制。实行定量集中回收，各回收点收集量满一袋，手机终端提交交货，清运队每季度最后一个月进行清运回收。为提高回收点工作积极性和系统运用有效性，实行一季度一通报的工作推进机制。

（2）集中储存管理机制。完善县级集中储存站，按要求防火、防漏、防雨，各回收点回收农药包装废弃物集中储存管控，防止安全事故发生。同时，对未分类和系统输入的废弃物进行查漏补缺，确保数据的真实性。

（3）定点销毁处理机制。与农药包装废弃物处理资质公司签订处理协议，实现农药包装废弃物非危险废弃物无害化处理处置率 100%。

4. 开展“统计 + 监管 + 追溯”大数据分析

数据统计：完成全区使用农药的主要品种、类型及使用量估算，以及农药包装废弃物类别占比分析。全程监管：通过手机平台使用建立农药使用电子台账，形成电子版生产记录档案，可实现电子化监管。县级管理平台可对各回收点回收量进行统计，及时督导回收量少的回收点加大回收力度，确保全年回收量圆满完成。厂家追溯：通过监管平台大数据统计分析，追溯鹿泉区内使用的农药供货厂家，摸清底数。

（三）推行农药包装物源头减量行动

鼓励农药生产者使用易资源化利用和易处置包装物、水溶性高分子包装物或者在环境中可降解的包装物，逐步淘汰铝箔包装袋。鼓励使用便于回收的大容量包装物，从源头上减少农药包装物的产生量。推进统防统治，扩大统防统治面积，解决农户分散防治、农药包装数量大、范围广、回收难的问题。

四、保障措施

（一）加强组织领导，压实工作责任

农药包装废弃物回收处理工作，在《乡村振兴促进法》《河北省土壤污染防治条例》中均有体现，是农村污染治理、农业绿色发展和美丽乡村建设等工作的重要内容，是环保督察、审计的要点。为了切实加强此项工作的实施与推进，保证按时按质完成，成立鹿泉区农药包装废弃物回收工作领导小组，由区农业农村局、各乡镇（区）主要领导为成员，领导小组下设办公室，设在区农业农村局。各乡镇（区）要按照属地管理原则，层层压实责任，积极推进农药包装废弃物回收处理工作，确保各项措施落实到位。

（二）做好宣传引导，营造良好氛围

区农业农村局、各乡镇（区）、各村要充分利用各种媒体，通过多种方式向社会和公众广泛开展宣传和教育，普及相关法律法规，提高农民、种植大户、专业合作社等农药使用主体的回收意识。要鼓励和引导农药生产者、经营者和社会组织开展农药包装废弃物回收处理的宣传和培训，形成全民参与、监督的良好氛围。

（三）加强执法监管，落实回收义务

农业执法队要加强农药包装废弃物回收处理的日常监管，督促指导农药生产者、经营者、使用者履行农药包装废弃物回收处理义务；对不履行回收义务的单位和个人，依法严肃处理。

（四）强化政策支持，引导多方参与

加大对农药包装废弃物回收处理工作的政策支持，整合优惠措施，支持农药包装废弃物回收、贮存、运输、处置和资源化利用活动。引导社会力量参与和投入，不断加强和完善体系基础设施建设，全面推动农药包装废弃物的回收处理，建立政府扶持、市场主体多方参与的多元化资金投入保障机制，确保农药包装废弃物收得起来、运得出去、处理得好。

4. 推行兽药良好生产和经营规范

兽药良好生产和经营规范指的是农业农村部发布的《兽药生产质量管理规范（2020 年修订）》和农业部发布的《兽药经营质量管理规范》，两个规范均根据《兽药管理条例》制定，前者是兽药生产管理和质量控制的基本要求，旨在确保持续稳定地生产出符合注册要求的兽药；后者是为了加强兽药经营质量管理，保证兽药质量。《兽药生产质量管理规范（2020 年修订）》和《兽药经营质量管理规范》虽非强制性规定，但对加强兽药生产和经营管理，减少兽药生产、销售、使用中的问题隐患，具有重要的指导意义，国家农产品质量安全县应根据辖区内兽药的生产经营情况，率先推行上述两项规范，为提升农产品质量安全治理水平增加一份保障。

5. 对养殖环节自配料实施监管

一些畜禽养殖者在养殖环节采取自行配制饲料的方法，供自有养殖动物使用。2022 年 6 月，农业农村部按照《饲料和饲料添加剂管理条例》有关要求，发布农业农村部第 307 号公告，针对养殖环节自配料的配置、使用、管理、监管等作出要求，为养殖环节自配料的监管提供了更加明确的遵照与依据。国家农产品质量安全县创建单位应尽快落实《饲料和饲料添加剂管理条例》和农业农村部第 307 号公告相关要求，在农业投入品生产经营和使用方面不留监管盲区。

6. 开展农资宣传教育活动

开展农资生产经营、购买使用的科普宣传和教育培训，是强化区域农业投入品管理的一项有效途径。国家农产品质量安全县创建要求每年开展放心农资下乡进村活动和对生产主体开展农资识假辨假宣传教育活动，进村入户率达到 100%。

延伸阅读

潜江市农药经营服务质量承诺书

为树立诚信经营意识，推动农产品质量安全、农业生产环境安全，保护广大人民群众的身体健康，保护农民利益，我单位郑重向社会公开承诺：

1. 自觉遵守国家、省及潜江市有关农药经营、使用的各项法规和制度，做到证照齐全，依法经营。

2. 遵守职业道德，树立“以诚实守信为荣，以见利忘义为耻”的荣辱观，牢固树立为消费者服务的理念。

3. 提供优质农药产品，提供优质服务，自觉接受农药管理部门、新闻媒体、全社会和广大农民群众的监督，不断提高自身社会信誉，树立良好的形象。

4. 不销售国家已经明令禁止的剧毒、高毒、高残留农药、鼠药；未经潜江市农药管理部门批准，未取得准许经营限制作用农药的批准文件和农药品种前，不销售国家限制使用的高毒农药。

5. 承担自身销售农药直接引起安全事故的法律责任。

6. 自觉接受农药管理部门的监督，主动配合农药管理部门执法检查，共同维护农药市场的正常秩序。

以上承诺的内容，我单位严格遵守，认真履行，如有违规，愿意接受农药管理部门的行政处罚，恳请社会各界监督。

承诺单位（盖章）

承诺人（签字）　　　　　　　　　　监督单位（盖章）

【典型示例】

湖北省五峰县实行农药经营处方单制度，要求农药经营者问清每一位购药者的目的、适用农作物、病虫害发生的特征和时间，为农民推荐适用的农药，并开好处方单，列出所开农药适用何种作物、用药量、施用方法和安全间隔期，指导农民安全用药，一单一方、一药一方，一式两份。五峰县在完善农药经营处方单制度的前提下，实行农药经营电子处方制度。电子处方由农药经销店技师根据病症关键字在处方库中匹配处方，根据农户种植面积录入用药量，然后将使用方法、使用剂量打印成处方单。

江苏省建湖县出台《高毒农药定点经营实名购买实施意见》，实现店面标识化、经营专柜化、规章公告化、购买实名化，全面落实农业投入品生产经营诚信档案及购销台账制度。江苏省张家港建立了农药兽药统一配送网络体系，以政府补贴的形式实行零差价配送。

山东省潍坊市落实高毒农药定点经营、实名购买制度。出台了《潍坊市禁用限用剧毒高毒农药条例》，并印发了《潍坊市禁用限用剧毒高毒农药监督管理办法》和《潍坊市禁用限用剧毒高毒农药违法违规行为举报奖励办法》等配套文件，确立了该市行政区域内对国家限制使用农药实行“统一采购、统一储备、统一防治、统一监管，定点经营，实名购买”的基本制度框架。

广东省江门市建立农业投入品监管体系。全省首创搭建农业投入品追溯平台，目前备案生产企业728家，经营企业1309家，农药品种数量2586种，农户注册755个。依托全市7家农资公司、13个农资配送中心、42个农资经营服务网点，组织优质农资下乡入村，实行统一采购、统一配送、统一管理、统一价格、统一服务“五统一”。督促农资公司、基层供销社经营门店做到诚信经营，不销售假冒伪劣农资商品，不经营“三证”不全商品、过期失效商品和国家明令禁止生产使用的高残留、剧毒农药，确保农产品生产安全。

（三）平台管理

考核指标

推进农业投入品信息化管理，100%纳入监管信息平台管理。

【目的意义】

充分利用信息化手段加强农业投入品监管，特别是对于农业投入品采购销售的台账记录管理和包装废弃物回收管理，使用信息化平台可以很好地实现动态监管、信息共享、用药风险分析、采购销售回收闭环管理等。

【主要内容】

在原有的信息化监管平台基础上接入农业投入品管理的模块，实现农业投入品采购、销售、回收数据与监管名录信息、日常监管数据等的互通。通过农业投入品生产经营信息化管理，不仅可以有效提升投入品监管效率，全面及时掌握管理信息，也可以分析辖区内主体的用药习惯、用药量，在有一定数据积累的基础上，初步形成农兽药使用高峰期的风险预警。

【典型示例】

江苏省建湖县依托“农资溯源网”信息平台，已建成57家农资溯源联网经营门店，配备电脑、扫描枪、打印机等设备，该平台已投入运行，实现农业投入品信息化监管。同时，建湖县开展农业投入品质量监测，建立了农业投入品常态化监测制度，结合生产季节定期对县域内主要生产基地、农资门市开展监督抽查和技术指导。

（四）监督检查

考核指标

建立农业投入品质量常态化监督检查制度，每年对辖区内农资门店实现全覆盖巡查检查；严格执行禁限用农兽药、饲料和饲料添加剂等有关规定，农业投入品生产环节非法添加行为基本杜绝。

【目的意义】

农业投入品质量是影响农产品质量安全的一个重要因素，加强农产品质量安全管理工作，必须重视对农业投入品的管理。该考核指标的目的是对危及农产品质量安全的农药、兽药、饲料和饲料添加剂、肥料等农业投入品进行常态化监督检查，打击农业投入品生产经营中违法违规行为。

【主要内容】

《农产品质量安全法》《农药管理条例》《兽药管理条例》《饲料和饲料添加剂管理办法》等法律法规对农业投入品生产经营都有明确规定，管好农业投入品生产经营，农产品质量安全就有了最基本的保障。

《农产品质量安全法》规定，国务院农业农村行政主管部门和省、自治区、直辖市人民政府农业农村行政主管部门应当定期对可能危及农产品质量安全的农药、兽药、饲料和饲料添加剂、肥料等农业投入品进行监督抽查，并公布抽查结果。对农业投入品本身开展监督检查，主要是为了打击、防治假劣农资的流通和使用。一些不法商贩在农药、兽药、饲料等投入品中添加国家禁用的药物或成分，或者一些成分虽然可以使用，但商贩添加后不做标注，这些都可能导致生产者在不知情的情况下非法使用禁用药物或超范围、超量用药，造成农药兽药残留超标的后果。每年对辖区内的农业投入品门店实行全覆盖巡查检查，除了按上述要求检查其所销售的农业投入品质量外，还应检查门店是否落实了规范经营的要求，包括购货的索证索票记录和销售台账记录是否规范齐全，是否存在违规经营、超许可范围经营、未落实实名购买要求等行为，是否履行了对购买者进行技术咨询和科学推荐用药义务等。

对于农业投入品生产环节，主要检查在生产过程中是否存在非法添加行为。一些不法商贩自行调配制作农药兽药，或者对农药、兽药、饲料、饲料添加剂等进行拆包、分装，进行再加工或者添加其他物质，这些均不符合《农药管理条例》《兽药管理条例》《饲料和饲料添加剂管理办法》等有关规定，是开展监督检查的重点。

【典型示例】

河南省内黄县建立健全农业投入品监测抽查制度，定期对农业投入品经营门店及生产企业开展督导巡查、产品抽检及技术指导。严格农业投入品使用管理，采取强有力措施严格控肥、控药、控添加剂，严防农业投入品乱用和滥用，依法落实兽药休药期和农药安全间隔期制度。在重要农时季节，集中力量开展种子、农药、肥料、兽药、饲料及饲料添加剂、种子种苗等重要农资专项打假治理，严厉打击制售假冒伪劣农资“黑窝点”，依法取缔违法违规生产经营企业。进一步强化部门联动和信息共享，建立假劣农资联查联办机制，强化大案要案查处曝光力度，震慑违法犯罪行为。

四、农产品质量安全监管扎实推进

农产品质量安全监管扎实推进是落实部门监管责任、确保区域农产品质量安全最基本的保障，农产品质量安全监管包括隐患排查和监督抽查、网格化管理、信息公告 3 个考核项目（表 4–6）。

表 4–6　农产品质量安全监管扎实推进考核要点

考核指标	考核内容	是否是关键项
隐患排查和监督抽查	制订实施农产品质量安全监督抽查计划，抽查对象包括一定比例农户。县一级全年定性抽检农产品样品数量不少于 8000 个，全年定量抽检农产品样品数量不少于 600 个，每个乡镇监管机构全年定性检测农产品样品不少于 7200 个	是
网格化管理	积极推行常规农兽药快速检测，常规农兽药快速检测占全部快速检测批次比例不少于 50%	是

续表 4–6

考核指标	考核内容	是否是关键项
网格化管理	按照“区域定格、网格定人、人员定责”要求，全面落实乡镇农产品质量安全网格化管理要求	是
	乡镇监管机构认真落实日常巡查检查要求，科学制订年度日常巡查计划，在日常巡查全覆盖基础上，实施风险分级精准管控，每个基地或每个生产主体的监管、协管人员、职责及生产主体风险等级等信息全部上墙	否
	农产品质量安全协管员作用充分发挥，能够定期报送信息，有效协助开展采集样品、技术指导、日常巡查等工作	否
信息公告	应公开尽公开本地农产品质量安全日常巡查、监督抽查、投入品监管、执法办案等信息	否

（一）隐患排查和监督抽查

考核指标

制订实施农产品质量安全监督抽查计划，抽查对象包括一定比例农户。县一级全年定性抽检农产品样品数量不少于 8000 个，全年定量抽检农产品样品数量不少于 600 个，每个乡镇监管机构全年定性检测农产品样品数量不少于 7200 个。

【目的意义】

开展隐患排查和监督抽查的目的是在农产品质量安全监管工作中及时发现问题、开展执法，掌握农产品质量安全整体水平，打击违法违规行为。

【主要内容】

在隐患排查和监督抽查方面，国家农产品质量安全县创建要求制订实施农产品质量安全监督抽查计划，抽查对象应包括一定比例农户。考核要求中的定性抽检指开展快速检测，主要目的是利用农药兽药残留快速检测技术，对区域内生产经营者的农产品进行常态化、快速的抽样筛查；定量抽检主要指通过国家标准规定农药兽药残留检测方法，对农产品的农药兽药残留进行检测。定量抽检一般用于监督抽查和风险监测两项工作，考核指标中对于全年定量抽检的数量要求，即开展监督抽查和风险监测的样品数之和。

1. 开展监督抽查

农产品质量安全监督抽查是以执法为目的，对农产品生产经营主体开展的检测抽查，是监管部门查办农产品质量安全案件的最主要手段，在治理农药兽药残留问题、助力产业发展等方面都发挥着极其重要的作用。2021 年农业农村部等七部门联合开展的食用农产品“治违禁、控药残、促提升”三年行动中，要求严查种植养殖屠宰环节使用禁限用药物行为，加大监督抽查力度，提高抽检比例，发现不合格产品及时向社会公布，对违法行为跟进开展执法查处，强化行政执法与刑事司法衔接。

在制订监督抽查计划，开展有关工作时应注意以下四点。

一是坚持问题导向。开展农产品质量安全监督抽查的目的是发现质量安全问题、强化执法办案、震慑违法行为，因此监督抽查工作务必要坚持问题导向，尽可能地提高问题发现率。要求建立辖区内的重点监管名录，监督抽查的抽样就可以以重点监管名录中的主体为主，开展精准化、靶向性监管。

二是聚焦监管重点。监督抽查工作要求围绕“菜篮子”产品中的重点品种、重点参数、重点对象开展。重点品种即区域内主导产品、农产品质量安全风险监测中发现问题隐患和日常监管中发现问题多的产品。在食用农产品“治违禁、控药残、促提升”三年行动期间，应加强对豇豆、韭菜、芹菜、牛肉、羊肉、鸡蛋、乌骨鸡肉、大口黑鲈、乌鳢、鳊鱼、大黄鱼 11 个重点品种的监督抽查。重点参数即禁止使用的农药及蔬菜、水果等特定农产品中禁用农药，畜禽产品、养殖水产品中禁用的药品及其他化合物，产蛋期不得使用的兽药及停止使用的兽药。重点对象即纳入地方重点监管名录的种植养殖基地、农产品生产企业、农民专业合作经济组织、种植养殖大户、屠宰厂（场）。

三是科学制订计划。创建单位在制订监督抽查计划时，应根据农产品质量安全风险监测、日常巡查检查结果开展风险分析，有针对性地制订抽查计划。县级开展监督抽查，应避免与国家、省、市级监督抽查选取同样的主体，避免造成监管资源的浪费。监督抽查计划应明确低、中、高风险主体，种植、畜牧、水产主体，生产企业、合作社、家庭农场等不同类型主体，绿色、有机等认证主体的抽查比例。此外，国家农产品质量安全县创建考核办法中专门要求，监督抽查对象应包括一定比例的农户。

四是保障抽查数量。虽然国家农产品质量安全县创建考核办法中仅规定了开展定量抽检的总量，即监督抽查和风险监测的抽样量之和，对监督抽查单项的数量没有作硬性规定。但是，监督抽查是开展执法工作的前提保障，其数量应有基本的保证。一般来说，监督抽查应至少占定量抽查总量的20%，即每年县级开展监督抽查应不少于120批次。

2. 开展风险监测

农产品质量安全风险监测的主要目的是掌握农产品质量安全状况，以便有针对性地对农产品质量安全进行监管，并以监测的结果作为确定检查对象和检查频率的科学依据。农产品质量安全风险监测采用随机抽检的方法，以保证获得结果的代表性，另外风险监测在抽样上不仅抽取农产品种植养殖基地的产地农产品样品，也要抽取本地农产品销售市场的样品。因此，风险监测结果不仅反映了辖区内农产品生产的问题风险情况，也能反映出市场准入等工作的开展结果。在制订农产品质量安全风险监测计划时应注意计划的科学性，可根据国家农产品质量安全风险监测的总体要求，结合本地实际制订计划，但不应照搬照抄上级的风险监测计划，应突出当地重点产业，确定合理的产地、市场抽样比和规模主体、农户抽样比。

3. 开展快速检测

农产品质量安全快速检测的主要目的是对农产品农药兽药残留开展大面积、快速的筛查，其通常只用于初步判断所检测农药兽药残留的粗略范围，因此属于定性检测。农产品质量安全快速检测工作主要由县级检测机构或监管执法机构及乡镇农产品质量安全监管服务机构分别开展。国家农产品质量安全县创建要求县级每年至少开展快速检测8000批次，辖区内每个乡镇每年应至少开展快速检测7200批次。

【典型示例】

重庆市荣昌区印发《荣昌区农产品质量安全例行监测实施方案》监测范围覆盖所有农产品生产销售企业、农业专业合作经济组织、生产基地、种植养殖大户和收购储运企业及批发、零售市场，区级全年定性抽检农产品2000余批次7000余个产品，定量抽检200余批次600余个产品，同时，为7户农产品质量安全溯源试点企业配备了农残检测设备，实行农产品基地准出制度，产品上市前进行抽检，不合格产品不得采收上市，全面落实辖区内农产品生产经营企业和农民专业合作经济组织产品自检和委托检测制度。

（二）网格化管理

考核指标

积极推行常规农兽药快速检测，常规农兽药快速检测占全部快速检测批次比例不少于50%。

按照“区域定格、网格定人、人员定责”要求，全面落实乡镇农产品质量安全网格化管理要求。

乡镇监管机构认真落实日常巡查检查要求，科学制订年度日常巡查计划，在日常巡查全覆盖基础上，实施风险分级精准管控，每个基地或每个生产主体的监管、协管人员、职责及生产主体风险等级等信息全部上墙。

农产品质量安全协管员作用充分发挥，能够定期报送信息，有效协助开展采集样品、技术指导、日常巡查等工作。

【目的意义】

网格化管理的目的是将农产品质量安全监管力量延伸到乡镇和村级，充分发挥基层自治力量，解决基层监管职能不明确、人员队伍不匹配、发现问题能力不足等问题，切实落实农产品质量安全监管“最后一公里”。

【主要内容】

1. 健全网格化管理体系

要求按照“区域定格、网格定人、人员定责”要求，全面落实乡镇农产品质量安全网格化管理要求，并公示网格、人员、职责。

区域定格即以乡镇为单位建立健全农产品质量安全网格化管理体系，按照范围清晰、管理便捷、无缝对接、全面覆盖的原则，因地制宜划分确定农产品质量安全管理网格。网格划分可根据乡镇区域内产业分布、主体类型、产品风险等情况确定，最小网格单元可以按照行政村（社区）划分，也可以按照农产品生产主体划分。

网格定人即每个网格明确网格监管员和协管员，人员数量可根据实际情况自行确定。网格监管员应由乡镇农产品质量安全监管公共服务机构人员担任，协管员（信息员）可以由村（社区）两委成员、技术骨干等担任，也可以由通过社会选聘、购买服务等方式聘用的人员担任。

人员定责即明确网格监管员和协管员的工作任务。网格监管员应围绕乡镇农产品质量安全监管服务职责，负责组织网格化管理工作，建立并动态管理乡镇生产主体名录，开展质量安全控制技术指导服务及培训宣传，根据农业农村部印发的《乡镇农产品质量安全监管公共服务机构日常巡查工作规范（试行）》要求开展日常巡查及抽查检测等工作。协管员应充分掌握网格内生产主体的基本情况，根据乡镇监管公共服务机构及网格监管员要求，协助开展隐患排查、抽样检测、用药指导、信息报送等有关工作。

公示网格、人员、职责。一是乡镇农产品质量安全监管公共服务机构公示网格化管理图，包括网格监管员、协管员布局安排、工作职责、联系电话等基本信息。二是各乡镇网格监管员、协管员日常工作中佩戴统一标识，方便群众联系，接受社会监督。三是在农产品生产企业、农民合作社、家庭农场生产基地醒目位置公示生产主体基本情况、质量安全责任人、质量安全承诺书及网格监管员、协管员信息，张贴禁限用农药兽药名录等。

2.开展日常巡查检查

要求乡镇监管机构认真落实日常巡查检查要求，科学制订年度日常巡查计划，在日常巡查全覆盖基础上，根据农产品生产经营主体信用等级实施分级监管。农业农村部印发的《乡镇农产品质量安全监管公共服务机构日常巡查工作规范（试行）》要求，乡镇农产品质量安全监管公共服务机构应当制订年度日常巡查计划，辖区内生产主体日常巡查全覆盖；对列入重点监管名录的生产主体，要加大日常巡查频次；在用药高峰期、农产品集中上市期，要增加日常巡查频次。日常巡查应当至少包括以下内容：生产记录制度落实情况；农业投入品购买管理情况；农药兽药使用情况，是否存在超范围、超剂量使用，不落实安全间隔期、休药期制度等情形，是否存在违法违规使用禁限用药物、非法添加等情形；保鲜剂、防腐剂、添加剂等使用情况；农业投入品废弃物处置情况；合格证和追溯凭证开具、使用情况；等等。

对于根据农产品生产经营主体信用等级实施分级监管的要求，国家农产品质量安全县创建单位可按照本省农产品质量安全信用评价准则对辖区内主体进行信用评分和分级。一些地方农产品质量安全信用体系建设尚未完善，创建单位可根据主体类型、规模、农产品质量安全自控自检水平、监管情况等信息，将监管名录中的主体划分为风险较低、中等和较高三级。对于风险较高的农产品生产经营主体，应增加对其开展日常巡查的频率；对于风险较低的主体，应适当降低巡查频次。对于农产品生产经营主体的风险分级，应形成动态管理机制，定期对监管名录中主体的风险等级进行调整更新。

3. 推行常规农药兽药快速检测

常规农药兽药快速检测是基层农业农村监管部门排查、治理常规农药兽药残留超标问题的重要手段。国家农产品质量安全县创建要求积极推行常规农药兽药快速检测，常规农药兽药快速检测占全部快速检测批次比例不少于 50%，即县级每年应至少开展常规农兽药快速检测 4000 批次，各乡镇每年应至少开展常规农兽药快速检测 3600 批次。

一般来说，县乡两级监管部门开展的快速检测主要针对有机磷和氨基甲酸酯两类农药残留（主要是禁限用农药），快速检测成本低、速度快，每年检测量大，能够对农产品质量安全起到一定的筛查作用。同时，快速检测对生产经营主体起到一定的震慑作用。但是，由于有机磷和氨基甲酸酯类农药已经很少使用，这类快速检测的实际作用在逐年下降。食用农产品“治违禁、控药残、促提升”三年行动要求，要管控上市农产品常规农药兽药残留超标问题，开展常规农药残留快速技术攻关，解决快速检测针对性不强问题，加快推进常规农药兽药残留快速检测工作。

4. 充分发挥村级协管员作用

要求协管员能够定期报送信息，有效协助开展采集样品、技术指导、日常巡查等工作。目前，全国各县已经基本落实了村级协管人员，但在开展实际工作时，各地协管员发挥作用差距较大，一些地方的协管员尚未开展农产品质量安全有关工作。对于农产品质量安全协管员作用的发挥，国家农产品质量安全县创建单位应注意以下三点。

一是应明确协管员的名分和职责。无论是对专门选聘人员，还是由村两委成员或食品安全协管员等其他人员兼职，应明确农产品质量安全协管员这一职务，确定其在农产品质量安全工作中的职责。

二是应强化协管员正向激励机制。国家农产品质量安全县创建单位应将农产品质量安全网格化管理服务经费列入同级财政预算，解决农产品质量安全协管员工作经费和劳动报酬，合理确定待遇，配备必需的防护用品。

三是应做好协管员业务培训指导。创建单位应每年至少开展一次对农产品质量安全协管员的业务、专业知识培训，不断提升农产品质量安全协管员的业务能力和技术水平，打造高水平的网格化管理队伍。

【典型示例】

四川省达州市以乡镇、村、规模生产经营主体为单位，按照范围清晰、管理便捷、无缝对接和全面覆盖原则，建立起乡镇网格、村网格和主体网格，网格划分不漏掉每一个点位。全市已建立乡镇（街道）网格 187 个、村级网格 1959 个、主体网格 1693 个。在乡镇政府、村委会和生产基地，分别公示了各级“网格化监管责任图”，包括“一图二书三员四定八项制度”（产业分布图、质量安全责任告知书和承诺书，网格监管员、检测员和协管员，定职责、定区域、定任务、定考核，八项制度）及各级网格责任人姓名、职务、照片及联系电话，“主体网格”公示的内容还包括主体的农产品质量安全风险等级和信用评价信息。

（三）信息公告

考核指标

应公开尽公开本地农产品质量安全日常巡查、监督抽查、投入品监管、执法办案等信息。

【目的意义】

一是加强农产品质量安全社会监督，有力震慑违法违规行为、有效提升农产品消费信心。二是鼓励全民全域参与国家农产品质量安全县创建工作，通过信息公告公开，让各类主体能够直观感受到农产品质量安全监管工作的开展。

【主要内容】

在信息公告方面，国家农产品质量安全县创建要求对本地农产品质量安全日常巡查、监督抽查、投入品监管、执法办案等信息做到应公开尽公开。创建单位可以通过设置公示栏、在政府门户网站设立农产品质量安全监管信息公告专栏等多种方式，强化对监管执法结果的公示，发布查办的典型案例，营造良好的社会共治范围。

【典型示例】

重庆市荣昌区发布《荣昌区农产品质量安全信息发布制度》，通过农产品质量安全简报、荣昌报社、区广播电视台等途径定期或不定期公开当地农产品质量安全监督抽查、投入品监管、质量安全风险监测等信息。

五、农产品质量安全执法到位

农产品质量安全执法到位，是践行最严格的监管、最严厉的处罚，切实打击违法违规行为的必然要求，农产品质量安全执法包括执法检查、依法处置、健全机制和应急处置 4 个考核项目（表 4–7）。

表 4–7　农产品质量安全执法到位考核要点

考核指标	考核内容	是否是关键项
执法检查	对农业投入品生产经营和农产品生产、收购、储运、屠宰、批发、零售市场等重点环节开展执法检查	否
	农业综合执法机构把保障农产品质量安全作为重点任务，积极查办农产品质量安全案件	是
依法处置	县域内制售假劣农资，生产销售使用禁用农兽药，非法添加有毒有害物质，收购销售病死畜禽，私屠滥宰，提供虚假农产品质量安全认证，伪造冒用绿色食品标志等违法违规行为查处率达到 100%	否
健全机制	建立线索发现和通报、案件协查、联合办案、行刑衔接、投诉举报和人要案奖励等机制	否
	强化行刑衔接，构成违法犯罪的及时移送公安机关，案件移送率达到 100%	否
应急处置❶	3 年内未发生重大农产品质量安全事故，未发生因本县生产的农产品造成其他地方发生重大农产品质量安全事故，未因区域性农产品质量安全事故被上级有关部门通报。健全突发事件快速反应机制	是

❶ 应急处置内容调整到质量安全水平考核指标内进行重点阐述。

（一）执法检查

考核指标

对农业投入品生产经营和农产品生产、收购、储运、屠宰、批发、零售市场等重点环节开展执法检查。

农业综合执法机构把保障农产品质量安全作为重点任务，积极查办农产品质量安全案件。

【目的意义】

执法检查是对农产品生产、流通、销售全过程中各个环节开展的检查工作，目的是在各重点环节杜绝违法违规行为，确保农产品质量安全。

【主要内容】

在执法检查方面，要求对农业投入品生产经营和农产品生产、收购、储运、屠宰、批发、零售市场等重点环节开展执法检查；农业综合执法机构把保障农产品质量安全作为重点任务，积极查办农产品质量安全案件。创建单位应注意做好以下三方面工作。

一是日常执法检查有力有序。根据辖区内监管工作情况，围绕农产品生产、流通、屠宰、入市销售等重点环节，农业投入品经营门店、农产品生产经营主体、运输车等重点对象，科学安排全年的执法检查计划，主动出动执法人员摸排问题隐患，做到执法检查不留死角。

二是对于突出问题重点发力。应区分常规的执法检查和重点问题的专项治理。近年来，农业农村部每年针对农药兽药残留等突出问题，持续部署专项整治、“利剑”行动、食用农产品“治违禁 控药残 促提升”三年行动等集中治理工作，需要在日常执法检查有力有序开展的同时，进一步强化对重点品种、重点环节、重点对象的大检查。对检查过程中发现的问题应做好台账清单，及时跟进执法。

三是监管执法部门通力配合。国家农产品质量安全县创建单位的农业综合执法机构应把保障农产品质量安全作为重点任务，在执法力量上对农产品质量安全有所倾斜。综合执法机构应和监管部门建立有效的协作机制，对于监管部门移送的农产品质量安全案件，应当及时处理，避免监管和执法脱节，避免发现问题却没有跟进处置的情况发生。综合农业执法机构应加强违法使用禁用药物、非法添加、常规农药兽药残留超标、超范围用药、不执行农药安全间隔期或兽药休药期等农产品质量安全案件的查办，根据国务院食品安全委员会近年来对各省查办农产品质量安全案件的要求，每年应至少查办三起农产品质量安全案件。

【典型示例】

2016 年山东省胶州市将农业、食药、畜牧等部门的监督检查和行政处罚职能统一划转至新成立的综合执法局，同时在每个镇办设立 30 ~ 50 人的综合执法队伍，从而彻底打破了多头管理，实现了从“单一执法向综合执法、分段监管向集中监管”的转变。

（二）依法处置

考核指标

县域内制售假劣农资，生产销售使用禁用农药兽药，非法添加有毒有害物质，收购销售病死畜禽，私屠滥宰，提供虚假农产品质量安全认证，伪造冒用绿色食品标志等违法违规行为查处率达到 100%。

【目的意义】

依法处置是根据《农产品质量安全法》等法律法规的有关要求，有助于打击农产品违法违规行为，提高震慑力。

【主要内容】

在依法处置方面，要求县域内制售假劣农资，生产销售使用禁用农药兽药，非法添加有毒有害物质，收购销售病死畜禽，私屠滥宰，提供虚假农产品质量安全认证，伪造冒用绿色食品、有机农产品、地理标志农产品标志等违法违规行为查处率达到 100%，要求各地及时公布执法案件信息。

对于制售假劣农资，主要依据《农药管理条例》《兽药管理条例》《饲料和饲料添加剂管理办法》等规定依法处置。《农药管理条例》规定，未取得农药生产许可证生产农药或者生产假农药的，处 5 万元以上 10 万元以下罚款；货值金额 1 万元以上的，处货值金额 10 倍以上 20 倍以下罚款；构成犯罪的，依法追究刑事责任。农药生产企业生产劣质农药的，处1万元以上5万元以下罚款；货值金额1万元以上的，处货值金额5倍以上10倍以下罚款；构成犯罪的，依法追究刑事责任。农药经营者未取得农药经营许可证经营农药、经营假农药或在农药中添加物质的，处5000元以上5万元以下罚款；货值金额1万元以上的，处货值金额5倍以上10倍以下罚款；构成犯罪的，依法追究刑事责任。《兽药管理条例》规定，无兽药生产许可证、兽药经营许可证生产、经营兽药的，或者虽有兽药生产许可证、兽药经营许可证，生产、经营假劣兽药的，或者兽药经营企业经营人用药品的，处货值金额2倍以上5倍以下罚款；货值金额无法查证核实的，处10万元以上20万元以下罚款；构成犯罪的，依法追究刑事责任。

对于生产销售使用禁用农药兽药、非法添加有毒有害物质，主要依据《农产品质量安全法》《农药管理条例》《兽药管理条例》等规定依法处置。《农药管理条例》规定，农药使用者为农产品生产企业、食品和食用农产品仓储企业、专业化病虫害防治服务组织和从事农产品生产的农民专业合作社等单位的，处5万元以上10万元以下罚款；农药使用者为个人的，处1万元以下罚款；构成犯罪的，依法追究刑事责任。《兽药管理条例》规定销售尚在用药期、休药期内的动物及其产品用于食品消费的，或者销售含有违禁药物和兽药残留超标的动物产品用于食品消费的，责令其对含有违禁药物和兽药残留超标的动物产品进行无害化处理，没收违法所得，并处3万元以上10万元以下罚款；构成犯罪的，依法追究刑事责任。

对于收购销售病死畜禽、私屠滥宰，主要依据《畜牧法》《动物防疫法》《生猪屠宰管理条例》等规定依法处置。《动物防疫法》规定，违反有关规定屠宰、经营、运输动物或者生产、经营、加工、贮藏、运输动物产品的，处同类检疫合格动物、动物产品货值金额15倍以上30倍以下罚款；同类检疫合格动物、动物产品货值金额不足1万元的，并处5万元以上15万元以下罚款。《生猪屠宰管理条例》规定，未经定点从事生猪屠宰活动的，处5万元以上10万元以下的罚款；货值金额1万元以上的，处货值金额10倍以上20倍以下的罚款。

对于提供虚假农产品质量安全认证，伪造冒用绿色食品、有机农产品、地理标志农产品标志，依据《农产品质量安全法》《农产品包装和标识管理办法》等规定依法处置。《农产品质量安全法》规定，农产品生产经营者冒用农产品质量标志，或者销售冒用农产品质量标志的农产品的，由县级以上地方人民政府农业农村主管部门按照职责责令改正，没收违法所得，违法生产经营的农产品货值金额不足 5000 元的，并处 5000 元以上 5 万元以下罚款；货值金额 5000 元以上的，并处货值金额 10 倍以上 20 倍以下罚款。

【典型示例】

湖北省五峰县在国庆、春节等重大节假日开展农产品市场和“三品一标”检查，对 7 家“三品”经营主体的检测记录、进销货台账、自检设施配备及运行情况进行检查，抽检样品 568 批次，合格率 100%。出台了《病死动物无害化处理规定》，开展了畜禽养殖环节、屠宰环节、流通环节的专项整治和“瘦肉精”监测排查工作，未发现制售假劣兽药和非法添加“瘦肉精”“三聚氰胺”等违禁药品的违法行为。

（三）健全机制

考核指标

建立线索发现和通报、案件协查、联合办案、行刑衔接、投诉举报和大要案奖励等机制。

强化行刑衔接，构成违法犯罪的及时移送公安机关，案件移送率达到 100%。

【目的意义】

一是强化政府各部门间工作协作，提升执法办案效率，强化县域内各有关部门间的信息互通，对发现的问题线索能够追查到底，消除问题隐患。二是行刑衔接，即行政执法与刑事司法衔接，以严厉打击刑事犯罪，对情节严重、影响恶劣的危害食品安全刑事案件依法从重处罚，切实打击违法使用禁用药物、非法添加等农产品质量安全犯罪行为。

【主要内容】

在健全机制方面，要求建立线索发现和通报、案件协查和联合办案机制、行刑衔接机制、投诉举报和大要案奖励等机制。特别是在强化行刑衔接方面，要求构成违法犯罪的案件及时移送公安机关，案件移送率达到 100%。

1.线索发现和通报机制

农产品质量安全问题线索来源是多方面的，包括农业农村部门和市场监管部门开展的风险监测、监督抽查；乡镇开展的日常巡查检查、快速检测筛查；来自社会公众的问题投诉举报；以及来自媒体或网络的农产品质量安全舆情等。

2.案件协查和联合办案机制

建立案件协查和联合办案机制的目的是提升执法办案效率和违法违规行为查处率。由县政府或县食品安全委员会牵头，推动农业农村、公安、市场监管等部门建立案件协查和联合办案机制，对违法违规行为作出快速反应、快速处置。

3.行刑衔接机制

依据《刑法》《农产品质量安全法》《关于办理危害食品安全刑事案件适用法律若干问题的解释》等要求，根据部、省级部署推动的农产品质量安全行刑衔接工作机制或自身实际情况，制定县域内的农产品质量安全行刑衔接工作办法，明确农产品质量安全案件移送公安机关的移送标准与移送流程、证据收集与使用、涉案物品处置、部门协作机制、信息互动共享等事项。推动构成违法犯罪的农产品质量安全案件及时、规范地移送公安机关，做到应移送尽移送。

4.投诉举报和大要案奖励机制

建立投诉举报和大要案奖励机制的目的是强化农产品质量安全社会共治，拓宽问题线索发现途径，加强对违法违规行为的打击和震慑。《农产品质量安全法》规定，国家鼓励单位和个人对农产品质量安全进行社会监督，任何单位和个人都有权对违反该法的行为进行投诉举报。县级以上人民政府农业农村主管部门应当建立农产品质量安全投诉举报制度，公开投诉举报渠道，收到投诉举报后，应当及时处理。对不属于本部门职责的，应当移交有权处理的部门并书面通知投诉举报人。国家农产品质量安全县创建单位应健全投诉举报管理办法，通过电话热线、官网平台等畅通社会投诉举报渠道，在建立案件协查和联合办案机制的基础上，对投诉举报问题进行快速分类处理，及时回应社会公众关切的问题。建立投诉举报奖励办法，对通过投诉举报问题线索查办大要案件的，给予一定奖励，营造社会共治良好氛围。

【典型示例】

江苏省海门市健全完善执法监管工作机制，全面强化了农产品质量安全监管能力。开展了农产品质量安全监管执法人员培训，举办了农产品质量安全相关法律法规培训班 4 期 600 人次，全面增强监管人员的法治意识和工作能力。提高执法监管能力，深入开展农产品质量安全联合执法检查，严厉查处农产品生产经营中各类违法违规行为。

山西省太谷县人民政府办公室制定并印发了《关于印发太谷县食品安全违法案件线索举报奖励办法的通知》，多年来针对违法犯罪行为，及时移送公安机关，案件移送率达到 100%。此外，利用晋中市食品安全行政执法业务系统网络平台与刑事司法信息平台共享，建立了突发事件快速反应机制，制定了《太谷县农产品质量安全事故应急预案》《太谷县畜产品质量安全事故应急预案》。

六、全面实行标准化生产

全面实行标准化生产，是保障农产品质量安全“产出来”，从农产品生产源头保障安全、提升质量的最佳途径，标准化生产包括环境监测、标准入户、技术推广、质量安全认证 4 个考核项目（表 4–8）。

表 4–8　农业标准化生产全面实行考核要点

考核指标	考核内容	是否是关键项
环境监测	开展产地环境监测，加强畜禽粪污资源化利用和畜禽养殖污染防治	否
	对污染耕地按照污染状况落实品种替代、水肥调控、土壤调理、种植结构调整或退耕还林还草等措施	否
标准入户	对辖区主导农产品全部制定生产操作规程和绿色防控技术性指导意见，形成易学易懂易用的挂图、明白纸等，标准入户率 100%，禁限用药物名录在生产主体、农资经营门店张贴上墙率 100%	是
技术推广	推行统防统治、绿色防控、配方施肥、健康养殖和高效低毒农兽药使用等技术。推广高效低毒、绿色环保的农业投入品，建立生物农药补贴制度	否
	围绕本县 1 ~ 2 个主导产品，推进现代农业全产业链标准化。开展相关农业标准化示范园区建设	否
质量安全认证	积极发展农产品“三品一标”，建立健全补贴奖励机制，绿色食品、有机农产品、名特优新、良好农业规范等获证产品占当地食用农产品生产总量或面积的比重达到 20%	否

（一）环境监测

考核指标

开展产地环境监测，加强畜禽粪污资源化利用和畜禽养殖污染防治。

对污染耕地按照污染状况落实品种替代、水肥调控、土壤调理、种植结构调整或退耕还林还草等措施。

【目的意义】

环境监测是农产品质量安全源头管控的第一步，目的是通过开展产地环境和污染状况监测，加强畜禽养殖粪便污染防治；对污染耕地按照污染状况落实品种替代、水肥调控、土壤调理、种植结构调整或退耕还林还草等措施。

【主要内容】

1.开展产地环境监测

产地环境和污染状况监测是一项长期性、基础性工作，对于准确判断区域农业生态环境状况、精准实施产地环境污染治理、不断改善农业生态环境质量、保障农产品质量安全具有重要意义。在国家层面，农业农村部制定了农产品产地监测制度，要求县级以上地方人民政府农业农村主管部门会同同级生态环境、自然资源等有关部门制订农产品产地监测计划，加强农产品产地安全调查、监测和评价工作。国家农产品质量安全县创建单位在开展产地环境和污染状况监测方面应因地制宜，重点关注以下四个方面。

一是农产品产地土壤环境监测。根据农产品产地土壤环境状况、土壤背景值等情况，开展土壤和农产品协同监测，及时掌握辖区内农产品产地土壤环境状况、潜在风险及变化趋势。

二是农田氮磷流失监测。依据农田氮磷污染的发生规律和地形、气候等情况，开展农田氮磷流失监测，分析不同种植模式下区域主推耕作方式和施肥措施等对农田氮磷流失的影响。

三是农田地膜残留监测。综合考虑覆膜作物、覆膜年限、回收方式等情况，开展农田地膜残留监测，摸清农田地膜残留量和回收情况。

四是农业生物物种资源调查和外来生物入侵监测。开展国家重点保护农业野生植物调查，加大农业野生植物原生境保护力度，加强入侵物种调查和监测，开展预警与应急灭除。

2. 加强畜禽养殖粪便污染防治

畜禽粪污的有效处理和利用，是农村环境和农业产地环境治理的一项重点，特别是对于畜牧业持续稳定发展、规模化养殖水平不断提高、肉蛋奶产业优势较大的县域来说尤为重要。国家农产品质量安全县创建单位应全面推进畜禽养殖废弃物资源化利用，在县域构建种养结合、农牧循环的可持续发展格局，对配套土地充足的养殖场户，粪污经无害化处理后还田利用具体要求及限量应符合《畜禽粪便无害化处理技术规范》（GB/T 36195）和《畜禽粪便还田技术规范》（GB/T 25246），配套土地面积应达到《畜禽粪污土地承载力测算技术指南》要求的最小面积；对配套土地不足的养殖场户，粪污经处理后向环境排放的，应符合《畜禽养殖业污染物排放标准》（GB 18596）和地方有关排放标准；用于农田灌溉的，应符合《农田灌溉水质标准》（GB 5084）。

创建单位在加强畜禽养殖粪便污染防治方面还应落实养殖场户主体责任，督促其落实《固体废物污染环境防治法》《水污染防治法》《畜禽规模养殖污染防治条例》要求，建设粪污无害化处理和资源化利用设施并确保其正常运行，或委托第三方代为实现粪污无害化处理和资源化利用。同时，在政府层面，应结合本地实际，推行经济高效的粪污资源化利用技术模式，积极推广全量机械化施用，逐步改进粪肥施用方式。

3. 推进污染耕地治理措施

开展环境监测，不仅是为了掌握农业生态环境情况，更是为了推进污染耕地治理，提升国家农产品质量安全县整体产地环境，从产地源头保障农产品质量安全。应加强督促调度，开展分片帮扶指导。针对安全利用类耕地，主要采取农艺调控、替代种植等措施，如改种玉米等不易吸收重金属的农作物，降低农产品超标风险；针对严格管控类耕地，采取种植结构调整或者退耕还林还草等措施，退出食用农产品的种植。

【典型示例】

上海市浦东新区十分重视产地环境质量监测和畜禽养殖粪便等污染源控制治理。每年由土壤环境部门和检测部门对全区耕地进行定点监测，开展质量评价，提出相关意见。持续开展不规范养殖整治工作，落实规模化养殖场减排工程项目建设，减少控制养殖区域和数量。

（二）标准入户

考核指标

对辖区主导农产品全部制定生产操作规程和绿色防控技术性指导意见，形成易学易懂易用的挂图、明白纸等，标准入户率100%，禁限用药物名录在生产主体、农资经营门店张贴上墙率100%。

【目的意义】

标准入户是全面推行县域农业标准化生产的必要工作，标准入户的覆盖率和入户效果直接影响区域内生产经营主体对标准化生产技术、操作规程等的知晓率和落实率。

【主要内容】

在标准入户方面，国家农产品质量安全县创建要求对辖区主导农产品全部制定生产操作规程和绿色防控技术性指导意见，形成易学易懂易用的挂图、明白纸等，标准入户率100%，禁限用药物名录在生产基地、农资经营门店张贴上墙率100%。此外，创建单位还应定期组织对农产品生产经营主体的标准化生产技术培训和指导，推动生产主体应知应会。

对于生产操作规程和绿色防控技术性指导意见的制定，创建单位可以联合本省有关科研院所、高校，地方农技推广机构，以及本地对特定品种产品种植养殖经验丰富的生产经营者共同研究制定。2021年，农业农村部针对食用农产品“治违禁 控药残 促提升”三年行动中的11个重点品种，分别组织制定了质量安全管控技术性指导意见，创建单位可根据该套指导意见，结合自身产业情况，进行指导实施或形成适合本地区的指导意见。

【典型示例】

四川省创建国家农产品质量安全县单位打造标准化基地，引导发展适度规模经营，规范生产管理，严格执行“五有一可”（即操作有规范、过程有记录、产品有标识、基地有监控、市场有监管、质量可追溯）生产标准，推行种养技术“一本书”、诱杀害虫“一盏灯”和“一块板”、生物防治“一袋虫”、绿色栽培“一口池”、生产投入“一本账”。

（三）技术推广

考核指标

推行统防统治、绿色防控、配方施肥、健康养殖和高效低毒农药兽药使用等技术。推广高效低毒、绿色环保的农业投入品，建立生物农药补贴制度。

围绕本县 1 ～ 2 个主导产品，推进现代农业全产业链标准化。开展相关农业标准化示范园区建设。

【目的意义】

推广标准化生产技术的应用，推动国家农产品质量安全县打造标准化生产样板区，起到示范带动作用。

【主要内容】

在技术推广方面，国家农产品质量安全县创建对县域整体农业生产和主导、特色产业的要求也有所不同。

1. 推行县域标准化技术

要求从两方面强化技术指导和推广应用，减少农药化肥等对人体健康和产地环境可能带来较大影响的农业投入品使用。一方面，通过推行统防统治、绿色防控、配方施肥、健康养殖等减少病虫害发生率，减少农药使用量，提升施肥效率和利用率，减少化肥施用量；另一方面，推广使用高效低毒农药兽药和高效低毒、绿色环保的农业投入品，建立生物农药补贴制度，减少传统农药的使用，推进农业产业向环境友好发展。

农业农村部等七部门联合开展的食用农产品“治违禁 控药残 促提升”三年行动，同样要求推动生产经营主体转变种植养殖方式，结合区域气候、生态等资源禀赋和农业生产现状，调整优化种植区域布局，指导农户采用绿色技术模式，摒弃大肥大水大药的传统种植习惯。倡导“三棵菜”科学种植，推广轮作间作模式，降低菌源基数和虫口密度，集成推广生态调控、生物防治、理化诱控、科学用药等绿色防控技术，加快农药减量。强化“一只鸡”、蛋禽、肉牛肉羊、“四条鱼”绿色养殖，推进现代养殖方式发展，继续实施兽用抗菌药使用减量化行动。督促养殖者加强水产、肉鸡、蛋鸡兽药使用管理，如养殖密度较大且管理能力跟不上的，应适度降低养殖密度。推动牛羊等畜禽屠宰法规制修订工作，有条件的地方将牛羊禽的屠宰纳入定点管理。

2. 全产业链标准化示范建设

结合农业农村部在2021年印发的《关于开展现代农业全产业链 标准化试点工作的通知》，对于县域的主导、特色产品、产品，国家农产品质量安全县创建进一步提出更高要求。

一是围绕县域1 ~ 2个主导、特色产品，制定并应用标准化综合体，推进现代农业全产业链标准化。以县域中影响力大、带动性强、产业基础好的主导、特色产品为主线，开展全产业链标准体系梳理、对比分析和跟踪评价。结合县域主导、特色产品的种养品种和生产模式，按照《农业综合标准化工作指南》（GB/T 31600—2015）及有关要求，加快产地环境、品种种质、投入品管理、产品加工、储运保鲜、包装标识、分等分级等关键环节标准的制修订，因地制宜集成一批特色鲜明、先进适用、操作性强的标准综合体。

二是开展主导、特色产业农业标准化示范园区建设。进一步强化县域内主导、特色产业全产业链标准化建设，在标准化综合体应用的基础上，针对该产业进一步集成从产地环境评价管理、品种培优、投入品管理、农产品加工、物流运输、储存保鲜、品牌培育、产销对接等主体、设施、机构和技术支撑，形成产业主导的农业全产业链标准化示范园区，进一步带动县域农业产业和区域经济发展。

【典型示例】

江苏省泰州市姜堰区在植保专业化服务组织培植过程中，灌输节药节本理念、农产品质量安全理念、生态环保理念，推广应用高效、低毒、低残留的生物、有机农药。2015年沈高镇汉土植保专业合作社与克胜集团等农药企业紧密合作，探索出“农企合作”植保服务新模式，入选全国农药零增长首选模式。同时，结合科技入户和农民培训工程，采取理论培训和田间观摩相结合，对家庭农场主、种养规模大户开展“周年化”培训，将标准化无公害生产技术传授给生产者，并自觉应用到生产全过程中。

（四）质量安全认证

考核指标

积极发展农产品“三品一标”，建立健全补贴奖励机制，绿色食品、有机农产品、名特优新、良好农业规范等获证产品占当地食用农产品生产总量或面积的比重达到20%。

【目的意义】

绿色、有机等农产品质量安全认证，是政府层面推动农业产业高质量发展、强化农业品牌培育的有力抓手。2020年年底，农业农村部提出将“品种培优、品质提升、品牌打造、标准化生产”和“绿色食品、有机农产品、地理标志农产品、达标合格农产品”这两个“三品一标”作为推动农业高质量发展的工作抓手。

【主要内容】

在质量安全认证方面，国家农产品质量安全县创建要求积极发展农产品“三品一标”，建立健全补贴奖励机制，绿色食品、有机农产品、名特优新、良好农业规范等获证产品占当地食用农产品生产总量或面积的比重达到20%。国家农产品质量安全县要作为标准化生产的样板区，在全国绿色优质农产品供应提升中，发挥不可或缺的作用。

【典型示例】

江西省新干县出台奖补政策，县财政每年安排500万元，对流转土地集中连片发展绿色蔬菜、优质水果的每亩奖补100元，成功申报无公害农产品、绿色食品、有机农产品和地理标志保护农产品的，每个分别奖励0.3万元、1万元、3万元、5万元。新干县先后获得全国商品粮基地县、全国生猪调出大县和江西省“菜篮子”基地县称号。

陕西扶风县出台《扶风县三品一标认证奖补办法》，促进“三品一标”认证工作。截至2020年年底，该县“三品一标”认证累计达到35户企业，45个产品获得有机、绿色、无公害认证，“天度苹果”获得国家知识产权局地理标志商标认证，全县农产品认证面积达到11万亩，占农产品生产总量的45%。

七、农产品质量安全监管体系健全

农产品质量安全监管体系健全，是基层农产品质量安全治理能力和治理水平的基础支撑和重要保障，农产品质量安全监管体系包括监管能力、检测能力、执法能力设备条件 4 个考核项目（表 4–9）。

表 4–9　健全农产品质量安全监管体系考核要点

考核指标	考核内容	是否是关键项
监管能力	县乡两级农产品质量安全监管部门明确、职责清晰、人员稳定，有机构、有人员、有经费、有手段负责农产品质量安全监管，满足工作需要	是
	农产品质量安全监管制度完善，建立岗位责任、巡查检查、信息上报、学习培训、考核奖惩等监管制度	否
	建立职责任务明确、考核体系完备、激励机制完善的村级农产品质量安全协管员队伍，建立村级服务站点	否
检测能力	县级农产品质量安全检测机构设施设备、人员配备满足工作需要，符合县级农产品质量安全检验检测机构建设相关标准，对农产品质量安全监管工作支撑保障有力	是
执法能力[1]	将农产品质量安全执法纳入综合执法，执法工作能够落实到位	是
	明确有部门负责食品安全监督执法及相关检测工作，执法及相关检测工作能够落实到位。（是关键项）	是
设备条件	配备县乡两级必要的检验检测、执法取证、样品采集、质量追溯等设施设备及交通工具，执法装备符合《全国农业综合行政执法基本装备配备指导标准》	否
	制订实施县、乡、村三级监（协）管人员专门全员培训计划，每名监（协）管人员每年接受农产品质量安全方面的集中专业培训达到 40 小时	否

（一）监管能力

考核指标

县乡两级农产品质量安全监管部门明确、职责清晰、人员稳定，有机构、有人员、有经费、有手段负责农产品质量安全监管，满足工作需要。

[1] 执法能力指标内容在本节第五部分农产品质量安全执法到位统一阐述。

> 农产品质量安全监管制度完善，建立岗位责任、巡查检查、信息上报、学习培训、考核奖惩等监管制度。
>
> 立职责任务明确、考核体系完备、激励机制完善的村级农产品质量安全协管员队伍，建立村级服务站点。

【目的意义】

考核监管能力的目的是加强基层监管队伍体系建设，明确监管职责分工，强化监管工具手段，完善监管工作制度，落实监管责任，等等。

【主要内容】

1. 县乡监管体系完善

县乡两级农产品质量安全监管体系完善的标志是机构健全、人员到位、职责明确、手段有效。在机构上，县级应根据国家农产品质量安全县创建要求，由县委县政府牵头农产品质量安全工作，分管县领导作为工作组组长，各有关部门各司其职。农业农村部门中应有专职负责农产品质量安全的科室，此外其他有关科室应积极协作，共同开展工作。乡镇层面，每个乡镇应该配有农产品质量安全监管服务机构。农产品质量安全监管服务机构可以在乡镇单独设立，也可依托乡镇的农业农村综合服务中心等机构建立，但应保留农产品质量安全监管服务机构或牌子，切实开展农产品质量安全监管工作。

在人员上，县乡两级应该保证由编制内的专职人员负责农产品质量安全监管工作；特别是在乡镇，应有相对长期固定的农产品质量安全监管员。县乡两级农产品质量安全监管工作人员数量应能够满足日常巡查检查、指导帮扶、监督抽查等工作要求。

在职责上，县乡两级农产品质量安全监管部门需要有明确的农产品质量安全监管职责；特别是乡镇农产品质量安全监管服务机构，其“三定”方案中应包括农产品质量安全治理的有关内容。

在手段上，县乡两级农产品质量安全监管部门应具备开展日常巡查、快速检测、技术指导、信息统计等常规工作的手段条件。对于农产品质量安全县创建来说，更应该在传统监管工具手段的基础上有所提升，推进信息化、智慧化监管。

2. 基层监管制度完善

国家农产品质量安全县创建要求县域监管部门建立健全岗位责任、巡查检查、信息上报、学习培训、考核奖惩等监管制度。一些基本要求可参照农业农村部印发的《关于加强乡镇农产品质量安全网格化管理的意见》《乡镇农产品质量安全监管公共服务机构日常巡查工作规范（试行）》和本节第四部分中网格化管理相关内容。

3. 村级监管体系制度完善

国家农产品质量安全县创建要求在村级建立职责任务明确、考核体系完备、激励机制完善的农产品质量安全协管员队伍，建立村级服务站点。关于农产品质量安全协管员队伍建立，可参照农业农村部印发的《关于加强乡镇农产品质量安全网格化管理的意见》和本节第四部分中网格化管理相关内容。关于建立村级服务站点，主要目的是进一步提升农产品质量安全第一线的监管服务能力，直接带动辖区内的农户和其他生产经营主体提升质量安全责任意识和自控自检能力。村级服务站点可以依托村委会、村级农业农村服务中心等场地建立，也可依托本地条件好的农产品生产企业或合作社，充分发挥前端主体的示范带动作用，提升周边农户的整体水平。村级服务站点一般可以包括供周边农户免费使用的快速检测仪器和相关试剂耗材，以提高农户自检的覆盖率；供周边农户自助打印、开具合格证的合格证自助一体机，以推动更多主体常态化、规范化开证；供生产经营主体、农产品质量安全协管员交流培训的培训室，以便加强对基层监管工作的指导。此外，有条件的村级服务站还可以为周边农户提供病虫害防控指导、生产技术咨询等服务。

【典型示例】

上海市浦东新区在创建国家农产品质量安全县的过程中，在已有“一图、二书、三员、四定”的监管示范镇模式上，延伸了“五有”和“六查”监管方式。“五有”，即有队伍，全区有镇级监管员 234 名，村协管员 352 名，企业信息员 444 名；有目标，在年初制订好本年度工作目标和工作任务；有追溯，经营上市的农产品有较简单的电子信息编码，和较完善的监管二维码；有经费，各单位用于农产品监管的管理和技术支持的财政经费约在 3000 万元，有力保障了地产农产品的安全；有应对，做好有效预警和应急处置方案。“六查”，即查责任是否到位、查目标是否有效制定、查执行是否有措施、查档案是否真实反映、查场所是否有秩序、查质量是否合格。

（二）检测能力

考核指标

县级农产品质量安全检测机构设施设备、人员配备满足工作需要，符合县级农产品质量安全检验检测机构建设相关标准，对农产品质量安全监管工作支撑保障有力。

【目的意义】

考核检测能力的目的是促进县级农产品质量安全检测机构设施设备、人员配备满足工作需要，符合县级农产品质量安全检验检测机构建设相关标准，对农产品质量安全监管工作支撑保障有力。

【主要内容】

要求县级农产品质量安全检测机构必须通过“双认证”，获取《检验检测机构资质认定证书》（CMA 证书）和《农产品质量安全检测机构考核合格证书》（CATL 证书）。

1. 检验检测机构资质认定

检验检测机构资质认定是国家市场监督管理总局为了规范检验检测机构资质认定工作，优化准入程序，根据《计量法》及其实施细则、《认证认可条例》等法律、行政法规的规定，设置的资质认定。该认定依据《检验检测机构资质认定管理办法》管理，由国家市场监督管理总局主管，并负责检验检测机构资质认定的统一管理、组织实施、综合协调工作；由省级市场监督管理部门负责本行政区域内检验检测机构的资质认定工作。

检验检测机构资质认定证书的有效期为 6 年，认定要求检验检测机构符合以下条件：一是为依法成立并能够承担相应法律责任的法人或者其他组织；二是具有与其从事检验检测活动相适应的检验检测技术人员和管理人员；三是具有固定的工作场所，工作环境满足检验检测要求；四是具备从事检验检测活动所必需的检验检测设备设施；五是具有有效运行保证其检验检测活动独立、公正、科学、诚信的管理体系；六是符合有关法律法规或者标准、技术规范规定的特殊要求。

2. 农产品质量安全检测机构考核

农产品质量安全检测机构考核是农业农村部为加强农产品质量安全检测机构管理，规范农产品质量安全检测机构考核，根据《农产品质量安全法》等有关法律、行政法规的规定，设置的机构考核管理。该考核依据《农产品质量安全检测机构考核办法》管理，由农业农村部负责全国农产品质量安全检测机构考核的监督管理工作，各省级农业行政主管部门负责本行政区域农产品质量安全检测机构考核的监督管理工作。

农产品质量安全检测机构考核合格证书的有效期为6年，考核对农产品质量安全检测机构主要有以下要求：在机构设置方面，农产品质量安全检测机构应当依法设立，保证客观、公正和独立地从事检测活动，并承担相应的法律责任。在技术人员方面，从事农产品质量安全检测的技术人员应当具有相关专业中专以上学历，并经所在机构考核合格，持证上岗。农产品质量安全检测机构的技术人员应当不少于5人，技术负责人、质量负责人和授权签字人应当具有中级以上技术职称或同等能力，并从事农产品质量安全相关工作5年以上。博士研究生毕业，从事相关专业检验检测工作1年及以上；硕士研究生毕业，从事相关专业检验检测工作3年及以上；大学本科毕业，从事相关专业检验检测工作5年及以上；大学专科毕业，从事相关专业检验检测工作8年及以上，可视为同等能力。仪器设备方面，农产品质量安全检测机构应当具有与其从事的农产品质量安全检测活动相适应的检测仪器设备，仪器设备配备率达到98%，在用仪器设备完好率达到100%。工作场所方面，农产品质量安全检测机构应当具有与检测活动相适应的固定工作场所，并具备保证检测数据准确的环境条件。从事相关田间试验和饲养实验动物试验检测的，还应当符合检疫、防疫和环保的要求。从事农业转基因生物及其产品检测的，还应当具备防范对人体、动植物和环境产生危害的条件。工作保障方面，农产品质量安全检测机构应当建立质量管理与质量保证体系，且具有相对稳定的工作经费。

【典型示例】

江苏省建湖县检测中心配备了气相、液相色谱仪等先进设备；各镇（街道、区）都建立了农产品快速检测室，配备了农残检测仪、电脑、空调、冰箱等设备；农业企业（基地）及农产品批发市场也相应建立了农产品快速检测室。

浙江省德清县拥有一个食品药品检验检测中心，承接全县食品药品包括农产品的定量检测。德清县农产品质量安全检测分三部分。一是定量检测，每年县农发资金专门拨付 50 万元用于农产品质量安全检测专项资金，每年定量检测在 650 批次左右。二是果蔬快速检测，13 个镇街道都配备检测室，镇街道农业农村办有专人开展果蔬的快速检测，每个镇街道果蔬快速检测 600 批次左右。三是水产快速检测，每年县农发资金 80 万元左右，用于开展全县水产的快速检测。每年开展第三方招投标，用购买服务的方式开展水产的快速检测，水产快速检测每年 2500 批次左右。检测对农产品品种、规模主体实现全覆盖。

（三）设备条件

考核指标

配备县乡两级必要的检验检测、执法取证、样品采集、质量追溯等设施设备及交通工具，执法装备符合《全国农业综合行政执法基本装备配备指导标准》。

制订实施县、乡、村三级监（协）管人员专门全员培训计划，每名监（协）管人员每年接受农产品质量安全方面的集中专业培训达到 40 小时。

【目的意义】

执法装备配备是农业行政执法能力现代化的主要标志，也是农业综合行政执法的条件保障。考核设备条件的目的是进一步补充完善本地区农业综合行政执法装备需求项目和数量，加大农业执法装备建设投入，确保执法装备配备能够满足农业综合行政执法工作需要。

【主要内容】

在设备条件方面，国家农产品质量安全县创建要求硬件上要配备县乡两级必要的检验检测、执法取证、样品采集、质量追溯等设施设备及交通工具，执法装备符合《全国农业综合行政执法基本装备配备指导标准》；软件上则需制订实施县、乡、村三级监（协）管人员专门全员培训计划，每名监（协）管人员每年接受农产品质量安全方面的集中专业培训达到 40 小时。

1. 硬件设备

2022 年，农业农村部印发《全国农业综合行政执法基本装备配备指导标准（2022 年版）》，分级分类提出了省市县三级农业综合行政执法机构执法装备配备的项目和数量，为农产品质量安全监管执法所需的硬件设备条件提供了标准。国家农产品质量安全县创建要求的设备配备，多数可以参考该指导标准，结合县域实际情况进行配置，确保监管执法等工作能够顺利开展。

一是基础装备类，主要包括监管巡查、执法专用的车辆（汽车、摩托车，含车载设备）；用于执法检查的农产品、农业投入品快速检验车；车载的定位导航仪、取样用冷藏箱；部门日常工作需要的台式计算机、笔记本电脑、打印机、传真机、装订机、复印机、投影仪、扫描仪；等等。《全国农业综合行政执法基本装备配备指导标准》中还规定了其他用于综合执法的专用基础装备。

二是取证设备类，主要包括抽样工具包、便携式冷藏箱、暗访取证设备、数码照相机、摄像机、录音笔、现场执法记录仪等。《全国农业综合行政执法基本装备配备指导标准》中还规定了其他用于综合执法的专用取证设备。

三是应急专用类，主要包括移动储存器、无线上网卡等一系列应急保障装备。

四是个人防护类，主要包括防护服装、防尘毒口罩、救护包、消毒设备及用品，以及其他监管执法过程中用于个人防护的设备用品。

2. 业务培训

国家农产品质量安全县创建规定每名监（协）管人员每年接受农产品质量安全方面的集中专业培训应达到 40 小时。创建单位应针对县、乡、村三级人员的工作职责和实际需求制订培训计划和方案，培训可以包括专题讲座、分组讨论、现场教学等各种形式，同时可以制作线上视频课程，供监（协）管人员随时随地观看，形成日常学习机制。

八、农产品质量安全制度机制基本完善

农产品质量安全制度机制基本完善既是对农产品质量安全工作提出的要求，也是国家农产品质量安全县创建的阶段性成果，农产品质量安全制度机制包括完善制度和创新机制 2 个考核项目（表 4–10）。

表 4–10　农产品质量安全制度机制基本完善考核要点

考核指标	考核内容	是否是关键项
完善制度	健全产地环境管理、农业投入品监管、生产过程管控、收购储运过程监管、农村食品小作坊管理、包装标识管理、突发事件应对等监管基本制度	否
创新机制	推行社会共治，发挥行业协会、检测机构作用，开展农产品安全进社区、校园、商超活动，建立农产品质量安全举报奖励制度。在本县现代农业产业园区、标准化生产基地、农业企业、农民专业合作社、家庭农场和所属政府网站及其他有关网站，积极开展创建宣传，鼓励引导社会公众参与创建工作	否
	积极运用信息化手段提升农产品质量安全管控能力，推进农产品质量安全智慧监管	否
	推进产销衔接，积极探索构建面向分散农户和收购储运主体的农产品质量安全责任落实机制和管理模式	否
	因地制宜建立主要农产品质量安全追溯体系，区域内 80% 以上规模生产经营主体（指在工商注册登记并正常运行的、从事农产品生产、加工、收购、储运的农业企业和农民专业合作社）及其产品实行追溯管理	是
	因地制宜探索主体管理、监管模式、部门协作、体系建设等其他创新并取得成效，具有推广价值	否

（一）完善制度

考核指标

健全产地环境管理、农业投入品监管、生产过程管控、收购储运过程监管、农村食品小作坊管理、包装标识管理、突发事件应对等监管基本制度。

【目的意义】

推动农产品产地环境管理、农业投入品监管、生产过程管控、收购储运过程监管、包装标识管理、突发事件应对等监管基本制度的健全完善。

【主要内容】

1. 产地环境管理

国家农产品质量安全县创建单位应开展农产品产地环境污染排查，摸清产地污染底数，落实农产品产地环境安全监测评价要求，把好农产品生产环境安全关。加强产地污染防控和污染区修复，净化农产品产地环境。结合区域气候、生态等资源禀赋和农业生产现状，调整优化种植区域布局，研究制定划定特定农产品严格管控区域的建议方案，从产地源头强化农产品质量安全保障。

2. 农业投入品监管

农业投入品监管在工作考核第三部分“农业投入品监管有力”中作出了相应要求。国家农产品质量安全县创建单位应依法规范农药、兽药、肥料、饲料及饲料添加剂等农业投入品生产经营管理，严查隐性添加行为。加强限用农业投入品监管，全面推行农业投入品经营主体备案许可，落实农业投入品经营诚信档案和购销台账，建立健全高毒农药定点经营、实名购买制度。探索建立农业投入品安全使用指导员制度，负责定期对区域内农业投入品经营门店及生产企业开展用药指导及监督。加强农业投入品网络销售平台的监督。

3. 生产过程管控

国家农产品质量安全县创建单位应建立健全监管名录和重点监管名录，指导督促农产品生产主体加强质量安全管理，开展生产自查、委托检验等措施，鼓励农产品生产主体对禁限用农兽药残留、常规农药残留开展针对性速测。加快合格证推广应用，指导生产主体规范化、常态化开具合格证，鼓励与电商平台、集团采购相对接，推动产地直销农产品带证销售。探索生产过程管控技术和模式创新，推广农产品生产记录自动识别、便捷化采集，实现生产过程管控可视化。

4. 收购储运过程监管

收购储运过程监管是农产品质量安全从产地到餐桌全程监管的重要一环，国家农产品质量安全县创建单位应探索对农产品收收购储运主体和储运设施设备建立管理台账，推动落实农产品收购储运环节的交货查验、档案记录、自查自检和无害化处理等制度。严格生猪定点屠宰管理，督促落实进场检查登记、肉品检验、“瘦肉精”自检等制度。强化生鲜乳生产和收购运输环节管理，督促落实生产、收储、运输记录和检测记录。

延伸阅读

农产品收储运环节监管

2014年农业部印发《关于加强农产品质量安全全程监管的意见》强调加强农产品收储运环节监管。

一是加快落实监管责任。按照国务院关于农产品质量和食品安全新的监管职能分工，抓紧对农产品收购、储藏、保鲜、运输环节监管职责进行梳理，厘清监管边界，消除监管盲区。加快制定农产品收储运管理办法和制度规范，抓紧建立配套的管控技术标准和规范。探索对农产品收储运主体和储运设施设备进行备案登记管理，推动落实农产品从生产到进入市场和加工企业前的收储运环节的交货查验、档案记录、自查自检和无害化处理等制度，强化农产品收储运环节的监督检查。

二是加强“三剂”和包装材料管理。强化农产品收储运环节的保鲜剂、防腐剂、添加剂（统称“三剂”）管理，制定专门的管理办法，加快建立“三剂”安全评价和登记管理制度。加大对重点地区、重点产品和重点环节“三剂”监督检查。强化对农产品包装材料安全评估和跟踪抽检。推广先进的防腐保鲜技术、安全的防腐保鲜产品和优质安全的农产品包装材料，大力发展农产品产地储存保鲜冷链物流。

三是强化畜禽屠宰和奶站监管。认真落实畜禽屠宰环节质量安全监管职责，严格生猪定点屠宰管理，督促落实进场检查登记、肉品检验、“瘦肉精”自检等制度。强化巡查抽检和检疫监管，严厉打击私屠滥宰、屠宰病死动物、注水及非法添加有毒有害物质等违法违规行为。严格屠宰检疫，未经检验检疫合格的产品，不得出场销售。加强婴幼儿乳粉原料奶的监督检查。强化生鲜乳生产和收购运输环节监管，督促落实生产、收储、运输记录和检测记录，严厉打击生鲜乳非法添加。

四是切实做好无害化处理。加强病死畜禽水产品和不安全农产品的无害化处理制度建设，严格落实无害化处理政策措施。指导生产经营者配备无害化处理设施设备，落实无害化处理责任。对于病死畜禽水产品、不安全农产品和假劣农业投入品，要严格依照国家有关法律法规做好登记报告、深埋、焚烧、化制等无害化处理工作。

延伸阅读

四川省射洪市农产品收储运过程监管制度

第一条　按照属地管理原则，镇农业服中心、畜牧站要建立健全辖区收储运主体信息，建立农产品收购、储存、运输企业监管名录。

第二条　严格落实生产经营单位主体责任，签订收购、储存、运输质量安全承诺书或责任书，落实收储运生产经营单位主体责任。加强对农产品储存过程中杀虫、灭菌、保鲜、包装、储存、运输的技术、工艺、材料监管，确保符合质量安全标准。

第三条　镇农业服中心、畜牧站要督促农产品收储运主体建立收储运设施设备备案登记管理制度，交货查验、档案记录、自查自检和无害化处理等内部制度。定期开展督导巡查，及时发现、纠正和惩处违规违法行为，保障下游农产品质量安全。

第四条　镇农业服务中心、畜牧站要加强抽查检测，消除风险隐患。加强对重点区域、重点产品和重点环节保鲜剂、防腐剂、添加剂的抽查和检测，严防违法添加行为。

第五条　加强部门协作。市镇农业、食品药品监管、工商质监等部门建立协作机制，消除监管盲区。

5. 包装标识管理

农产品包装标识是提升农产品品质质量、强化储运过程中安全保障的有效方法，也是落实农产品标识上市，实现质量安全责任可追溯的重要载体。国家农产品质量安全县创建单位应依据《农产品包装和标识管理办法》加强包装标识管理，指导和督促生产经营主体对农产品进行分级包装和依法标识标注，要求农产品生产企业、农民专业合作社及从事农产品收购的单位或者个人销售的农产品，按照规定应当包装或者附加合格证等标识的，须经包装或者附加标识后方可销售。

6. 突发事件应对

突发事件应急预案是食品安全和农产品质量安全的最后一道防线，国家农产品质量安全县创建单位应根据法律、行政法规的规定和上级人民政府的农产品质量安全突发事件应急预案，制定本行政区域的农产品质量安全突发事件应急预案。国家农产品质量安全县发生农产品质量安全事故时，政府部门应当采取控制措施，及时报告；发生重大农产品质量安全事故时，按照规定上报国务院及有关部门。在处理突发事件时应务必注意，任何单位和个人不得隐瞒、谎报、缓报农产品质量安全事故，不得隐匿、伪造、毁灭有关证据。

【典型示例】

四川省苍溪县建立“一图、二书、三员、四定”监管规范，即制定“产业分布图”，签订“农产品质量安全责任书和承诺书”，设立“监管员、协管员（村防员）和检测员”，并且“定职责、定区域（对象）、定任务、定考核”。同时，实行“一把手”年度述职制度，每年末，县级政府“一把手”向上级政府、农产品质量安全工作领导小组成员单位书面报告农产品质量安全“一把手”责任制履职情况。

（二）创新机制

考核指标

推行社会共治，发挥行业协会、检测机构作用，开展农产品安全进社区、校园、商超活动，建立农产品质量安全举报奖励制度。在本县现代农业产业园区、标准化生产基地、农业企业、农民专业合作社、家庭农场和所属政府网站及其他有关网站，积极开展创建宣传，鼓励引导社会公众参与创建工作。

积极运用信息化手段提升农产品质量安全管控能力，推进农产品质量安全智慧监管。

推进产销衔接，积极探索构建面向分散农户和收购储运主体的农产品质量安全责任落实机制和管理模式。

因地制宜建立主要农产品质量安全追溯体系，区域内80%以上规模生产经营主体（指在工商注册登记并正常运行的、从事农产品生产、加工、收购、储运的农业企业和农民专业合作社）及其产品实行追溯管理。

因地制宜探索主体管理、监管模式、部门协作、体系建设等其他创新并取得成效，具有推广价值。

【目的意义】

考核创新机制的目的是依靠在创建过程中打下的坚实基础，因地制宜探索主体管理、监管模式、部门协作、体系建设等方面创新举措，形成一系列典型经验。

【主要内容】

1. 创新社会共治机制

应推行社会共治，调动全域各方力量，发挥行业协会、检测机构作用，组织开展农产品安全进社区、校园、商超活动，让更多群众参与到国家农产品质量安全县创建活动中来。发挥地方媒体、网络平台作用，开展专题宣传报道，在政府网站显著位置展示国家农产品质量安全县创建活动亮点，在相关县情、农情介绍中增加国家农产品质量安全县及农产品质量安全相关内容，在“百度百科”关于该县词条中加入国家农产品质量安全县内容。发挥业内主体、社会群众作用，建立农产品质量安全举报奖励制度，鼓励引导农产品生产经营者自身和社会公众参与农产品质量安全监管工作，形成多元共治的新局面。

2. 探索智慧监管模式

智慧监管是新时期农产品质量安全监管的必然发展方向，是解决基层人员力量不足等问题、大幅提升监管执法等工作效能的有效手段。近年来，远程视频监控、高清视频识别、5G、AI 等现代化技术已经逐步进入农产品质量安全监管视野。国家农产品质量安全县创建单位更应率先进行监管能力升级，在“产出来”方面推广农产品生产记录自动识别、便捷化采集，生产主体信息动态化管理、自主化更新，实现生产主体信息、生产过程管控可视化。在“管出来”方面创新探索新型农产品质量安全智慧监管模式，建设完善农产品质量安全综合监管平台，强化大数据管理和应用，加快提升监管信息化水平。

3. 推行合格证管理

合格证制度是落实生产经营者主体责任、衔接农产品产地准出市场准入、推动农产品达标合格上市、实现农产品质量安全监管从后端产品监管到主体监管重要转变的关键手段。国家农产品质量安全县创建单位在根据考核要求，督促生产主体规范化常态化开具合格证的同时，还应加快合格证的推广使用，将合格证与参加各类展示展销会、参评各类品牌、奖项和项目支持挂钩；将合格证制度纳入食品安全等考核内容，落实监管部门工作责任。进一步加强与市场监管部门的对接，强化食用农产品进入市场的索证索票，明确将合格证作为质量安全合格凭证的一种，倒逼生产主体自觉开具合格证。

4. 建立农产品追溯体系

农产品追溯的目的是在全程监管过程中的各环节都能够溯源产品来源的责任主体，包括信息化追溯、追溯标签说明、合格证等多种实现形式。国家农产品质量安全县创建要求因地制宜建立主要农产品质量安全追溯体系，区域内80%以上规模生产经营主体（指在工商注册登记的农业企业、农民专业合作社、收购储运企业）及其产品实行追溯管理。

【典型示例】

浙江省衢州市衢江区将深化农旅结合，探索工业农业服务业三产联动、生产生活生态“三生融合”的新业态。在全省率先开通家庭农场周末免费直通车，打造“开放型田园超市”，消费者通过参观农场生产基地，了解农产品生产过程，体验农事生活，打通了农产品质量安全信任危机的“最后一公里”。深化农社对接，推进放心农产品进社区，开设放心农产品城区直销店、社区直供点，打通直销通道。深化农超对接，设立衢江区放心农产品销售专区，实现以销定产、以销带产。目前，开设蔬菜、瓜果等直销店10家，在各大超市开设专柜20余个。深化电商对接，实行电子商务和专业实体线上线下“双线”联动、齐头并进，探索建立电商交易平台——淘宝特色中国·衢州馆，200家1000多个特色名优产品在该平台展示，实行“网络订单+农场销售+物流配送”一条龙服务。

河南省内黄县投入500万元进行了内黄县农产品（食品）质量安全监管追溯平台项目建设，该平台建设充分利用“大数据”“物联网”等现代信息技术，涵盖“全程追溯、智能监管、农资监管、风险监测、移动管理、远程可视、公众信息服务、综合服务应用、实验室数字化管理、农产品价格采集与处理”十大系统，通过“信息采集、分析决策、信息查询、数据共享”和“农产品质量安全监管综合服务门户”展示应用，具备了“高度开放、覆盖全县、共享共用、通查通识”等特点，可以为农产品质量安全主体备案、过程记录、标识管理、索证索票、质量监测和执法监管信息化管理提供技术支持，为农产品质量安全公众信息查询、政府部门数据分析应用和统一开展追溯管理等提供技术服务。

山东省寿光市研究出台《农产品质量安全领域“红黑名单”管理办法（试

行)》，以信用惩戒倒逼生产经营者遵规守法、安全生产。全面落实使用农产品合格证制度，实现农产品“带证明上网、带编码上线、带标识上市”。整合农产品生产、农资实名制销售、农产品质量检测、农产品交易等大数据资源，实现全程质量信息化智慧追溯。实行“拉网式”排查，做到上市蔬菜抽检“全覆盖”

第三节　质量安全水平考核

质量安全水平部分在整个考核中的权重为20%，该部分包括3个考核要点，全部为关键项。质量安全水平从国家农产品质量安全县创建单位辖区内农产品质量安全监测合格率、禁用药物治理水平、重大农产品质量安全事件情况3个层面进行考核。本节内容重点介绍质量安全水平考核的目的意义和考核内容。

一、目的意义

国家农产品质量安全县创建的首要任务和底线要求就是保障其生产、流通、销售农产品的质量安全。农产品监测合格率、禁用药物治理情况和农产品质量安全事件发生情况是对创建工作的最直观反映，也是最根本要求。

（一）整体水平高且稳定是基本要求

农产品例行监测合格率是对区域内农产品质量安全整体水平的最直观反映，也是农产品质量安全工作的主要评价指标。2021年作为“十四五”开局之年，农业农村部在全国农产品质量安全监管工作会议上明确了“十四五”时期农产品质量安全“强监管保安全，提品质增效益”的工作主线，提出到“十四五”期末，主要农产品监测合格率要稳定在98%以上的工作目标。因此，在国家农产品质量安全县创建考核中明确农产品监测合格率的要求，是落实国家层面整体工作部署和农产品质量安全工作的基本要求。

农产品监测合格率的数据来源于各级农产品质量安全例行监测工作，我国从 2001 年开始建立并启动实施农产品质量安全例行监测工作。《农产品质量安全法》规定，国家建立农产品质量安全监测制度。县级以上人民政府农业农村行政主管部门应当按照保障农产品质量安全的要求，制订并组织实施农产品质量安全监测计划，对生产中或者市场上销售的农产品进行监督抽查。《农产品质量安全监测管理办法》规定，农产品质量安全监测包括农产品质量安全风险监测和农产品质量安全监督抽查。农产品质量安全风险监测，是指为了掌握农产品质量安全状况和开展农产品质量安全风险评估，系统和持续地对影响农产品质量安全的有害因素进行检验、分析和评价的活动，包括农产品质量安全例行监测、普查和专项监测等内容。

2015—2021 年，国家农产品质量安全例行监测总体合格率依次为 97.1%、97.5%、97.8%、97.5%、97.4%、97.8% 和 97.6%，连续 7 年合格率保持在 97% 以上，反映出全国农产品质量安全水平整体稳中向好，也代表了全国农产品质量安全监管工作的综合成效。国家农产品质量安全县创建是县域农产品质量安全治理能力和治理水平的全面提升，必然要求农产品例行监测合格率应高于全国整体水平。

（二）禁用药物基本杜绝是安全底线

对违法使用禁用农药兽药、非法添加行为的集中治理、严厉打击，是近 20 年来我国农产品质量安全工作的突出成效之一，也是保障农产品消费安全的底线要求。2021 年农业农村部等七部门联合开展的食用农产品“治违禁 控药残 促提升”三年行动，针对严查种植养殖屠宰环节使用禁限用药物行为提出明确的重点任务，要求坚持“零容忍”，在乡镇加大日常巡查检查力度，用好快速检测手段，实行精准监管。在农药兽药经营门店、种植养殖基地和合作社场所张贴禁限用药物清单等宣传资料。要求县级农业农村部门充分利用限用农药经营购销台账，对限用农药实际用途与标签标注的使用范围不一致的，应依法严厉查处；加大监督抽查力度，提高抽检比例，发现不合格产品及时向社会公布，对违法行为跟进开展执法查处，强化行政执法与刑事司法衔接。因此，在国家农产品质量安全县创建对禁用药物治理力度和效果作出严格的考核要求，确保坚守质量安全底线。

禁用药物的治理情况主要通过农产品质量安全例行监测和监督抽查两方面数据体现。农业农村部门开展的例行监测结果中，包含县域对产地、市场等环节农产品的禁用药物和常规用药残留等参数的监测情况；监督抽查则由农业农村部门和市场监管部门分别针对产地、市场环节开展。

2021 年农业农村部开展国家农产品质量安全监督抽查的问题发现率约为 1.23%，各省级农业农村部门开展监督抽查的问题发现率约为 1.40%。这一方面证明近年来全国对禁用药物的管控和治理越来越严格，使用禁用药物、非法添加等违法违规行为得到极大的遏制；另一方面也反映出，使用禁用药物行为仍然存在，针对此类问题的高压打击绝不能够放松。

（三）重大质量安全事件一票否决

农产品质量安全事件一旦发生，会对农产品产业、消费市场乃至整个社会造成很大的负面影响，是直接关乎民生和产业发展的重要问题。因此，在食品安全和农产品质量安全相关的各级别考核中，都将发生重大质量安全事件或重大负面舆情等单独作为关键项目提出。

在全国农产品质量安全监管体系建设发展初期，我国曾发生过多次食品安全或农产品质量安全事件，造成了很大的负面影响。例如，2003 年“阜阳劣质奶粉”事件，不法分子用淀粉、蔗糖等价格低廉的食品原料全部或部分替代乳粉；2005 年“苏丹红鸭蛋”事件，河北省两个重点养鸭县被查出有养殖户用添加苏丹红的饲料喂鸭，以生产“红心鸭蛋”；2006 年“多宝鱼药物残留超标”事件，渔农在喂养过程中使用孔雀石绿、恩诺沙星、环丙沙星、氯霉素、红霉素等多种禁用鱼药；2008 年三鹿奶粉“三聚氰胺”事件，不法分子在奶粉中添加化工原料三聚氰胺。随着我国农产品质量安全治理能力的不断提升，近年来食品安全和农产品质量安全事件已很少发生，但历年“3·15”都关注到仍有一些地方存在食品安全问题。

国家农产品质量安全县代表了全国县域农产品质量安全的最高水平，在食品安全和农产品质量安全事件方面要确保“零发生”，更不能因为地方保护主义等问题，故意隐瞒问题隐患，持续深入排查，强化执法震慑，将问题抓小抓早是国家农产品质量安全县创建的必要条件。

二、考核内容

质量安全水平这一部分考核中，共有 3 个考核要点，全部为关键项，包括质量安全监测合格率、禁用药物治理水平和农产品质量安全事件情况。

（一）质量安全监测合格率

国家农产品质量安全县创建要求农产品监测合格率达到 98.5% 以上。监测合格率数据以省级农业行政主管部门组织开展的农产品质量安全监测结果为测算依据，监测范围要包括县域内的主要农产品，监测参数要包括涉及质量安全的关键要素。提升质量安全监测合格率要求国家农产品质量安全县创建单位从监管各方面着手，加强从产地到市场的全程监管，特别是做好以下三项工作。

一是做好县域的农产品质量安全风险监测。考核中的质量安全监测合格率数据来源于省级监测，因此县域的风险监测是提前掌握情况、发现问题、开展针对性治理的重要途径。国家农产品质量安全县创建单位应围绕重点主体、重点品种提高定量抽检数量，对各级监测中发现的问题线索及时跟进开展监督抽查，切实提升质量安全水平。

二是强化乡镇日常巡查检查。在乡镇网格化管理中明确要求对辖区内农产品生产经营主体的巡查检查覆盖率达到 100%，巡查检查特别注意对常规农药兽药使用是否符合农药安全间隔期、兽药休药期，是否存在超剂量超范围用药等情况加大关注。创建单位还可探索推进常规农药的针对性快速检测，由乡镇和村级加强农产品质量安全把关，防止不合格产品流入市场。

三是探索建立质量安全问题跨区域溯源。农产品质量安全风险监测不仅针对产地农产品，市场销售的农产品同样占有一定的抽样比例。而市场上销售的农产品不全部来源于其所在地区，因此对于监测中发现市场销售环节农产品不合格等问题，要能够及时追查责任源头和农产品来源，明确问题的发生环节，有针对性地开展监管执法。

（二）禁用药物治理水平

国家农产品质量安全县创建要求本县域生产销售的蔬菜、水果、茶叶等种植业产品中禁用农药、畜产品中“瘦肉精”、水产品中孔雀石绿、硝基呋喃等禁用药物违法违规使用现象基本杜绝，发现问题溯源查办有力、整改到位。强化禁用药物治理水平要求国家农产品质量安全县创建单位聚焦县域农药兽药残留突出问题，践行最严格的监管和最严厉的处罚，特别是做好以下三项工作。

一是强化农药兽药生产经营管理。按照国家有关部门要求，兽药实施二维码追溯管理，确保兽药产品全部赋码上市、产品入库出库追溯数据全部上传至国家兽药产品追溯系统；加强兽用原料药管理，将原料药纳入追溯范围，防止非法流入养殖、屠宰环节；加强水产养殖投入品管理，加强农药兽药网络销售平台的监督；协同开展农药兽药经营网络清理专项整治行动，组织搜索引擎、第三方交易平台等对涉及农药兽药经营和宣传情况开展自查整改，在信息查询、数据提取、违法信息屏蔽、停止服务等方面提供技术支持，有力打击网上违法销售行为。对农药兽药网络经营等突出问题开展专项整治，对区域内涉及的农药兽药网络经营和宣传情况开展自查整改，以有力打击网上违法销售行为。

二是加大违法违规行为打击力度。坚持对种植养殖屠宰环节使用禁限用药物行为“零容忍”。在农药兽药经营门店、种植养殖基地和合作社场所张贴禁限用药物清单等宣传资料；国家农产品质量安全县创建单位充分利用限用农药经营购销台账，对限用农药实际用途与标签标注的使用范围不一致的，应依法严厉查处；加大监督抽查力度，提高抽检比例，发现不合格产品及时向社会公布，对违法行为跟进开展执法查处，强化行政执法与刑事司法衔接。

三是推动重点品种转变种养方式。结合区域气候、生态等资源禀赋和农业生产现状，调整优化种植区域布局，指导农户采用绿色技术模式，摒弃大肥大水大药的传统种植习惯。倡导豇豆、韭菜、芹菜等重点品种科学种植，推广轮作间作模式，降低菌源基数和虫口密度，集成推广生态调控、生物防治、理化诱控、科学用药等绿色防控技术，加快农药减量。督促养殖者加强水产、肉鸡、蛋鸡兽药使用管理，如养殖密度较大且管理能力跟不上的，应适度降低养殖密度。推动牛羊等畜禽屠宰法规制修订工作，有条件的地方将牛羊禽的屠宰纳入定点管理。

（三）农产品质量安全事件情况

国家农产品质量安全县创建要求3年内未发生农产品质量安全事件，未发生因本县生产的农产品造成其他地方发生重大农产品质量安全事件，未因本地农产品质量安全工作被上级有关部门约谈或通报，未发生农产品质量安全重大负面舆情。有效防止农产品质量安全事件发生要求国家农产品质量安全县创建单位聚焦进一步加强问题隐患的排查力度，对可能发生的问题防患于未然，对已发生的问题迅速出击，特别是做好以下几项工作。

一是加强农产品质量安全社会舆情监测与处置。国家层面对全国农产品质量安全舆情统一开展监测，但是地方层面工作开展尚待加强，国家农产品质量安全县创建单位应从县域层面加强网络舆情、谣言等的监测，一旦发现问题苗头，及时协调各有关部门第一时间妥善处理。

二是健全农产品质量安全投诉举报机制与渠道。国家农产品质量安全县创建单位作为提升农产品质量安全的典型，应在社会共治建设方面进一步加强工作力度，畅通社会层面、主体内部层面的投诉举报渠道，在问题事件发生前予以快速解决。探索建立投诉举报奖励机制，进一步提升农产品质量安全监管工作的社会参与度，排查监督抽查、风险监测、日常巡查等工作中未能发现的问题隐患。

三是加快农产品质量安全信用体系建设与推进。一些农产品质量安全事件的出现既源自生产经营主体自我质量安全管控不严，也源自农产品质量安全违法违规成本较低，生产经营主体质量安全意识不高等。创建单位应利用农产品质量安全县创建优势，进一步强化农产品质量安全信用体系建设，推动生产经营主体信用信息动态监测、分级分类监管，推动违法违规行为实施联合惩戒，率先在县域范围内做到失信者处处受限，增加失信行为违法成本，引导社会科学健康消费。

第四节　群众满意度考核

群众满意度部分在整个考核中的权重为20%，该部分包括1个考核要点，为关键项。群众满意度考核包括群众对农产品质量安全专项整治情况、监管部门工作情况、质量安全信息发布和知识宣传普及情况、投诉举报情况、发现问题处置情况、质量安全状况等多个方面的满意度考核。

一、目的意义

群众满意度既是社会对农产品质量安全工作的主观判断，也是对农产品质量安全工作各方面成效的综合反映。对于国家农产品质量安全县创建来说，群众满意是一切创建工作的导向性要求。

1.群众满意是政府部门必须重视的政治任务

农产品质量安全是重要的民生工程，关系到老百姓的切身利益，中央层面一直将群众满意作为食品安全和农产品质量安全工作要求。在2013年的中央农村工作会议上，习近平总书记强调，“能不能在食品安全上给老百姓一个满意的交代，是对我们执政能力的重大考验。我们党在中国执政，要是连个食品安全都做不好，还长期做不好的话，有人就会提出够不够格的问题。所以，食品安全问题必须引起高度关注，下最大气力抓好”。为此，考核群众满意度就是在考核县委、县政府是否真正落实了食品安全属地管理责任，将食品安全和农产品质量安全切实摆在重要位置。

2.群众满意是农产品质量安全工作成果的最重要反映

国家农产品质量安全县创建考核创建单位的农产品质量安全治理能力和治理水平。治理能力强代表创建单位具备了做好质量安全工作的硬件、软件条件和完善的工作机制，治理水平高代表创建单位在监测数据层面基本实现了农产品质量安全的全面管控。但这些工作和结果最终都必须转化成为群众满意度，才能真正佐证国家农产品质量安全县达到了创建要求。

3. 群众满意是实现创建成果共享的第一步

国家农产品质量安全县创建既是对县域农产品质量安全工作的全面提升，更是县域开展农业公共品牌培育、推进特色农产品全产业链发展的新起点。县域通过国家农产品质量安全县这一“金字招牌”，进一步整合资源、集中力量、发扬优势，融合一二三产业，形成全县农业农村的新形象。为此，创建单位首先要做到辖区内的农产品生产经营者积极主动提升、消费者放心安心消费，群众满意才能进一步让国家农产品质量安全县的招牌走出县域，走出本省，走向全国。

二、考核内容

国家农产品质量安全县考核中对群众满意度必须考核的内容作出了规定，包括群众对农产品质量安全专项整治情况、监管部门工作情况、质量安全信息发布和知识宣传普及情况、投诉举报情况、发现问题处置情况、质量安全状况等。

群众满意度是群众对国家农产品质量安全县创建活动本身，以及对创建后县域政府部门开展农产品质量安全工作情况、农产品质量安全水平等的综合满意度，同时还反映了群众对国家农产品质量安全县创建前后的对比感受。

国家农产品质量安全县创建要求由省级农业行政主管部门委托第三方机构对省内各创建单位开展群众满意度调查，考核内容要包括群众对农产品质量安全专项整治情况、监管部门工作情况、质量安全信息发布和知识宣传普及情况、投诉举报情况、发现问题处置情况、质量安全状况等多个方面内容的满意度考核，考核结果群众满意度应在 80% 以上。

1. 农产品质量安全专项整治情况

农产品质量安全专项整治是由农业农村部门组织牵头，采用指导培训、强化巡查、问题排查、针对性监督抽查、联合执法办案等一系列措施形成的“组合拳”，聚焦农产品质量安全突出问题进行集中治理。在国家层面，每年持续开展农产品质量安全专项整治，特别是近年来专项整治力度进一步升级，2019 年由中央纪委国家监委牵头开展了专项整治漠视侵害群众利益问题，其中农产品质量安全专项整治作为重要内容之一；2020年农业农村部开展农产品质量安全专项整治“利剑”行动；2021年农业农村部、市场监管总局、公安部、最高人民法院、最高人民检察院、工业和信息化部、国家卫生健康委七部门联合开展食用农产品“治违禁、控药残、促提升”三年行动。

农产品质量安全专项整治情况在群众满意度测评中主要体现在以下两个方面：一是知晓程度，即群众是否知晓专项整治工作开展，特别是农产品生产经营主体是否知晓。因为开展专项整治一方面是打击违法违规行为，另一方面也要形成持续的震慑作用，让生产经营主体不敢违规，让消费者放心消费。二是对开展专项整治效果的满意程度，主要体现在整治前后的质量安全对比情况、对整治期间公布的案件查办情况是否满意等。

2. 监管部门工作情况

监管部门工作情况主要包括农业农村部门和市场监管部门开展农产品质量安全工作的情况，对于群众来说就是农产品从产地到餐桌各个环节的质量安全监管情况。

虽然群众对具体的农产品质量安全监管工作开展不够了解，无法从专业的角度作出判断，但是各环节监管工作的开展情况，能在一些方面给予群众直观的感受，这些方面往往也是群众关切关心的。例如，农产品产地周边环境情况、监管部门开展日常巡查检查和执法检查情况、农产品进入市场是否有索证索票和入市查验、市场销售的农产品是否有质量安全标志等。在对监管部门工作情况进行群众满意度考核时通常也将从这几方面考虑。

3. 质量安全信息发布和知识宣传普及情况

质量安全信息发布和知识宣传普及是群众了解政府部门农产品质量安全工作的重要途径，是群众主观评价农产品质量安全水平的重要依据，也是引导安全健康消费的重要手段。质量安全信息发布应包括各级农产品质量安全监测结果及问题处理情况的通报，监管部门查办农产品质量安全案件和典型大案公布，监管部门开展专项整治、执法检查、问题排查等监管工作部署安排和情况公开，农产品质量安全舆情回应等。知识宣传普及针对社会公众和消费者，应包括农产品质量安全知识科普、本区域农产品质量安全情况宣传、国家农产品质量安全县创建成效宣传、农产品有关谣言科普宣传等。

群众满意度对质量安全信息发布和知识宣传普及一般会包含一些询问群众

了解情况的问题，如是否了解农产品质量安全状况、是否接受过相关科普等。但更多情况下，质量安全信息发布和知识宣传普及的结果会反映在群众满意度考核的各个方面。

4. 投诉举报和发现问题处置情况

投诉举报是推动农产品质量安全社会共治的重要举措，也是群众反映农产品质量安全问题的主要途径，政府部门对群众投诉举报的处置情况直接影响群众满意度和部门公信力，因此投诉举报和发现问题处置情况也是群众满意度考核中的重要内容。

在群众满意度考核测评中，被调查的对象可能多数并没有亲身经历过投诉举报，因此该部分考核内容首先是调查群众是否了解农产品质量安全投诉举报途径、是否存在需要投诉举报但找不到有关渠道的情况、是否见到过投诉举报有关的宣传或公示等，此外还包括调查投诉举报的问题是否得到及时解决、对处理结果是否满意等。

5. 质量安全状况

质量安全状况即群众对本区域农产品质量安全、农产品消费体验的综合评判，是群众对于农产品质量安全水平的主观认知。确保农产品质量安全既是国家农产品质量安全县创建的重点任务和底线要求，也是完成群众满意度不断提高这一创建目标的前提条件。

在群众满意度考核测评中，对农产品质量安全状况的调查一般包括群众对农产品质量安全状况的整体感受，对消费农产品存在质量安全问题的担忧程度，对农药兽药残留、重金属超标、化学污染物污染、质量安全谣言等问题的主观感受和关注程度等。

三、考核方式

根据国家农产品质量安全县县创、省评、部公布的创建管理要求和国家农产品质量安全县考核办法，群众满意度的考核由省级农业行政主管部门委托第三方机构开展。调查群众满意度的方法一般包括问卷调查法、访问调查法、集体访谈法、实地观察法等，第三方机构开展群众满意度测评通常以问卷调查法为主，同时综合上述方法进行评估。群众满意度问卷调查的基本程序包括，确定调查内容、设计调查问卷、制取调查样本、征询被调查者意见、整理调查资料、进行分析统计。此外，根据问卷调查的初步结果，组织人员进行进一步的访问调查、实地核查、补充调查等，最终对调查结果全面整理分析，形成群众满意度调查结论。

实际工作中，因为群众满意度考核的调查由各省级农业农村部门负责组织开展，因此在国家农产品质量安全县考核办法的总体要求基础上，对调查具体内容、方式、方案的把握会更加结合当地实际，各省有所不同。总的来说，开展群众满意度调查还应注意以下三点。

1. 把握好群众了解与工作实际的关系

信息是考核调研的基础，但是群众了解的农产品质量安全情况和政府部门掌握的情况、实际工作开展情况等必然存在信息不对称问题。虽然群众满意度属于主观性评价，在国家农产品质量安全县创建中也有对政府部门加强信息公示公开、科普宣传的明确要求，但在群众满意度调查时，还是可以先对辖区内农产品质量安全整体水平和工作情况做一个概括性的介绍，一方面减少被调查群众和政府部门间的信息差，另一方面也起到再次宣传的效果。同时，在群众满意度调查设计时，也应充分考虑实际工作与群众了解信息之间的区别，合理设置调查问题，尽可能通过群众可以直观感受到的信息来反映工作情况和成效。

2. 把握好群众身份与群众评价的关系

群众对农产品质量安全工作的满意度可能和其身份有关，特别是在县域范围内对农产品质量安全进行评价，抽样时容易抽取农产品生产经营相关从业人员，这部分人员对于满意度的标准和其他消费者可能不同。例如，在农产品进入批发市场环节严格管控、加强入市检测，对于农产品质量安全来说是必要的，但是对于入市销售者来说可能认为增加了麻烦；对于农户使用农药进行严格监管，对违法违规行为进行依法处罚，也可能造成农户的不满情绪，而农户作为一些县域的主体群众，这种影响有可能会反映到群众满意度上。因此，在开展群众满意度调查时应把握好这层关系，不应完全直接计算分数，以免造成误判。

3. 把握好局部评价与全局评价的关系

满意度是群众对农产品质量安全某些特定表现的主观评价，虽然其结果很重要，但因为群众的认识存在局限性，在开展实际工作时应放眼全局，不应过分追求某一项群众满意度指标。例如，在巡查检查、监督抽查中发现问题，并进行公示公开，可能会让小部分群众认为农产品质量安全问题多了，导致满意度下降。但从全局和长远角度看，发现问题证明治理能力的提升，也只有发现问题、解决问题，才能确保农产品质量安全水平持续提升，因此绝不能在监管工作中避免发现问题，甚至形成地方保护。再如投诉举报的数量，一般认为是越少越好，但投诉举报少不一定代表问题少，如果是因为工作机制不完善、不畅通，或地方有意隐瞒问题造成的投诉举报数量少，虽然表面看可能群众是满意的，但实际埋下了更严重的风险隐患，畅通投诉举报渠道、鼓励社会共治、及时处理问题才是正确的做法。

四、提升路径

提升群众满意度，需要国家农产品质量安全县创建单位对照地方政府属地管理责任依法履行、农产品生产经营单位主体责任落实到位、农业投入品监管有力、农产品质量安全监管扎实推进、农产品质量安全执法到位、标准化生产全面实行、农产品质量安全监管体系健全、农产品质量安全制度机制基本完善八方面重点任务，全面加强农产品质量安全监管能力、健全农产品质量安全制度机制，同时提升农产品质量安全公共服务水平，推动公众积极参与社会共治。除本章第二节、第三节介绍的考核要点外，国家农产品质量安全县创建单位还应加强以下五方面工作，以进一步提升群众满意度。

1.加强国家农产品质量安全县创建宣传

国家农产品质量安全县创建不仅是县委、县政府、有关部门和生产经营主体的履行责任，同时也是一项县域内全民参与共建的活动。因此，创建单位应特别注意对创建活动本身和对国家农产品质量安全县这一“金字招牌”的宣传和推广，让县域内的生产经营主体和广大群众均能了解到创建活动。例如，在乡镇和村设立创建标语和宣传栏、在农产品种植养殖基地亮明农产品质量安全县标识、在地方电视台播放农产品质量安全县创建宣传片等，国家农产品质量安全县创建活动本身对于群众来说就是一道质量安全保障，是提升群众满意度的有效手段。

2. 建立农产品质量安全信息公示机制

国家农产品质量安全县工作考核和群众满意度考核均包含农产品质量安全信息公示的内容与要求，在这些要求的基础上，创建单位还应进一步强化信息公示公开，用好这个窗口，形成创新的工作机制。一方面，在公示途径和方式上可以拓宽平台，利用微信推送、短视频等新兴手段，提高公示信息的曝光率，将信息有效传达给群众；另一方面，在公示的内容上应逐步明确公示公开信息清单，对消费者开展农产品风险交流和消费引导，对生产经营主体公示政策信息和风险提示，增加群众喜闻乐见的科普宣传内容和活动，让群众越了解，越满意。

3. 加快农产品质量安全信用体系建设

农产品质量安全信用体系建设是未来农产品质量安全工作发展的必然方向，也是群众了解区域内主体农产品质量安全管控情况的重要途径、选购农产品的重要依据。农产品标识农产品质量安全信用等级和评价信息能显著提高群众对农产品质量安全的满意度和信任度，有效提振农产品消费信心。创建单位可优先结合合格证制度推动农产品质量安全信用工作，在合格证上标明主体信用等级，并通过二维码展示更多农产品质量安全信用信息，以合格证为载体，进一步拉近消费者和生产者的距离，建立更加牢固的信任关系，让群众对监管工作满意，对农产品消费放心。

4. 推进农产品生产过程管控可视化

近年来，5G、AI、视频图像记录识别等现代化技术快速发展，各行各业都开启了信息化、智慧化、可视化的新进程。例如，市场监管部门推动的“明厨亮灶”工作，就是将学校食堂等餐饮服务提供者的后厨操作过程通过实时视频向群众可视化地展示出来；农业农村部门近年探索推进的“阳光农产品质量安全”通过远程监控和AI等技术自动识别种植养殖过程中的农事操作行为，将农产品的生产记录可视化，并对广大群众公开。这些都是增强食品安全或农产品质量安全社会共治参与率的有效手段，也是回应群众关切的问题、让群众满意的有力途径。

5. 培育国家农产品质量安全县公共品牌

国家农产品质量安全县不仅是一个县域工作的示范称号，也是一个县域农产品的公共品牌，创建单位在全面提升农产品质量安全治理能力和水平的同时，还应进一步推动本地优质、特色农产品品牌的培育。国家农产品质量安全县的县委、县政府可以授权辖区内农产品质量安全管控能力强、农产品质量安全信用等级高、生产农产品品质优的生产经营主体，在其产品包装上附加国家农产品质量安全县字样或标识，提升农产品的品牌价值，同时打造县域的农业产业名片，树立县域农业发展新形象。

第五章 国家农产品质量安全县创建提升典型经验

·内｜容｜提｜要·

农产品质量安全事关千家万户、国计民生。扎实开展农产品质量安全县创建工作，有助于推动提升农产品质量安全治理能力，对加快农业产业发展、促进农村经济发展，逐步推进实施乡村振兴战略具有重要意义。在国家农产品质量安全县创建和巩固提升过程中，各地农产品质量安全管理在制度创新、方式更迭、效能提升等方面积累了宝贵经验，对攻克监管症结、巩固创建成果、提高群众对农产品质量安全满意度等具有积极的借鉴意义。本章重点介绍国家农产品质量安全县创建与提升的典型经验、重要举措和创新机制实践。

各地利用创建国家农产品质量安全县的契机，不断从健全完善农产品质量安全制度、强化农产品质量安全监管能力、提高农产品绿色标准化生产水平等方面出发，逐步提高农产品质量安全水平和群众满意度，力争全方位提升当地农产品质量安全治理水平。

一、江苏常州：多措并举，创新监管模式

常州市位于江苏省南部，是长江三角洲地区中心城市之一。2021 年全年农林牧渔业总产值 283.7 亿元，其中农业和渔业为主要产业，产值分别为 156.4 亿元和 80.5 亿元。[1] 常州市坚持绿色发展理念，致力推进产地生态化、生产标准化、产品品牌化，优质稻米、花卉苗木、特种水产、精品茶果、规模畜禽等优势主导产业蓬勃发展，凌家塘市场、夏溪花木市场等享誉全国。

常州市是江苏省第一个全域创成的国家农产品质量安全市，连续多年保持农产品质量安全事故“零发生”，农产品抽检合格率始终在 99% 以上。近年来，常州市围绕“谁管、管谁、怎么管”三大农产品质量安全监管难点，秉承注重“源头管控、风险防控、品牌引领、高效运行”的原则，以念好“产、管、亮、保”四字诀为抓手，开创性打造“全员、全域、全程、全民”的“四全”监管模式，成为农产品质量安全监管“江苏样板”。以下梳理常州市在国家农产品质量安全市创建申报阶段和巩固提升阶段的重要举措和主要做法。

（一）创建申报阶段

1. 统筹组织领导，部署落实责任

常州市各级各部门高度重视，营造了良好的创建氛围。在市委、市政府层面，创建国家农产品质量安全市是从“增创发展新优势、种好常州幸福树”的战略高度所作出的一项重大决策部署。常州市成立了由市人民政府市长为组长的农产品质量安全工作领导小组，组织召开国家农产品质量安全市创建动员大会，制定并发布《常州市创建国家农产品质量安全市实施方案》和《常州

[1] 常州市统计局. 2021 年常州国民经济运行情况［EB/OL］.（2022-01-24）［2022-06-20］. http://tjj.changzhou.gov.cn/html/tjj/2022/OPOEMFCL_0124/27054.html.

市创建国家农产品质量安全市工作督查方案》，市级领导定期开展国家农产品质量安全市创建工作的调研和督查，并编写调研报告和督查专报。常州市政府明确农产品质量安全工作占政府绩效考核体系的权重，每年将农产品质量安全监管、检测、执法等各项工作经费列入本级财政预算，如2018年市本级和辖属各市区落实农产品质量安全建设资金6320万元。在各相关部门层面，召开创建国家农产品质量安全市工作会议，市委宣传部等14个部委办局相关处室负责人参加，明确各项重点工作的任务分解、细化清单和进度安排。各部门各司其职、各尽其责、分工协作、互为支撑，做到对牵头的任务主动担当“不松手”，对配合的任务积极作为“不甩手”。在基层部门层面，积极参加国家农产品质量安全市培训，明确创建国家农产品质量安全市的要求与工作重点，认真落实各项具体工作。

2. 推进绿色生产，提升标准化水平

常州市以突出源头净化为目标，以推进绿色生产和提升标准化生产水平为抓手，切实保障农产品生产环节质量安全。在推进农业绿色生产方面，出台了《常州市生态循环农业发展规划》及其实施意见，指导农业绿色转型，推动落实《常州市畜牧业绿色发展》《常州市农作物秸秆综合利用》等规划，加强产地环境治理和生产源头管控，着力打造“主体小循环、片区中循环、区域大循环、循环农业科技示范园（区）”四类生态循环农业示范典型。开展“两减六治三提升”专项行动，解决突出环境问题。专项行动中明确要求治理畜禽养殖污染，成立了专项行动领导小组办公室，制定并发布《关于征求常州市“两减六治三提升”专项行动实施方案（征求意见稿）意见的通知》，开展专项行动培训会，定时公布相关工作动态。在国家农产品质量安全市创建过程中，常州市化肥农药减量增效成效显现，畜禽废弃物资源化利用率保持在96%以上。在提升农业标准化水平方面，制定实施132个省市级农业地方标准，建成百家现代农业标准化示范基地，建成省级以上农业标准化示范区36个，其中获认国家水产养殖综合标准化示范区、国家畜禽产业综合标准化示范区和国家水稻全程机械化生产标准化示范区等9个。大力培育国家绿色、有机农产品和农产品地理标志产品，全市累计认证“两品一标”农产品1297个，种植业面积占可食用农产品比重90%，“农字头”中国驰名商标和全国农产品区域公用品牌12个。

3. 创新监管模式，规范监管工作

常州市逐步建立并推行“全域、全员、全程、全民”的“四全”监管模式，不断筑牢农产品质量安全防线。全域监管，即市域范围内农业生产经营主体全覆盖，全面建档并纳入监管名录。利用农产品质量安全监管网格，全域普查主体数量，以乡镇为单位填写普查数据汇总表，分别统计种植养殖户、农业企业、农民专业合作社、农资店、收储运主体，其中种植养殖户数量需细分统计到村级，乡镇监管站负责定期填写《常州市农产品质量安全网格化监管生产主体普查调查表交接单》进行主体信息核查。目前，市域范围内近 16 万个农业生产经营主体全面建档并纳入监管名录，包括农业企业和农民专业合作社 2473 家、种植养殖户 162 915 家、农资店 766 家、收储运主体 166 家。全员监管，即市、县、镇各级农业农村主管部门的所有农、畜、水产品监管人员、协管人员、企业内检员全部纳入农产品监管队伍。充分整合农业生产、技术推广、农业管理等各级人员资源，建立责任到村的监管员、协管员队伍，实施“三定一考核”的“一对一”网格化监管模式，即定监管对象、定监管人员、定监管任务、年终绩效考核，实行“分片包干”的监管和协管机制，落实落细乡镇监管站职能，各辖市区成立专门部门负责农产品质量安全工作，各涉农镇（街道）均建有农产品质量监管站并配备监管员，各村配备农产品质量协管员，规模企业设立内检员。全程监管，即农产品全产业链监管全覆盖。常州市建立了集监管体系、生产管理体系和质量追溯体系于一体的农产品质量安全管理综合平台。监管体系部分，由各级农业农村行政主管部门运营管理，负责收集监测信息，做好异常情况预警和监督检查。生产管理体系部分，由生产经营主体运营管理，针对种植业、养殖业等不同主体进行个性化平台开发，实现生产经营主体的产地环境、投入品使用、生产过程、产品质量、收储运输等全链条数字化管理。追溯体系部分，由各级农业农村行政主管部门运营管理，形成全社会开放的农产品溯源格局。全民监管，即号召农产品“从农田到餐桌”全过程的全部参与者加入农产品质量安全监管。在全社会倡导投入无违禁、管理无盲区、产品无公害、消费无担忧的理念，引导全社会积极参与农产品质量监管，及时向社会公开农产品监管信息，形成全民参与、社会共治的局面。大力推进农业诚信体系建设，建立健全农资和农产品生产经营“红黑名单”制度，农业农村部门联合市信用办印发了《关于进一步加强农产品质量安全信用评价管理工作的通知》，通过规范常州市农产品质量安全信用评价管理体系，增强主体自律意识，强化信用监管，倡导诚信生产，2021 年全市共评选出 A 级信用企业 162 家，并将信息上传至市信用管理平台。

4. 广泛宣传推广，营造创安氛围

常州市多渠道多角度多方式在全市范围内广泛宣传国家农产品质量安全市创建工作，通过在公交车站台、出租车流动字幕、户外公益广告牌等人流量密集区域循环播放创建国家农产品质量安全市宣传标语，在主流媒体开设创安专栏，拍摄制作创建国家农产品质量安全市专题汇报片，拍摄《常州好味道》创安系列宣传短片等活动，实现全市域、全媒体、全人群了解创建国家农产品质量安全市工作，不断提高社会知晓率，扩大创建国家农产品质量安全市影响力。同时，依托常州市美好“菜园子”工程和“吃在常州”平台，充分展示创建国家农产品质量安全市成果，进一步力争提高群众满意度。召开荣获“国家农产品质量安全市”称号新闻发布会，进一步扩大宣传范围。经过创建申报和遴选考核，农业农村部授予常州等 11 个地级市“第二批国家农产品质量安全市”称号，常州市农产品质量安全建设工作得到“国家级认证”，常州市农业农村局在市行政中心召开了新闻发布会，向市民通报获此殊荣。自此，常州市成为江苏省第一个获得“国家农产品质量安全市”的地级市，又添一张国家级新名片。

（二）巩固提升阶段

1. 全面提升基层农产品质量安全监管能力

常州市从细化网格化监管、强化星级乡镇监管站建设、开展标准化村级服务站建设和提升精准检测水平四个抓手出发，提升基层农产品质量安全监管能力。在网格化监管方面，在完成建立责任到村的监管员、协管员队伍，构建“纵向分层监管到底、横向分块监管到边、纵横监管无缝对接”的网格化数字化监管机制的基础上，开发运行了农产品质量安全网格化监管平台，运用 Jit 网状关系图技术构建市、区（县）、村（社区）各级监管网格，建立了全市 7 个辖市区 43 个镇 700 个村的网格单元，区域网格直接显示到村，实现动态可视化显示监管对象的基本信息、生产经营信息、“二品一标”信息、监管记录、产品检测记录、地理位置等信息；可将各级农业农村主管部门的所有农、畜、水产品监管（协管）人员全部部署到各监管网点上，实现网格定人精准化；明确监管员和协管员的具体职责分工，如在生产经营主体信息动态更新管理中，协管员负责对主体的新增、注销、变更进行维护，监管员负责审核确认信息，保证每年至少完成 1 次信息更新。

在乡镇监管站建设方面，常州市以“缺什么，补什么”为原则，按照“六有”（有机构、有人员、有经费、有设备、有制度、有台账）标准配齐相应的办公、检测、追溯及日常巡查等监管设施。金坛区指前镇、武进区洛阳镇、武进区礼嘉镇、新北区奔牛镇、溧阳市社渚镇农产品质量安全监管站先后被认定为省级五星级乡镇农产品质量安全监管机构，另有市级四星级监管站 15 个，县级三星级监管站 23 个；共设有监管员 196 人、村级协管员 648 人、企业内检员 840 人。

在村级服务站建设方面，常州市通过实施《常州市村级农产品质量安全服务站建设》市级地方标准来规范村级服务站工作职责和管理要求，要求优先选择各类农产品示范园区、绿色优质农产品基地、农产品地理标志基地、农产品仓储配送点、田头市场等作为村级服务站的站点。村级服务站场地总面积应不小于 55 平方米，划分为不同功能区域，具有快检室、培训室和合格证服务厅等。村级服务站需在门口显著位置挂牌“常州市农产品质量安全村级服务站”和村级服务站服务项目范围等信息。目前，常州市已建立 110 个村级服务站，如常州市武进区洛阳镇马鞍村成立首家以合格证开具查验为核心，兼顾网格化管理、快速检测、质量追溯于一体的村级服务站，为全村 218 户农户提供质量服务。

在农产品检测方面，常州市进一步健全由市农检中心、辖市区检测站、镇级质检室和基地速测点构成的“四级”农产品检测体系，完善检测设备设施，开发应用新型检测技术，满足以风险点为基础的精准靶向检测，重点提升基层检验检测数字化、信息化水平，提高日常巡查、隐患排查、监督抽查的有效性、实效性和高效性。

2. 全面实施食用农产品合格证制度

常州市自 2017 年起在全市范围内全面推行食用农产品合格证制度。目前，已实现将合格证作为贯穿农产品质量安全全程监管的有效载体，逐步实现产地准出与市场准入无缝衔接，确保农产品质量安全水平稳步提升。常州市设立了

“五个一”合格证实施目标，即食用农产品身份认证“一张票”、合格证办理使用“一网通”、中小散户合格证开具“一站办”、合格证制度落实“一盘棋”、合格证奖惩“一道杠”。

规范食用农产品身份认证“一张票”。在全市食用农产品生产和经营单位推行合格证制度，推动种植养殖生产者落实农产品质量安全第一责任人责任。完善合格证的农产品产供销信息载体功能，指导监督食用农产品生产经营主体按照省统一的合格证基本要求开具，做到名称、数量、主体信息、日期等要素齐全、形式规范。

推进合格证办理使用“一网通”。搭建合格证开具平台，开发运行合格证管理系统和App，全市所有的食用农产品生产主体、经营主体、收储运经纪人均可通过手机免费下载使用。生产主体和经营主体在客户端上将农产品相关基础信息录入系统，就能产生电子合格证，电子合格证全面接入农业农村和市场监管部门的管理平台，可以实现实时在线信息查询。同时，以凌家塘批发市场为中心，探索实施基于合格证电子信息化、二维码为载体的“一网通”追溯模式，构建食用农产品“从田间到餐桌”全链条全过程可追溯平台。以批发配送、中央厨房、“一老一小”核心环节为建设重点，试点探索“批发市场—配送企业—餐饮单位”这一食品经营链条的“一网通”应用和追溯信息公共服务查询。

助力中小散户合格证开具“一站办”。对全市规模以上生产经营单位要求配备合格证开具一体机。同时，积极打造村级服务站，在全市范围内遴选94家销售、储运规模主体作为合格证开具服务点，配置合格证开具一体机，方便中小散户开具电子化合格证。通过以点带面方式扩大合格证开具覆盖范围，有效解决种养散户合格证开具难、追溯难、监管难等问题。

下好合格证制度落实“一盘棋”。全力营造全社会共同落实合格证制度的共治氛围。农业农村部门督促生产主体主动严控生产过程，全面开具合格证；市场监管部门督促市场开办者查验并留存进入市场销售者的合格证或合格证明文件，形成部门良性互动、协调协作机制。督促生产者在销售农产品时主动出具农产品合格证，承诺所出售的食用农产品符合食品安全国家标准；督促经营者在收购时查验合格证，并在销售时保留和开具对应的合格证或合格证明文件；督促采购食用农产品的食品加工企业、餐饮企业等查验供货者的合格证或合格证明文件，形成三方主体相互制约、共同监督机制。

合格证推行奖惩“一道杠”。将合格证制度与农业项目补贴、示范创建、品牌认证等挂钩，加强激励约束，对率先推行合格证的种植养殖生产者提供政策倾斜和项目支持；对未实行合格证的主体，不推荐参加各类展示展销会、不准予参评各类品牌和奖项、不给予项目支持。强化监督检查，将开具并出具合格证或证明文件纳入日常巡查检查内容，严查虚假开具合格证、承诺与抽检结果不符等行为，加强问题主体重点监管，推动纳入信用管理。

3. 全面推行胶体金快检技术应用

常州市自2021年起开始推动胶体金检测试点工作，成功研发常规农药胶体金检测智能化应用新技术，为常规农药残留检测提供了强有力的技术支撑，使之成为农产品产地准出的“扫雷器”，全力保障好市民的“菜篮子”安全。为加快推广快速检测技术的应用，常州市主要在政策意见制定、配套技术研发、配套设备发放、宣传培训四个方面施力。在政策意见制定方面，2022年常州市农业农村局出台了《关于组织全市110个农产品质量安全村级服务站免费开展农产品快速检测的通知》，明确了全年开展胶体金检测的工作要求和目标任务。在配套技术研发方面，研发了胶体金快速检测箱，定制了葡萄、茶叶、水蜜桃、虾、蟹等常州特色产业农产品个性化胶体金专用检测卡，开发了运用AI智能识别技术的胶体金检测软件及胶体金快速检测小程序。从技术上实现了“选—扫—拍—打”四步快速检测，即第一步在应用软件中选择被检农产品生产经营主体并自动编号被检样品，完成信息录入；第二步扫描二维码，自动识别不同厂家、不同形状的单卡、多联卡和异形卡，可自动生成检测参数；第三步拍照检测结果进行智能判定，直接将主体信息、检测卡片和检测结果三者绑定；第四步打印合格证和快检报告，检测数据可上传合格证平台，实现数据交换共享、农产品“双证”上市。这套检测流程可实现准确录入主体信息和样品登记信息，避免一张检测卡被重复多次使用，完成田间地头的流动检测，实时查看多种农药的检测结果，从而降低基层检测实操难度，减少基层检测的成本，提升基层检测效率。在配套设备发放方面，常州市为村级服务站配发“快检流动箱+胶体金检测软件”配套设备和农产品快速检测车，安装食用农产品合格证一体机，随时随地可以走向田间地头、走近农业生产经营主体，为辖区内服务对象开展免费农产品快速检测。在宣传培训方面，举办农药残留胶体金智能化应用培训班，指导来自各乡镇（街道）农村工作局、农产品质量安全村级服务站及相关企业检测人员学习快检实操技术和检测软件使用方法等。截至 2022 年 7 月，常州市已在全市 43 个涉农乡镇监管站、110 个村级服务站、93 443 个监管主体全面推广使用胶体金快检技术，2022 年 1—7 月全市完成近 40 000 个样品的检测。

4. 全面覆盖信息化智能监管

常州市农产品质量安全监管信息化建设起步较早且基础较为扎实，在 2012 年已建成农产品质量监督管理平台、企业生产管理平台、追溯查询平台。近年来，陆续建成了移动监管平台、移动协管平台、短信服务平台、监测信息管理平台、合格证管理平台、农产品质量安全网格化监管平台、农残胶体金快速检测技术平台，并开发了移动监管 App、农产品质量安全溯源 App，形成多系统、多平台、多 App 互联互通，助力农产品质量安全信息化智能监管新格局，力争全市域范围实现主体信息更新、日常监管、农产品检测、宣传培训、生产记录、合格证开具的六个“全覆盖”。以下简要介绍几个主要信息化工作平台。

监督管理地理信息平台是市、县、镇实现农产品质量安全精细化、全程化、常态化监管的基础性工作平台，可按照地理位置分布显示辖区内监管对象信息和风险预警提醒、完成监管机构和监管人员监管队伍建设管理、监督检查、产品抽检、宣传培训等工作管理与统计汇总。

农产品质量安全网格化监管平台将传统纸质平面网格图转变为数字化动态网格图，监管网格图能够直观清晰地显示下辖地区监管对象分布情况，监管员和协管员名录和数量，各监管员和协管员负责监管的村、企业、农资店、种植养殖户信息、数量和分布，该平台收录巡查检查等日常监管的工作记录，乡镇间可实时掌握乡镇农产品质量安全监管网格的变动情况、监管工作开展情况。

农产品合格证管理平台将纸质合格证、各类系统开具的合格证统一纳入系统，全面掌握合格证的开具情况，及时掌握合格证应用主体注册入网情况和主体信息，统计分析主体分布、开具品种、开具排行、投入品使用等，记录对主体开具合格证的规范性、真实性、内控措施等开展专项监管检查的情况。

监测信息管理平台实现农产品质量安全监测全程信息化，包括任务下发、样品抽样、样品检测、结果上报与分析等内容，以监管地理信息平台为基础，进行实时、高效、精准地移动在线采样，使监测工作环节清晰、规范、可控。

移动监管平台植入手机等移动终端，用于监管员和协管员日常到田间地头移动监管，包括新闻动态、监督检查、产品检测、监管对象、三品查询、投入品查询、监管人员等板块，可实现在线监管、采样和多类信息查询，确保日常监管的真实性和痕迹化。

移动协管平台主要包括更新和管理辖区内生产经营主体信息的新增和变更，以及田间地头日常巡查情况和可疑问题报告，实现协管员日常工作记录数字化，以提高日常监管工作效率。

短信服务平台为分散农户提供监管信息与技术服务，实现特定行业、品种，甚至是点对点精准化指导与服务；同时，通过短信为监管人员提供实时信息服务。

5. 逐步探索收储运环节监管举措

常州市为解决农产品收储运环节的监管难题，逐步通过建立收储运主体和经纪人名录、依托收储运主体建立村级服务站、建立正向沟通交流机制、采取多部门联合执法行动等措施强化监管。在建立主体名录方面，常州市通过农产品质量安全监管网格，已收录 162 家收储运主体及 77 家农产品运输企业的基本信息，并将其纳入网格化监管。在村级服务站建设方面，以收储运主体为依托建立农产品质量安全村级服务站，分散农户等生产主体将农产品运送至村级服务站，村级服务站统一提供农产品快检、合格证开具等服务。例如，在常州市武进区，以前黄镇综合农产品交易市场为依托，建立了前黄镇大城村前旺农产品质量安全村级服务站，为大成村及周边的现咀村和丁舍村范围内的种植养殖户提供速测服务和合格证开具服务。在建立沟通交流机制方面，常州市部分辖区建立了收储运主体约谈机制，监督其履行农产品质量安全义务，并通过收储运主体引导种植养殖户安全生产，不违法违规使用农药兽药等农业投入品；建立反向报备机制，通过养殖户报备收集整理农产品收购经纪人信息。在联合执法方面，农业农村部门联合市场监管部门和公安部门实施集中整治行动，现场检测、现场查处、现场溯源追责，以违法制裁督促合法合规生产。

（三）远景展望

下一步，常州市将继续实施农业品牌提升行动，加快培育“常”字号农产品品牌集群。实施智慧农业升级赋能行动，推进数字农业新技术推广应用，加快建设市级“数字农场”和农业农村大数据中心。利用“物联网＋大数据”提高田间管理效率。目前，玉枝茶厂等企业已建立智慧茶园。实施“互联网＋”农产品出村进城工程，探索智慧冷链体系建设，逐步提高农业电子商务交易额。

二、湖北潜江：虾稻共作，着力品牌培育

潜江市是湖北省直辖县级市，地处湖北省中南部、江汉平原腹地，素有“曹禺故里、江汉油城、水乡园林、龙虾之乡”的美誉。潜江市依托特色产业优势，以高产、优质、高效、生态、安全为发展理念，培育农产品质量安全县特色农产品品牌，形成了完整的特色产业链条。潜江市是中国小龙虾之乡，享有“世界龙虾看中国，中国龙虾看湖北，湖北龙虾看潜江”的美誉。2016年，潜江市被命名为第一批国家农产品质量安全市。

（一）创建申报阶段

1. 落实地方政府属地责任

潜江市成立了以市委副书记、市长为组长，常务副市长、分管副市长为副组长，多部门负责人为成员的农产品质量安全监管工作领导小组。同时，成立了以市长为组长的潜江市创建国家农产品质量安全市工作领导小组。潜江市政府印发了《潜江市创建国家农产品质量安全市实施方案》，明确了创建工作目标、重点任务、实施步骤和保障措施；印发了《潜江市创建国家农产品质量安全市实施办法》，分解责任，建立长效机制，将创建国家农产品质量安全市工作列入2015年重点工作，将“放心食品工程”列入政府为民办实事之一，筹资1850万元用于放心食品工程。

2. 落实生产者自律意识

原潜江市农业农村局积极落实食品药品监管体制改革精神，将监管关口前移，把生产环节作为监管工作重中之重。对全市规模生产基地进行实地走访调查，对全市130个50亩以上的蔬菜基地全部实行备案管理。大力推行农产品生产记录。对专业合作组织、规模生产基地、农产品生产龙头企业全部免费发放农产品生产记录册，现场指导种植养殖大户对种子、种苗、肥料、农药、饲

料添加剂的使用和销售情况进行详细登记。全年免费发放生产记录本 4000 余册，水产养殖日志本 10 000 册。开展监管巡查，对重点时段、重点品种、重点区域开展重点监管巡查，及时发现问题，及时处理，市镇两级监管机构全年开展专项巡查 6 次。每年进入小龙虾生产旺季，潜江市水产局都会深入全市各养殖场、渔药饲料等水产投入品销售点张贴标语和发放《禁用渔药清单》进行广泛宣传，并与各养殖大户、家庭农场、合作社签订小龙虾质量安全承诺书。

3. 推行“虾稻共作”标准化生产

潜江市通过采取“虾稻共作”模式，推行标准化生产，做到了生态、环保、绿色、高效，为全国首创，重点推动全国绿色食品原料（水稻）标准化生产基地创建，农业农村部绿色食品管理办公室批准潜江市 10 万亩虾稻共作模式水稻为全国绿色食品原料标准化生产基地。为使虾稻共作生态种养模式得到迅速推广，潜江市以创建虾稻生态种养国家级农业标准化示范区为平台，逐渐形成了由潜江市主导的小龙虾养殖标准化体系。潜江市起草了三项湖北省地方标准《克氏原螯虾 虾稻轮作养殖技术规程》《虾稻共作 中稻绿色种植技术规程》《小龙虾冷链物流服务标准》，已发布实施。同时，潜江市起草了农业行业标准《潜江龙虾 虾稻共作养殖技术规程》，由中国渔业协会发布实施。小龙虾养殖生产过程全程使用频振式杀虫灯，促进了水稻产品品质改善。稻田为小龙虾养殖提供充足的饵料生物资源、适宜的生活环境，小龙虾疏松稻田土壤、清除杂草和害虫幼卵，达到了产品品质同步提升的目的，提高了绿色防控水平。潜江市政府划拨专项经费、安排专人对“虾稻共作”重点监控，确保全程标准化生产。

4. 强化质量安全监督抽检

小龙虾养殖全面落实农产品生产记录制度，严格执行农药间隔期、兽药停药期限，发放《水产养殖日志》，构建“产销食”安全链，委托第三方检测机构对进入流通环节的小龙虾活体及餐饮消费环节的小龙虾进行专项抽检，检测项目包括重金属、孔雀石绿、抗生素衍生物、罂粟壳等。同时，确保从业人员进行健康体检，保证加工条件卫生，禁止非法使用食品添加剂，实物质量符合标准要求，让食客们吃上安全放心的潜江龙虾。潜江对市域内小龙虾经销商实行“一网通”制度，保证小龙虾货源明确，去向可追。对全市小龙虾生产企业进行不定期检查，督促小龙虾生产企业完善进销货台账，对原料采购履行验证、检测等程序。同时，对市面上通过网络及加工场所外的经营场所销售预包装熟食小龙虾产品进行摸底，确保网络渠道实现规范化经营。

（二）巩固提升阶段

1. 聚力发展特色产业

潜江市委、市政府将潜江稻虾、潜江虾稻列入全市农业产业化重点支柱产业，聚焦特色优势产业，做到了常研究、常部署、常督办。潜江市委、市政府统筹规划，明确提出“做大一只虾，做优一袋米”的发展目标，大力发展小龙虾养殖、水稻种植，将底线守稳、将优势放大，以特色产业带动农业发展。潜江市着力开展现代农业全产业链建设，推进全产业链标准化集成，形成从育种到生产再到销售，全程可管可控、可追可查，标准化一条龙的示范样板。例如，中虾公司覆盖选育、繁育、养殖、生产、加工、销售、冷链及研发，巨金米业集成了育秧、农业科技服务、粮食收购、仓储物流、加工、商贸和资源再生利用，全产业链推进带动了产业规模和质量的全面升级。

2. 强化科技支撑

潜江市以农业高质量发展为主线，强化特色产业的科技支撑，推动建立现代化、标准化生产基地，真正将国家农产品质量安全县打造成为标准化生产的样板区。在育虾、育稻方面开展良种选育繁育，不断提升产品质量；在种植养殖技术方面，不断优化创新虾稻共作；在质量安全管控方面，大力发展现代化种植养殖技术，水质实时监测，实现过程可管理、终端可监控、质量可追溯。

3. 着力品牌培育

“潜江龙虾”获得农产品地理标志认证，潜江市小龙虾养殖基地通过了无公害场地认定和产品认证，是全国小龙虾标准化养殖示范市；农业农村部绿色食品管理办公室中国绿色食品发展中心正式批准潜江市 10 万亩“虾稻共作”模式为全国绿色食品原料（水稻）标准化生产基地。潜江市委、市政府高度重视稻虾产业区域公共品牌培育及建设，与 81 个地区和企业实现品牌共享，成就了潜江龙虾 520 亿元综合产值的大产业和 251.8 亿元品牌价值的大品牌。在品牌建设的基础上，延伸发展农旅结合产业，探索建立“虾稻 + 景观”“虾稻 + 休闲”“虾稻 + 科普”“虾稻 + 采摘”等农旅产业模式，进一步提升品牌知名度和含金量。

三、山东济宁：济宁礼飨，持证上岗

山东省济宁市是农业大市，耕地面积902.7万亩，约占全省总耕地面积的8%，淡水资源46亿立方米，占全省的1/6，淡水产品产量居全省第一位；拥有鲁西黄牛、济宁青山羊、汶上芦花鸡、微山麻鸭等九大畜禽良种，禽蛋产量占山东省的1/6，是全国重要的粮棉油基地、特色农产品基地和名优畜牧品种繁育基地，先后获得全国粮食生产先进市、全国主要农作物生产全程机械化示范市等荣誉称号。2021年全市蔬菜、瓜果及食用菌产量达到800万吨，居全省第五位，其中大蒜年产量110万吨[1]，出口160多个国家和地区，金乡大蒜品牌价值高达218亿元，列全国蔬菜类第一位。截至2022年1月，共计222家企业（专业合作社）407个产品入选“济宁礼飨”品牌产品目录，认证“济宁礼飨”品牌农产品生产基地100个。6家农产品区域公用品牌和46家品牌企业产品纳入山东省知名品牌名录，总数居全省第二位；全市有效“三品一标”认证数量702个，汶上芦花鸡列入2021年农业农村部地理标志农产品保护工程项目。

近年来，济宁市从推行“食用农产品合格证+质量追溯电子码”试点并行起步，积极构建以“济宁礼飨”品牌为引领，部门互动机制化、质量监管体系化、监管模式科学化、质量安全长效化、产销对接高效化的“一领五化”新格局。逐步将“济宁礼飨”区域公用品牌建设与合格证推行相结合，建立了以“三大支撑”“四类合格证”“五个全覆盖”“多渠道协作”为主要内容的推广模式，助推农产品区域公用品牌“济宁礼飨”高质量发展。

（一）建立“三大支撑”，夯实推行基础

一是出台文件落实制度支撑。2020年1月，济宁市农业农村局制定印发了《济宁市试行食用农产品合格证制度实施方案》，成立了以济宁市农业农村局局长为组长的领导小组。为推行食用农产品合格证制度创新落地，同年5月，济宁市人民政府印发了《济宁市高质量推进食用农产品合格证制度和济宁礼飨品牌农产品质量安全追溯体系建设实施方案》，并成立了以分管市长为组长的领导小组。为进一步落实农产品生产经营主体责任，同年6月，济宁市农

[1] 济宁市农业农村局．济宁市农业农村概况［EB/OL］．［2022-07-21］．http：//sdjnny.jining.gov.cn/col/col31386/index.html.

业农村局修订并印发了《济宁市农产品质量安全“红黑名单”管理实施细则》，要求列入“红名单”的管理对象，所有产品须附带二维码合格证上市。二是政策扶持落实财政支撑。市县财政列支经费1080万元，带动社会资本投资400万元，专项用于推动合格证制度发展。三是数据建设落实平台支撑。与济宁市大数据中心对接，市财政支持建立了“食用农产品合格证及济宁礼飨质量追溯平台”，县级政府采取政府购买服务的方式使用市级平台，形成全市“一盘棋”的有效监管机制，为构建以合格证管理为核心的农产品质量安全管理新格局提供坚实的技术支撑，形成了农业农村部门监管、企业运营、政府购买服务、政企高效对接的全市大格局。

（二）建立“四类合格证”，扩大推行范围

根据农产品生产经营主体类型不同，设置A、B、C、D“四类四色”电子合格证，合格证类别越高，其“含金量”越高、农产品质量安全水平和品质水平也越高。“A类电子合格证”含金量3+，由济宁礼飨目录企业、定点基地开具，附带济宁礼飨质量安全追溯信息和检测报告等；“B类电子合格证”含金量2+，由省、市知名农产品品牌目录企业开具，附带企业证书和视频承诺等；“C类电子合格证”含金量1+，由农民专业合作社、家庭农场等明确农业生产经营主体开具，附带生产经营资质和荣誉证书等；“D类电子合格证”为普通证，由初级农产品种植养殖小农户开具，包含合格证基本内容。四类电子合格证“二维码”拓展了电商引流、在线购买、本地农文旅资源宣传等功能，消费者可通过扫码直观全面了解济宁农产品。

（三）实施“五个全覆盖”，落实主体责任

济宁市各县（市、区）政府开展农产品生产经营主体信息采集，包括种植养殖生产者名称、地址、类型、生产品种等信息，实行济宁礼飨品牌产品、县域特色农产品、消费量及风险隐患大的农产品、省市级知名农产品品牌目录产品生产主体及农民专业合作社、家庭农场“五个主体全覆盖”。在此基础上，结合国家农产品质量安全追溯平台及省级农产品质量安全信用平台的生产主体数据库，进一步摸清并完善辖区内种植养殖生产者名录，建立健全县域食用农产品生产主体名录。由专人逐县开展生产主体合格证信息采集工作，查验营业

执照、产品认证证书、产品检验报告等证件，开展农产品质量安全诚信教育，根据合格证内容，为农产品生产经营主体负责人现场录制承诺视频。

（四）实施“多渠道协作”，保障推行高效

一是加强部门协作，积极探索构建产地带证准出、市场索证准入机制，建立多部门联席会议制度，农业农村部门联合市场监管部门印发并张贴《济宁市全面推行承诺达标合格证制度的通告》3000份。推行韭菜和鲜鸡蛋等重点产品“双证制”管理，要求韭菜产品合格证和食用农产品销售凭证双证齐全才能进入市场销售，将市场准入与产地准出环节有效衔接，形成生产、经营、消费互动的良好氛围。二是完善监管服务体系，确保合格证日常巡查检查。济宁市11个县级农业农村局均成立了专门的农产品质量安全监管机构，3个功能区明确了监管责任部门，涉农镇街全部成立农产品质量安全监管站，其中29个乡镇达到省级乡镇监管站建设标准，建设村级服务网点5982个。所有农业行政村均设立了村级农产品质量安全监管员，市、县、乡三级农产品质量安全监管体系完善，市、县、乡、村四级监管队伍基本健全。三是建立激励机制，对发证情况按日进行统计，实行情况通报、绩效考评制度。鼓励赋码上市的优质农产品直供“济宁礼飨”优品名店溢价销售，制定了财政奖补激励政策。四是加强农产品质量安全培训，扩大农产品质量安全宣传渠道。发布济宁市合格证制度宣传口号，将合格证培训课堂搬到“田间地头”，让合格证制度接地气，贴近生产、贴近老百姓，调动生产经营主体使用合格证的自觉性，提高农产品质量安全责任意识。通过在主要街道、种植基地悬挂条幅、张贴宣传栏、农村大喇叭等传统模式和利用微信朋友圈、抖音等新媒体转发创建国家农产品质量安全县宣传片等途径开展农产品质量安全宣传工作。

四、海南陵水：合格证保障安全“出岛”

陵水黎族自治县（以下简称“陵水县”）位于海南岛的东南部，是海南省豇豆、冬季瓜菜的重要产区和热带农业发展区域。近年来，陵水县通过网格化管理切实强化了基层农产品质量安全工作能力和水平，创新合格证制度指导服务方式，逐步推广应用绿色防控生产技术，不断优化农产品生产管控水平。

（一）扎实推进基层农产品质量安全网格化监管

一是健全网格化管理体系。陵水县按照“区域定格、网格定人、人员定责”的要求，建立县、镇、村三级网格管理体系，116个网格覆盖县域所有生产、收储运、农资经营等监管对象。在全国率先建立整体化、专业化网格员队伍，全县落实专职网格监管员15名、农产品质量安全协管员130名，全部配备统一制服和标识，在各乡镇监管站集中开展工作，化解了基层“事多人少”的矛盾，形成了基层管理队伍优势。二是武装乡镇监管阵地。全县11个乡镇监管站均设立检测室，配备常规农药快速检测设备和合格证自助服务设备，针对豇豆等重点品种率先开展吡虫啉、阿维菌素、甲维盐、灭蝇胺等常规农药快速检测筛查，走在全国乡镇前列。三是实施信息化管理。陵水县农业农村局组织开发农产品质量安全网格化管理App，集成网格化生产主体管理、日常巡查管理、抽查检测管理、合格证管理等功能，显著提升工作效率，自动完成记录留存，提供数据分析应用，实现基层网格化管理的现代化升级。四是建立正向激励机制。根据巡查检查频次、问题发现上报数量、指导宣传开展次数、抽样数量等指标，对农产品质量安全协管员开展工作绩效考核，发放补助与奖励，每人每月最多2900元，大大提高了协管员的工作积极性和队伍稳定性，促进了基层监管能力持续提升。

（二）推广合格证开具自助服务

一是优先更新合格证样式和开具要求。在海南省农业农村厅部署下，迅速调整合格证管理系统和统一印制模板的名称与样式，将名称更改为“海南省承诺达标合格证”，突出达标内涵、调整承诺内容、增加承诺依据，并结合实际工作，将检测报告作为勾选检测类承诺依据的前提条件。二是推广合格证自助服务。陵水县农业农村局统一在生产、收购、上市等关键节点部署自助服务一体机。在生产基地，强化头部生产企业、农民专业合作社带动周边农户能力，农户直接就近自助开证；在收购站服务点，为进入收购站的散户和经纪人，分别提供相应的合格证自助开具服务；在乡镇监管站，农产品采收上市前经过报检、抽样、检测后，在乡镇监管站同时打印检测报告和合格证，实现产地准出一步到位。通过推广应用合格证自助服务一体机，切实提高了开证主体的覆盖率，将小农户和经纪人纳入了管理。

（三）研制豇豆质量安全管控示范措施

在主体管理上，陵水县农业农村局引导豇豆种植户在采摘、分拣、包装的过程中，探索应用小皮筋式的简易合格证标识。具体操作是将小皮筋套在手腕上，采摘一把，捆扎一把，直接将简易合格证标识附着在豇豆上，交易时激活即可，既提高了农户的采摘、分拣效率，也简化了合格证的开具流程。在绿色防控技术上，陵水县深入开展了豇豆病虫害全程管控技术应用试点。一是推广健康栽培技术，选育豇豆抗逆抗病品种，种植前利用生石灰进行土壤消毒，种植时使用银黑双色地膜以保墒防雨、驱避蚜虫等技术。二是推广免疫诱抗技术，每亩地悬挂黄蓝板 15 ～ 20 块，每 5 亩地配置 1 套诱捕器来诱杀蓟马等害虫，在每个地块四周做 2 米高的防虫围网来阻隔害虫等。三是指导合理施用农药，培训农户科学轮换植物源农药和生物农药，严格执行安全间隔期的知识。陵水县农业农村局通过主体管理和技术示范，控制田间虫口密度和病情指数在经济阈值之内，实现化学农药科学减量使用，确保豇豆农药残留量、商品品质均符合国家标准。

（四）创新探索豇豆收储运监管制度

陵水县结合豇豆收储运特点，创新探索经纪人备案管理、收购过程管控和“双证”出岛管理等监管制度，严把农产品出岛关。一是经纪人备案管理。陵水县英州镇豇豆收购点于 2005 年建成并投入使用，主要提供收购、打包、预冷、发车等流通服务，冬季收购总量达到 2400 吨以上。该收购点加强对收购经纪人的管理，建立收购台账记录，摸清了 18 个与收购点保持长期供销关系的经纪人情况，实现了备案登记管理。二是收购过程管控。针对收购的农产品主体不明、问题产品难溯源的情况，英州镇经纪人通过发放简易合格证标识或者空白合格证等方式解决这一难题。经纪人指导豇豆种植主体激活简易合格证标识，或者向农户提供空白的合格证，指导农户如实填写，郑重承诺，规范开具。这种方式进一步压实生产主体的责任，确保了产品来源清晰、责任可溯源。三是“双证”出岛。收购点是出岛前的关键一环，其质量安全的严格管控意义重大。英州镇豇豆收购点建立严格的合格证查验制度，散户和经纪人收购的农产品进入收购点都要出具合格证，承诺其销售的农产品符合农药残留标准，对其质量安全负责，没有合格证的要通过自助服务一体机自行开具。收购点对豇豆分选、装车后，还需向乡镇监管站报检，检测合格后打印检测报告单并开具合格证，持“双证”方可出岛。在收购旺季，乡镇监管站派人驻点，提供快速报检、现场打印检测报告单、指导合格证开具等服务。

五、浙江象山：信用监管，赋能农产品质量安全

象山县位于象山港和三门湾之间，三面环海、两港相拥，素有“东方不老岛，海山仙子国”美誉。先后荣获“首批国家生态文明建设示范县”“国家卫生县城”“浙江省首批信用县”等荣誉称号。2019 年，象山县被命名为第二批国家农产品质量安全县。

（一）加强组织领导

象山县通过建立组织领导体系、工作运行体系和部门协作体系，加强农产品质量安全信用管理领域的组织领导。在建立组织领导体系方面，象山县成立了以县长为组长、副县长为副组长、相关部门负责人为成员的食品（农产品）安全金融征信体系建设领导小组，农业农村局负责全县农产品质量安全金融征信体系建设工作。在建立工作运行体系方面，制定《象山县食品安全金融征信体系建设实施方案》，明确将农户、农民专业合作社、农业龙头企业、家庭农场、农贸市场举办者及经营户和其他生产经营者六类主体列为实施对象，并规范建立信用信息征集、整理、推送、评价和奖惩运用等操作流程。在建立部门协作体系方面，县级层面农业农村、水利渔业、市场监管、发改、商务、金融机构等部门建立联络员机制，并将农产品质量安全信用工作列为国家农产品质量安全县创建、食品安全城市“两级联创”的重要内容，纳入创建实施方案，积极构建主动担当、密切协作、齐抓共举的良好局面。

（二）完善信用档案

象山县建立完善生产经营主体信用档案，将全县农产品生产经营主体全部纳入监管名录，主要依托“三个平台”，即象山智慧农产品质量安全监管平台、宁波市农户信用档案信息移动互联网平台、宁波市普惠金融信用服务平台。依托象山智慧农产品质量安全监管平台，建立“象山县农产品质量安全信

用数据库"，包含全县730多家规模以上农产品生产主体，开发象山县分散农户监管平台，实现一户一档一卡信息化管理，探索分散农户信息卡管理。开发应用象山农产品质量安全"智慧监管App"，涵盖巡查管理、农资巡查、主体信息、追溯查询、检测记录、地理信息导航、监管动态、资料查询等内容，可实现巡查现场定位、电子签名和配备终端打印设备，实现农产品质量安全信用信息实时采集、实时更新。依托宁波市农户信用档案信息移动互联网平台，完善小农户的基础信息，扩大信用信息征集面和覆盖面，将1.1万户农户信息纳入平台。依托宁波市普惠金融信用服务平台，开展农户信用信息采集入户和共享应用，目前已采集入库14万户。扩大信用共享范围，将食品安全信用信息、涉海涉渔等奖惩信息与宁波市普惠金融信用服务平台对接，导入相关失信信息56条。出台《象山县食品安全信用信息采集推送若干规定》，不断优化信用信息交换方式，确保征信数据的及时性、准确性和完整性。

（三）健全信用管理

象山县通过科学设置信用评价指标、开展信用等级评定、设立农业农村部门内容激励惩戒机制健全县域信用管理。制定了《象山县农产品质量安全信用等级评定评分细则》，明确了A、B、C、D四个信用等级及其要求。开展了农（水）产品生产主体质量安全信用等级评定，2020年全县共531家生产主体参与信用等级评定，其中115家获评A级，346家获评B级，69家获评C级，1家获评D级。出台了《象山县农产品生产者主体责任和奖惩措施管理实施细则》，明确"红黑名单"标准，推动建立农产品质量安全信用与农业项目申报、创优评比、品牌推荐、产品认证、农业展会等工作挂钩制度，建立前置审核机制。对于列入"红名单"的诚信主体进行简化监督，优先安排政策扶持；对列入"黑名单"失信主体进行重点监管，取消农业政策扶持资格，给予一票否决。将"信用宁波"公众平台作为社会监督的窗口，依托"信用宁波"公众平台设置信用查询、信用动态、信用公示等栏目，将生产主体信用等级信息、行政许可和行政处罚"双公示"等信息及时向社会公布，畅通"12316"投诉举报渠道，引导社会各界参与农产品质量安全共治共管。

（四）构建激励惩戒机制

象山县重点构建了“农产品质量安全信用 + 银行信贷”和“农产品质量安全信用 + 责任保险”两项激励惩戒机制。农产品质量安全信用信息录入“信用宁波”公众平台，对接金融征信系统，作为金融机构授信的重要依据。在“农产品质量安全信用 + 银行信贷”方面，象山县相关部门出台了《象山县金融机构食品安全金融征信激励惩戒实施办法》，明确了激励惩戒指数及具体措施，制定了《象山县食品安全金融征信信用评价参考指数分级规定（试行）》。对农产品质量安全信用信息记录优良的主体，给予加大扶持力度、提高办贷授信额度、降低利率等优惠；对信用信息记录不良的，给予降低办贷授信额度、提高利率等限制措施。

2020 年，象山县 531 家规模主体列入信用信息采集范围，115 家主体列入农产品质量安全信用激励名单，1 家主体受失信惩戒。象山县农业农村局联合人民银行、农村信用社发放“农企成长贷”支持象山柑橘、象山白鹅产业发展，为农产品质量安全信用 B 级以上农户提供金融信贷 3 亿元。经调查统计，2018—2020 年，30 家农产品质量安全信用 A 级生产主体贷款额度从 1500 万元逐步增加到 2900 万元，贷款利率从 7% 下降为 5%。

在“农产品质量安全信用 + 责任保险”激励机制方面，象山县政府与中国人民财产保险股份有限公司合作推广“农产品质量安全责任保险”，财政补助 50% 保费。“农产品质量安全险”保障范围是因疏忽或过失等非人为故意违法行为导致消费者食物中毒或其他食源性疾患。保险责任范围包括以下情形：投保农产品存在病毒、细菌、真菌、寄生虫及天然毒素污染；农药、兽药污染；超量、超范围使用投入物或者非食物用添加物；混有异物、掺假掺杂；导致食源性人畜共患病、传染病；遭第三人恶意投毒；其他超过农产品安全标准限量的危害人体健康物质。据统计，农产品质量安全信用 B 级以上的 173 个红美人柑橘农户和 17 户梭子蟹养殖户投保“农产品质量安全责任保险”，面积 5100 亩，保险费 14 万元，其中财政补助 50%，责任保额 9500 万元。

六、杭州余杭：齐抓共管，构建网格化监管体系

余杭区，隶属于浙江省杭州市，位于杭嘉湖平原和京杭大运河的南端，是长江三角洲的圆心地，是历史上著名的鱼米之乡。全区拥有径山茶、塘栖枇杷等多种优势农产品。

近年来，余杭区以农产品质量安全网格化监管为抓手，不断完善基层监管体制机制，有效发挥基层监管作用，实现全区规模和规模以下生产主体监管全覆盖。2021 年以来，全区 19 824 家生产主体全部纳入基层网格监管，554 家规模主体监管和出具合格证全覆盖；11 个乡镇（街道）全部建立农产品快速定性检测室，已开展检测 11 158 批次。

（一）着眼联动，构建网格化监管体系

按照“提升区一级、强化镇一级、发展村一级”的思路，构建区、镇（街道）、村（社区）三级农产品质量安全网格化监管体系。在区级层面，建立区级监管工作领导小组，区农业农村局专设农质监管科，全面加强全区农产品质量安全监管工作；在镇（街道）层面，依托农业公共服务体系建设，12 个镇（街道）建立了集农技生产服务推广、动植物疫病防控、农产品质量监管“三位一体”的农业公共服务机构，并配备监管员 1 名；在村（社区）层面，在全区 143 个主要农村（社区）成立了协管员队伍，承担辖区内农产品质量安全管理职责。同时，以规模以上生产主体为重点，组建一支生产主体管理员队伍，每个主体固定 1 名管理员，逐步构建区、镇（街道）、村（社区）、主体四级网格化监管体系。

（二）重在考核，落实属地管理责任

按照余杭区政府负总责、各镇街和各职能部门“属地管理、分兵把守”的监管思路，用活用好考核“指挥棒”，健全日常巡查、信息报送、学习培训等制度，编制发放镇（街道）和村（社区）监管人员职责清单，并公示监管网格体系，进一步落实镇（街道）和村（社区）的属地管理责任。制定《余杭区镇（街道）农产品质量安全目标考核实施细则》，将基层检测室快速检测批次数、巡查次数、不合格情况发现等任务进一步明确量化，区政府将农产品质量安全

监管工作纳入对镇（街道）和职能部门的年度考核，镇（街道）将农产品质量安全监管工作纳入对村（社区）的年度考核，形成一级抓一级、层层抓落实的工作格局，产生层层落实责任、层层传导压力的良好效果。

（三）依托数字，赋能农产品质量安全

以区级农产品质量安全数字化监管平台为基础、“农产品质量安全码”为载体、“农产品质量安全监管”小程序为手段，充分发挥基层监管网格的作用，探索对辖区内规模以下生产主体开展日常管理。通过村（社区）一级为辖区内规模和规模以下主体办理“农产品质量安全码”，从而将辖区内规模和规模以下主体纳入区级监管平台，形成主体信息专库，实现全区生产主体监管全覆盖，并由镇（街道）和村（社区）两级对平台内主体实行实时动态管理同步上报区级主管部门。在日常巡查检查中，基层监管人员使用“农产品质量安全监管”小程序扫描主体“农产品质量安全码”，迅速了解生产主体基本信息、农药购买、检测等关键内容，并实时录入检查记录，及时发现和排除安全隐患，有助于作出精准快速的监管处理，提高日常监管服务的高效性。同时，指导主体规范生产台账记录，推进农兽药间隔期、休药期和合格证等制度实施，发放落实禁用药物名单、绿色食品用药准则、标准化生产等制度上墙，帮助指导辖区内生产主体建立规范的内部质量安全管控体系。全区每个镇（街道）设有农产品快速定性检测室 1 个，承担所辖范围内生产主体的日常抽检和对公众免费检测开放职责，每年完成检测 720 批次，把好农产品合格采收、安全上市关，确保辖区范围内农产品质量安全。

（四）强化培训，提升基层监管效能

根据不同主体和培训内容，每年举办各级各类各种形式的集中专题业务培训班 10 期以上。面向检测人员、生产主体等参训对象，组织涉农镇（街道）农产品检测人员开展“检测大比武”活动。2020 年，分片区组织镇（街道）和村（社区）两级监管人员开展监管工作和数字化监管实操等专题培训 8 期，200 余人次；组织开展针对农产品生产主体的农产品质量安全知识及生产技能提升、进基地考察等业务培训 11 期，1000 余人次。

七、四川达州："三定三不漏一回头"，提升监管效能

四川省达州市不断创新工作机制，推动乡镇农产品质量安全管理网格化、规范化、精准化，夯实监管"最后一公里"，切实保障人民群众"舌尖上的安全"。

（一）区域定格不漏点

在网格设置上，实现"网格全覆盖"。达州市以乡镇、村、规模生产经营主体为单位，按照范围清晰、管理便捷、无缝对接和全面覆盖原则，建立起乡镇网格、村网格和主体网格，网格划分不漏掉每一个点位。全市已建立乡镇（街道）网格 24 个、村级网格 1959 个、主体网格 1693 个。在乡镇政府、村委会和生产基地等，分别公示了各级"网格化监管责任图"，包括"一图二书三员四定八项制度"（产业分布图，质量安全责任告知书、承诺书，监管员、检测员和协管员，定职责、定区域、定任务、定考核，八项制度）及各级网格责任人姓名、职务、照片及联系电话，"主体网格"公示的内容还包括主体的农产品质量安全风险等级和信用评价信息。

（二）网格定人不漏位

在人员定位上，实行"人员承包制"。县（市、区）农业农村部门农产品质量安全工作分管副局长和股室人员为"网格管理员"，每人承包 5 ~ 10 个乡镇；乡镇长为"乡镇网格第一责任人"，乡镇分管农业副镇长为"乡镇网格负责人"，乡镇农技服务中心农产品质量安全工作管理人员为"乡镇网格监管员和检测员"，分别承包 5 ~ 8 个村；每个村 1 名农产品质量安全工作协管员为"村级网格责任人"，按照产业布局，承包辖区内产业的协管；每个农产品生产企业、农民专业合作社、家庭农场等法定代表人为"主体网格责任人"，为农产品质量安全第一责任人，其质量负责人为"内部质量控制员"（内控员）。

（三）责任定人不漏责

在责任划分上，实行"分级管理制"。"网格管理员"负责全县（市、区）网格化管理的牵头工作和具体承包乡镇的网格管理；"乡镇网格第一责任人"

负责研究解决辖区农产品质量安全突出问题，落实“五个纳入”；“乡镇网格负责人”督促、检查、落实农产品质量安全监管措施；“乡镇网格监管员”负责建立健全并动态管理生产主体名录，开展技术指导服务、宣传培训和日常巡查。“乡镇网格检测员”负责农产品抽检工作；“村级网格责任人”负责协助开展隐患排查、检测抽样、用药指导和信息报送等；“主体网格责任人”严格执行农产品质量安全法律法规，履行农产品质量安全第一责任人责任；“内控员”负责如实记录生产档案、开展抽查检查、实施追溯管理、开具合格证等。

（四）工作定期回头看

为保障网格化管理体系常态化运转，切实提高基层农产品质量安全监管效能、创新网格化管理及其配套工作机制，达州市农业农村局将乡镇农产品质量安全网格化监管工作纳入每月“分管领导包县”督导调研“回头看”，对农产品质量安全监管、检测、执法、追溯、合格证等工作实行“一月一调度”，对连续2个月排名后面的2名，通报到县（市、区）人民政府，连续3个月及以上排名后面的2名，由分管副市长约谈分管副县长、市农业农村局局长约谈县（市、区）农业农村局局长，并将农产品质量安全各项工作纳入食品安全党政同责和质量强县（市、区）考核内容，以推动全市农产品质量安全监管各项措施的落实。

达州市通过“定点、定人、定责”等形式开展乡镇农产品质量安全网格化管理，形成了严密的网格管理链，环环相扣，实现了网格化管理横向到边、纵向到底、监管服务全覆盖，让农产品质量安全日常巡查更加规范、生产主体质量控制技术指导更加到位、监管网络更加严密、管理责任更加压实。

八、浙江嘉善：智慧监管，筑牢安全防线

嘉善县隶属于浙江省嘉兴市，地处太湖流域杭嘉湖平原，位于浙江省东北部、苏浙沪两省一市交会处，拥有姚庄蘑菇、杨庙雪菜、南湖菱等地理标志农产品。

近年来，嘉善县以监管数字化为引领，认真落实“四个最严”要求，不断创新推动智慧化监管落地，取得显著成效。以“大数据”为基础，构建智慧信

息平台；以“移动端”为载体，引入动态实时监管；以“二维码”为标识，实现精准同步追溯。同时将三者有机融合，不断升级完善，打造出具有嘉善特色的“农产品质量安全嘉善 智慧监管”新模式，优化了农业生产主体及农资店经营者的监管手段，全力筑牢农产品质量安全防线，切实保障老百姓“舌尖上的安全”。先后成功创建“浙江省农产品质量安全放心县”“浙江省农业标准化综合示范县”“浙江省农产品质量安全可追溯体系示范县”“国家农产品质量安全县”，成为县域级农产品质量安全智慧监管的典型样板。

（一）着力数字化，实现全程监管

引入物联网和云数据技术，建成“各方共享、全程贯通”的农产品质量安全数字化监管平台，设置主体信息、巡查管理、农资巡查、现场执法、农产品追溯、检测记录六大模块，以及地理信息、规章制度、农资查询三大辅助功能，实现信息可共享、源头可追溯、数据可定位、风险可防范。目前，全县2343家农业主体已全部纳入数字化监管平台，累计上传信息6万余条。整合农资监管信息化平台、农产品质量安全追溯平台，建立数字化管理系统，实现化肥农药“进—销—用—回”闭环管理，进一步掌握化肥农药使用动态信息。推进农资示范店创建，加快普及“刷脸”“扫码”等农资实名购销信息化技术，目前全县92家农资店已全覆盖，实现源头把控。消费者通过扫描二维码，还可以看到农产品的产地和用肥、用药情况，让消费者对质量安全放心。

（二）聚力移动端，实现实时监管

以“县镇村”三级监管队伍为基础，大胆运用“互联网+”思维，开发创建农产品质量安全嘉善智慧监管App，全面推广网格化动态监管。建立“三入三化”机制，即人员入地、设备入场、信息入网，实现监管履职阵地化、监管过程透明化、监管数据实时化。为全县167名农产品质量安全监管员配备移动终端，监管员通过App将巡查、抽检、检测等信息及时上传，已形成了10万余条的动态信息，实现了县总端与基层监管点协同连接、巡查监管与执法监督同步联动，实时监管能力全面提升。

（三）加持二维码，实现溯源监管

以追溯到责任主体为基本要求，通过“二维码”对农产品赋予“身份证”，将“合格证”和“追溯码”有机结合，创新“一证一码”嘉善食用农产品合格证新模式。为解决散户开证难的困境，依托现有农产品质量安全追溯体系的硬件基础，在全县各镇（街道）农技水利服务中心设立合格证开具点，引导农户就近选择农产品快速检测点，切实提升合格证的溯源效力。例如，嘉善小白龙甜瓜专业合作社使用二维码“身份证”，不但解决了产品被仿冒问题，更赢得了市民的青睐，售价也高出同类产品。同时，建立与市场准入制度相衔接的合格证管理制度，即在食用农产品上市时提供或加贴合格证，凭合格证等标识入市。